日本梦

刘明福
[日] 加藤嘉一 著

沉默，但迟早
要选择

人民东方出版传媒
東方出版社

序一

中美“终须一战”吗？

刘明福

参加2015年“纽约书展”期间，在纽约一家书店，看到台湾出版的一本中文图书《2020中国与美国终须一战》。封面有文字：“中、美两国剑拔弩张，已经进入真正的备战状态。2020年以前，美国如果不能制造事端与中国开战，将丧失先机，将退出亚洲，让出霸主的宝座！”“美国愿意与崛起的中国分享亚洲权力？还是联合亚洲‘恐中’国家，把中国打回30年前？”

说中美“终须一战”——这未免武断。21世纪的世界大国关系，应该是“两个告别”：一是告别“热战”；二是告别“冷战”。如果说中美“终须一战”，那么这一战的结局，不仅是把中国打回30年前，美国也会享受到与中国同等的战争待遇。与中国一战，美国未必有这个胆量。

说中美“必无一战”——这未免天真。俄罗斯专家指出：尽管中国真诚倡导中美新型大国关系，但是“美国领导人，仍然通过瞄准器的缺口，注视着中国”。中美两国“竞争”，引发“战争”的危险，不可低估。美国实行“亚太再平衡”大战略，美国实行“空天一体战”军事战略，美国组织对中国的包围圈，美国将领狂呼要把中国“炸回石器时代”，美国太平洋舰队司令在2016年5月公开叫嚣对中国“今夜就开战”。美国确实是“磨刀霍霍向中国”，怎么能说中美“必无一战”呢？

说中美“防止一战”——这十分紧迫。中国30多年改革开放，是传奇，是神奇。现在又践行“中国梦、中华兴”，中国梦展现光辉前景。美国有些人急了，认为时间在中国一边，中国需要“和平崛起”，美国需要对中国进行“战争遏制”，否则就来不及了。他们认为，未来10年，是中国成功崛起的“战略机遇期”，也是美国成功遏制中国的“战略机遇期”，因此，必须抓住机遇，解决中国问题。急躁、焦躁、暴躁、狂躁的美国，容易丧失冷静和理智。防止中美战争的发生，是中美两国人民和政治家需要高度警惕和努力解决的紧迫问题。

说中国必须“准备一战”——这特别重要。美国的最大优势，是军事优势。美国和中国玩政治、玩经济、玩外交、玩文化，都占不了什么便宜，最后一招就是“玩军事”、“玩战争”了。现在中美双方都在加紧进行战争准备，这毋庸讳言。区别在于：美国备战，是备的“进攻之战”；中国备战，是备的“防御之战”。中国不会先打美国，但是如果美国首先对中国动手、下手，那么，中国绝对不会束手挨打而不还手！

说解放军“能打胜仗”——这并不夸张。习近平主席提出“强军梦”，总目标就是三句话：“听党指挥，能打胜仗，作风优良。”“能打胜仗”，包括面对世界强敌，勇于自卫，敢于亮剑，能打胜仗。习近平主席要求解放军“能打胜仗”，这也是向世界宣告，任何国家不要幻想用武力压迫中国屈服，不要冒险用战争遏制中华民族复兴。否则，当他们把中国“炸回石器时代”的时候，他们自己也不可能继续生存和生活在信息时代。

中国为什么要比美国强大？——这个问题不难回答。回答这个提问，最好是来一个反问：“中国为什么不能比美国强大？”

强大，不是美国的特权，不是美国的专利，不能被美国垄断。中国不仅具有“强大”的权利，也享有“最强大”的权利。

美国图谋对中国开战，中国不强大，能行吗？美国在全球组织军事大联盟，以联盟“群体”对付中国这个不结盟的“个体”，中国不强大能行吗？

其实，比“强大”更重要的是“目的”，是“动机”。

这个世界，有一种“强大”是与“强权”联系在一起的，这样一种强大，是倚强凌弱的强暴，是绑架世界的强权，是世界的危险和灾难。

这个世界，还有一种强大，是“强而不霸”、“强而不武”、“强而不攻”，就是国力军力虽然强大，但是不搞霸权，不迷信武力，奉行防御战略。这样的强大，捍卫的是国家安全，造福的是地区和世界和平。这样的强大，何罪之有！

把中国打造成为“地球上的第一强国”，这是孙中山的铮铮誓言。

赶上和超过世界上最强大的资本主义国家美国，这是毛泽东的伟大志向。

中国越强大，对世界和平越有利，这是邓小平的战略思维。

兴军强军、能打胜仗，这是习近平的国防主张和英雄梦想。

面对美国对中国的战争威胁，面对中美军事力量的巨大差距，中国推进强军大业，需要快马加鞭，需要只争朝夕。

解放军能打胜仗，中美关系才能正常；

中国军力全球首强，世界和平才更有保障。

序二

中日“必有一战”吗？

加藤嘉一

这一序言的题目，不是我自己定的。

是与我共同撰写本书的搭档，我尊敬的中国军人和学者——刘明福教授所建议的。

对此，我欣然接受。虽然心情有些复杂，回想起一些历史的片段，更是感到一种恐惧。

我相信，刘老师以及本书的读者，想看到的不是大道理和小声明，而是我个人的内心感受和本来诉求。我就自然而然地写下以下文字，哪怕有些感性。

对于“中日必有一战”这个问题，我想站在三种不同的身份和立场进行阐述。

首先，作为一名日本公民，面对“中日必有一战”的说法或问题，我的本能反应无疑是：不愿意和不希望。

我没有经历过战争，也没有到过战场。但听二战期间到过中国“满洲”的爷爷说，战争是可怕的，每一个人只能代表国家，一切从维护国家利益出发。“嘉一，你以为我愿意杀人吗？我当时在‘满洲’有很多中国朋友呢，你觉得我心甘情愿地杀朋友吗？”爷爷在家乡伊豆对我说。

我深知，对于二战期间发动战争，结果战败，国家社会变成一片废墟，陷入崩溃边缘的日本来说，摆脱二战的阴影，走出战败的惨境，迎来一条和平道路的局面是不容易的，全日本国民都在携手珍惜，并把和平这一最可贵的宝物维护下去。我们战后的宪法规定祖国不能够对外发动战争，也不能以武力来解决问题和纠纷。这是日本国的宪法，更是日本国民的底线。如果有人让我们放弃这条底线，我们就要全国全民、全心全意地反对它，抗议它，阻止它。假如发生这样一个局面，作为一名日本公民，我将义无反顾地奔往反对、抗议、阻止的“战场”上。

和平是什么？

它首先指的是“没有发生战争的状态”。

我们需要和平。

其次，作为一名日中关系的观察者和思考者，面对“中日必有一战”的说法或问题，我的基本判断是：不太可能，却不能排除。

当然，在这里，我们首先有必要定义什么是“战”。

“战”的概念是丰富的。战争、战乱、大战、小战、外战、内战、热战、冷战，这些应该都属于“战”。不过，我想刘老师要让我回答并表明态度的是，不管是在彼此或某方的领土内，还是在第三国家或地区的领海上，日本和中国之间会不会发生武力的冲突，无论发生冲突的背景和动机是什么。

我个人分析，日本与中国之间发生战争的可能性与美国的战略和政策密不可分。日本是美国的盟国，也是美国在亚太地区最大的“帮手”。不管在朝鲜半岛、台湾海峡、东海还是南海，只要美国和中国这一对守成大国和崛起大国之间存在发生武力冲突的可能，日本作为美国的盟国和帮手，尤其是已经通过了安保法案，从而使得集体自卫权的行使（哪怕是部分和有限的）变得可能和可行的新局势下，被中美博弈卷进去而不得不参与战争的可能性至少是无法排除的。我不认为日本和中国之间会因纯粹意义上的双边问题的恶化而导致武力冲突。要是发生，还是跟美国有关，更具体和准确地说，与中国和美国在亚太地区的战略博弈以及地缘局势的走向有关。因此，日本务必前所未有地认真观察中美关系的动向和本质。

即使日本以某种形式被战争卷进去，日本的施政者肯定要面临和平宪法第九条和公民舆论的双重制约。它们不可能允许日本的自卫队到战场的中心与对手展开直接、赤裸裸、你死我活的对决，而顶多是后勤和辅助性质的。我在本书中也反复强调，中国人民有理由警惕日本战前“军国主义”的重演和复活，但前提是，不要低估日本战后“和平势力”的强大和民意基础。

最后，作为一名有责任承担国家未来命运的当事者，面对“中日必有一战”的说法或问题，我的核心立场是：绝不能让它发生。

生活在21世纪这一“和平与发展”时代的我们，要认识到，发展的前提是和平，和平的目的是发展，两者无疑是相辅相成、辩证统一的关系。何况，日中两国均好不容易走向了和平道路，我们彼此要珍惜它、爱护它、推进它。

未来战争的发生，对日中关系来说意味着毁灭性的悲剧。两国经历过战争，战争所带来的损害和打击，我们都是很清楚的，两国社会至今仍然未能走出那场战争蒙上的阴影，相互之间的不理解和不信任与那场战争息息相关，这一局面恐怕还要持续相当一段时间。

在两国远未走出二战阴影的情况下，假如又迎来一场新的战争，其结果不堪设想。对于中国、对于日本、对于亚洲、对于世界、对于人类、对于地球，都意味着灾难，我们不能够如此不负责任。我们要携手为地球和人类的未来负责任，这是我们活下去的理由和动机。那么，假如有人破坏日中两国之间的和平状态，我们务必要携手抗议它。

我，早就做好思想准备了。

（2016年3月23日 写于北京）

目 录
Contents

绪论

中美日“三梦演义”

——地球将如何重塑

◆ 21 世纪的“世界观” ◆

未来 10 年、20 年、30 年，中国梦、美国梦、“日本梦”，这三个大梦在全球范围内将如何合纵、连横？如何竞争、合作？如何跌宕起伏？全球正在上演的“三梦”大戏，为世界创造什么样的景象？将为世界带来什么样的风险？中、美、日“三梦”将如何塑造中、美、日三国的未来？如何建构未来的世界格局？如何影响人类未来前景？刘明福和加藤嘉一煮酒论“三梦”，就从这里论起。

古代中国《三国演义》，今天中美日“三梦演义”

加藤嘉一问：

刘老师，我看过中国的四大名著之一《三国演义》，今天我们讨论的中国梦、美国梦、“日本梦”这“三梦演义”，是否也可以说是现代版的“三国演义”、亚太地区的“三国演义”、全球范围内的“三国演义”？您对这样的类比怎么看？中国古代《三国演义》的智慧和结局，对于今天中、美、日三国“三梦演义”的博弈，具有什么样的战略启迪？

刘明福答：

在中国的四大名著中，《西游记》是“浪漫主义”的代表作，《红楼梦》是“爱情主义”的代表作，《水浒传》是“造反主义”的代表作，而《三国演义》则是“战略主义”的代表作。《三国演义》的战略性最强，《三国演义》就是一部战略教科书。《三国演义》的战略智慧，对于思考和指导今天的中美日三国博弈，具有很大的战略启迪意义。日本精英对《三国演义》的阅读兴趣和研究水平，绝对不在中国精英之下。但是，《三国演义》的战略智慧也具有很大的局限性，难以指导今天的“三梦演义”。这主要表现在如下三个重大区别上：

首先，是在性质上——今天亚太地区和全球范围内的中、美、日“三梦演义”，与古代中国魏、蜀、吴“三国演义”，完全是两种性质、两种类型的三国关系。中国古代《三国演义》，描写的是2000多年前，中国大地上的汉朝统治崩溃，天下混乱，群雄四起。当时有三路诸侯自立为王，他们分别是魏王曹操、蜀王刘备、吴王孙权，他们自行成立了三个国家：魏国、蜀国、吴国，为竞争天下执政大权，三国三王展开大博弈，在政治、军事、外交方面进行全方位竞争，演出了一幕幕惊心动魄、纵横捭阖的历史大剧。几代精英创新和展现的战略智慧与英雄气概，给后人留下一笔宝贵的战略文化财富。

《三国演义》中三个国家，其实不是真正意义上的国家，而是从一个国家中分裂出来的三股力量，他们的竞争，是对于国家政权的竞争。而中、美、日“三梦演义”中的三个国家，则是主权国家，是主权国家之间的博弈，是现代国家之间的博弈。这种博弈，由于中国虽然追求民族复兴，但是不谋求地区霸权和世界霸权，由于中国大力倡导新型大国关系，就使得“三梦演义”要朝着建立新型大国关系的方向发展，要推进“三梦合作”，向着实现“三梦共赢”的目标努力。这就决定了“三梦演义”中的新型三国关系与《三国演义》中的旧型三国关系，具有根本的不同。

其次，是在范围上——《三国演义》中的三国，是在中国疆域范围内、在中国的天空下进行的争斗，这种争斗在本质上是在大中国内部的一种“窝里斗”。而“三梦演义”，则是越洋跨洲，在整个亚太地区、整个世界进行的，是一种角逐亚太、影响世界的大博弈，是一种以亚太地区为平台、以整个世界为舞台的“球里斗”。而且在三梦之外，全世界200多个国家和地区，都有他们的未来理想和奋斗目标。“三梦演义”与全世界“百梦演义”是联系和结合在一起的，而不是孤立和割裂的。《三国演义》是就三国讲三国，而“三梦演义”则是联系全球“百梦”研究中、美、日“三梦”。这对战略智慧的要求是不同的。

最后，是在结局上——古代中国《三国演义》，三国的原则是你死我活、你输我赢、你败我胜、你衰我兴。完全是一种零和博弈，是“一山不容三虎”、“一国不容三主”。三国斗争的结局，就是要灭掉两国，实现“天下一统”，要把三国变成一国，三主变成一主。而21世纪“三梦演义”的结局，则应该是在良性竞争与全面合作的基础上，共同建立新型大国关系，合力促进中、美、日三国共同发展，实现三梦互利共赢，带动亚太地区梦和人类世界梦成功前行。而不是要三梦对抗，用自己的梦去摧毁别国的梦，把自己国家的美梦变成别的国家的噩梦。“三梦演义”的结局是三国共圆美梦，而不是一梦独赢、一梦独霸。

没有美好梦想的民族，是没有未来的

加藤嘉一问：

从中、美、日“三梦演义”的角度，观察中、美、日三国矛盾的根源和实质，您有什么新的见解？

刘明福答：

中国、美国、日本，这三个国家在过去的恩恩怨怨，档案有记载，历史有结论，全球有公论。21世纪中、美、日三个国家的矛盾，依然是千头万绪，复杂多变。但是，三国矛盾的总根源是什么？三国矛盾的实质是什么？三国矛盾的聚焦点到底是什么？其实，就是三个国家、三个梦想的矛盾，就是中国梦、美国梦、“日本梦”这三大梦想之间的矛盾、冲突、对抗甚至对决。驾驭好中国、美国、日本三国关系，三梦是个纲，纲举则目张。

加藤嘉一问：

现在，中国领导人提出“中国梦”，指的是中华民族的伟大复兴。可以说，美国梦和“日本梦”对于中国梦对现有秩序、规则、价值观的挑战感到担忧。公平而言，也可以说，中国梦对现有的美国梦和“日本梦”，也分别从“霸权主义”和“军国主义”的角度表示警惕。很有趣的是，双方都在保持高度的警惕的前提下对对方进行观察，有时甚至试图抵制。不过，无论如何，从未来的走向和变数的角度看，“习近平时代”下的中国梦无疑是新的现象和新的追求。那么，您认为，中国梦的出现是否激化了亚太地区的战略矛盾？是否加剧了全球规模的紧张局势？三梦比较，您如何评价中、美、日“三梦演义”中三梦的合理性和正当性？

刘明福答：

没有梦想的民族是没有未来的。但是，没有正确梦想的民族也是没有未来的。梦想不正确的民族，梦想错误的民族，梦想荒诞的民族，梦想邪恶的民族，不仅不能把自己的民族引导到光明的未来，而且还会给自己的民族带来厄运和噩梦，给世界和人类带来灾难。例如，20世纪的德国法西斯主义和日本军国主义，他们的梦想就是一种邪恶的狂想，就是一种反人类的魔想。所以，民族梦、国家梦，既有进步、保守之差别，也有对错、正邪之区分。

中国梦，作为实现中华民族伟大复兴的梦想，是一个富强自己而不扩张和侵略别国的梦，是一个富而不骄、强而不霸、与地区和世界共荣共兴的梦，是一个正义之梦。而美国的“霸权梦”、日本的“军国梦”则是加剧地区矛盾和全球紧张的“地震源”和“催化剂”，是引发危机和导致战争的重要元素。

中国梦、美国梦、“日本梦”，同床异梦与三梦同床

加藤嘉一问：

中国、美国、日本，应该是有各自的梦想，其中有共同的、重叠的，也有不同的，甚至冲突的。不过，比较肯定的是，三大梦想竞争，如果能够同床同梦，自然是亚太之福，是世界之福。然而，“三梦演义”的中、美、日三个国家，“同床异梦”的问题突出。三梦竞争，三梦制衡，三梦对冲，必将对亚太格局和世界格局带来难以预测也难以承受的冲击。您如何看待“三梦演义”中的“同床异梦”现象？三梦对撞，会不会把“床”搞翻了？

刘明福答：

中国、美国、日本，是三个不同的国家。中国梦、美国梦、“日本梦”，是三个不同的梦想。三个国家“同床”——这个“床”就是亚太地区，就是我

们这个星球。中、美、日三国，在亚太地区是“三梦同床”、在整个地球上是“三梦同球”，这是不可改变的环境和现状。

同床异梦，其实并不奇怪。只要是两个人，即使是夫妻，虽然同床，也不可能“同梦”，这是因人而异的个体特色。而中、美、日三个国家的差别，比个人之间的差别更大。三个国家有不同的梦想，是正常现象。

中国梦、美国梦、“日本梦”三梦之间，肯定是同床异梦、同球异梦。但是不能因为“异梦”就不“同床”，不能因为“异梦”就“毁床”，不能因为“同床异梦”就“相互毁梦”。中、美、日三国之间，既要坚持“同床”、爱护“同床”，又要包容异梦、尊重异梦、防止噩梦。同床异梦，不要变成“同床噩梦”。“同床异梦”也可以向“同床同梦”、“同床一梦”发展。就是要有“地区命运共同体”的“亚太梦”，要有“人类命运共同体”的“世界梦”。既要包容“异梦”，又要坚持“同床”，不能因为“同床”，就否定异梦，也不能因为“异梦”就不维护“同床”。

其实，亚太地区（一床）完全能够容纳中、美、日三个大梦。地球之大（一床）也能够让中国、美国、日本三梦“同床”。三国三梦，只能也必须在亚洲和地球“同床”，不可能三梦三床，也不可能一梦排斥其他两梦，自己独享一床。

只要美国梦和“日本梦”是正确的梦，那么中国梦就不会挑战另外两梦，就不是中国一梦对抗美、日两梦，也不是中、日两梦对抗美国一梦。而是三梦良性竞争，三梦联通融合，实现互利共赢，共圆三国梦，共圆人类梦，共筑世界梦。

当然，中国、美国、日本的三角关系，是21世纪国际舞台上神秘的百慕大三角，比中国古代的三国演义，比当年的苏联、美国、中国三角关系，要更复杂多变、更神秘莫测。

所以，真正可怕的事情，不是“同床异梦”，而是因为“异梦”就“不同床”，因为“异梦”而“争床”甚至“毁床”。

21世纪的中国梦，到底是一个什么样的梦？21世纪的美国梦，到底是一个什么样的梦？21世纪的“日本梦”到底是一个什么样的梦？21世纪的中国梦、美国梦、“日本梦”，到底是什么关系？“三梦演义”的特点和规律是什么？进程和结局是什么？这是极富挑战性和前沿性的问题。

中国是“熊猫国家”，可亲可爱不可怕？

加藤嘉一问：

看到中国崛起，作为中国近邻的日本人恐怕是心境最为复杂的民族之一。

一方面看到在自己旁边有这么大的国家在快速、大幅度地崛起，另一方面又深知它在历史上辉煌过，日本曾经是向中国朝贡的国家，自然会联想到亚洲的未来甚至全球的未来，是否又会出现一个现代版的朝贡时代？现在，有不少日本人从历史的记忆中担心中国会不会重新“凌驾”于东亚地区；从近代的经验中又担忧中国崛起之后会不会重走日本“军国主义”的道路。说白了，日本人担心中国崛起的“渗透性”和“扩张性”。刘老师，您听到日本人这些认识和担忧之后，会做出什么样的反应？您如何看待曾经辉煌过的中国在再度崛起后的战略选择？成功崛起后的中国将如何“号令”东亚地区，会如何在这个世界上扩张自己的权益？

同时，正高举“一带一路”旗帜的当今中国，在崛起之后的地区关系上，与历史上以中国为中心的华裔秩序有哪些本质的区别？

刘明福答：

对于中国崛起，最不应该感到害怕的国家，就是日本。为什么？因为日本是与中国一衣带水的近邻，千年往来，日本就没有吃过中国的亏。在中国几千年强大的时候，在中国“凌驾于”（其实是强大于）东亚地区的时候，中国从来就没有歧视和压迫过日本，没有侵略过日本，没有打到日本列岛去屠杀过日本人。唐朝的时候，日本向中国学习了很多东西。古代中国，给日本送去的是文化和文明。而日本在1868年开始明治维新变得强大以后，1894年就发动甲午战争，攻打中国。1931～1945年更是发动了一场历时14年的侵华战争，妄图灭亡中国。你看，中国在日本身边强大了2000年，没有侵略过日本，中国东渡日本最著名的是一个文化人——鉴真和尚，他给日本带去的是文化和友谊。而日本在中国身边强大不到100年（从1868年明治维新，到1945年战争失败），就对中国进行了半个多世纪的渗透、扩张、侵略。所以，把2000年强大的中国如何对待日本，同100年强大的日本如何对待中国，做一个对比，就可以看出，强大的中国具有善待近邻的传统，而强大的日本具有屠杀近邻的记录。所以，中国人担心日本军国主义复活有根据，而日本人恐惧中国强大则是炒作的影响。古代中国在长期强大的时候，不控制日本，不侵略日本；现在的中国梦，也绝不是控制“日本梦”、对日扩张梦。

谈到古代中国曾经在东亚建立朝贡秩序，而害怕中国复兴以后再搞地区朝贡秩序，也是不必要的。东亚地区自古以来经历了五种秩序：第一种是中国和东亚国家共同建立的以中国为主导的朝贡体系；第二种是近代以来，主要以英国为代表的西方国家在东亚建立的殖民主义体系；第三种是二战期间日本在大东亚地区推行的军国主义侵略和占领体系；第四种是长达半个世纪的冷战体系；第五种是冷战后至今美国主导的东亚秩序。比较起来，中国古代建立的东亚朝贡秩序，其实不仅比西方殖民主义、比日本军国主义文明，而且比美、苏冷战主义文明，也比冷战后在东亚地区的美国霸权主义文明。

实现伟大复兴后的中国，要建立的是一种史无前例的新型地区关系、新型国际关系，是一种不结盟、不冲突、不对抗的和平、合作、平等、民主的关系。美国失去东亚霸权的结果，是中国不被美国“遏制”，日本不被美国“控制”，东亚不会成为中国人的东亚，而是成为东亚人的东亚，成为独立自主的东亚。那时，世界的文明东亚时代来临。

古代以中国为中心的东亚朝贡体系，是一个封闭性的地区体系，未来的东亚体系则是全球新型国际体系中的一个开放的组成部分；古代的东亚朝贡体系以中国一个国家为中心，其他国家具有一定程度的依附性；未来的新型东亚体系，每一个国家的地位是平等的。古代的东亚朝贡体系，中心地区与周边地区、发达地区与落后地区发展程度差别很大，中心国家要对边缘国家进行帮助，未来的东亚体系则是诸多国家发展程度相对平衡，主导原则是平等合作、互利共赢。

“一带一路”大战略，不是扩张渗透战略，不是与美国争霸世界的战略。“一带一路”，是文明友好的和平之路，是互利共赢的合作之路，是创新创业的开拓之路，是造福人类的功勋之路，是创造美好未来的光明之路。“一带一路”，加上中国的“一铁、一行”——中国高铁和亚投行，中国在国际上的这“四个一”和国内的“四个全面”的战略布局，将造福地区和世界的和平与发展。

中国的世界梦——打造“第三个新世界”

加藤嘉一问：

我认为，如果中国要成为一个超级大国，它无论如何要为国际社会实现持久的和平和繁荣作出自己独一无二的贡献。美国是现任的超级大国，它试图用自由、民主等价值观，用军事、经济、贸易、科技、文化等各种要素和公共产品来营造自己想要的世界和国际社会，不管有没有成功，其意愿达到了目标没有，别人认同与否，现在的世界总是打上了很深的美国烙印。如果中国要成为一个世界大国，想要创造什么样的世界和国际社会，又拿什么手段来实现这一目标？

刘明福答：

你提出的这个问题，我在《中国梦》一书中曾经论述过。我在书中把“中国梦”分解为三个层次：一是建设一个什么样的中国；二是建设一个什么样的亚洲；三是建设一个什么样的世界。

中国梦，是中国的国家梦，是中国的地区梦，也是中国的世界梦。那么，中国的世界梦是什么？我认为就是在人类历史上打造“第三个新世界”，这“第三个新世界”，是与前两个世界根本不同的新型世界，主要特点是“四无”世界。

所谓“第三个新世界”，是指自从大航海以来，从近代世界概念产生以来，这个世界有三个发展阶段、三种类型、三种形态。

人类社会的第一个世界形态，是“殖民主义世界”——这是欧洲人创造的。欧洲人通过大航海“发现”世界，用枪炮征服和占领世界，用商业和贸易联结世界，用殖民主义控制和统治世界。大英帝国的崛起，是殖民主义世界的巅峰。殖民主义世界的典型特征，是征服和杀戮，是弱肉强食的动物世界。

人类社会的第二个世界形态，是“霸权主义世界”——这是二战以后，以美国和苏联两分天下、长期争夺霸权的世界，是冷战对峙的世界。这第二种形态的霸权世界，分为前后两个阶段，前一个阶段是美苏两霸冷战争雄，后一个阶段是苏联解体后，美国一超独大、独霸世界。我们今天就生存和生活在这样一个霸权主义世界，全球都笼罩在美国霸权主义的阴影下。这是一个美国霸权猖獗的“专制世界”，是一个“世界霸权践踏国家主权”的世界，是一个“霸权危害人权”的世界。

人类社会的第三个世界形态，是“民主主义世界”——这个民主主义世界不是让全世界所有国家都采用美国的政治制度，而是让全世界没有美国那样的霸权国家，是一个全球“公民有人权、国家有主权、地区有区权、全球无霸权”的世界。这样一个世界，是一个新型世界，是一个良性竞争、友好合作、互利共赢的世界；这样一个新世界，也就是习近平主席倡导的全球“人类命运共同体”。

这样一个“民主主义世界”、“人类命运共同体”，是一个“四无”世界：

一是没有世界霸权，是一个“无霸世界”——在这个新的世界里，最强大的国家不是霸权国家。美国是人类世界最后一个称王称霸的霸权国家。中国是人类世界第一个“强而不霸”的冠军国家。

二是没有战略同盟，是一个“无盟世界”——联盟、同盟，是对立、对抗的产物，是分裂、分化的战略。霸权国家都是分裂世界、分化人类的国家。中国是不结盟国家，将推动建设一个不结盟世界，一个团结合作的世界。

三是没有文明冲突，是一个“多彩世界”——文明冲突的根源在于文明的专制。中华文明具有影响力，而没有侵略性和扩张性，不搞“颜色革命”。亚洲人的黄皮肤、欧洲人的白皮肤、非洲人的黑皮肤，都是一种美。文明的平等、文明的包容、文明的合作，才能铸造一个文明的世界。

四是没有战争对决，是一个“和平世界”——战争是政治的继续，这是人类社会一条政治定律。新型世界将终结这一规律，让国际政治不再通过战争来继续，让国际政治通过和平手段来继续。一个使用拳头解决国际争端的时代彻底结束，一个运用和平手段解决国际矛盾的时代来临。

这四条，是未来中国世界梦的目标，也是今天美国问题的症结所在。

第一篇

“日本梦”、日本谜

——“中立路线”是方向

◆21世纪的“日本观”◆

现在，全世界都知道“美国梦”和“中国梦”，但是，人们很少听说“日本梦”。21世纪的日本，有没有一个“日本梦”？如果有，那么这个“日本梦”的内容是什么？实现“日本梦”的战略和策略又是什么？

第1章

如此可怕“日本梦”？

谁能讲清“日本梦”

奇怪现象：日本人为什么不讲“日本梦”

刘明福问：

这几年，每当我与日本朋友接触交流时，我总会向他们请教一个问题：什么是“日本梦”？我很想侧耳倾听他们侃侃而谈“日本梦”。但是我每次都感到失望，没有一个日本朋友能够把“日本梦”讲清楚。你如何解释这种现象？

加藤嘉一答：

在我看来，让您感到失望的这种现象是可以解释的。当代日本人为什么不去讲“日本梦”，有着三个层面的原因。

首先是文化层面的，日本人从国民性来说，不是特别善于表达自己所持有的梦、所要达到的梦、所要实现的梦的民族，即使有这些，要这些，他们不会去表达。

曾经有研究日本的中国长辈向我提出过这样一个问题：“其实日本已经走出失落的二十年了，现在已经复苏了，但他们韬光养晦，故意没有表露出来，这是日本的战略，你说是不是？”

对于这个问题，我犹豫了一下。因为，我们往往故意不表现出来，即使有想法，也有意保持沉默，这一姿态普遍存在于日本人的灵魂中，甚至活法中。有一个说法：在国际会议上，最难做到的两件事，一个是怎么让印度人闭嘴，另一个是怎么让日本人开口。可以说，日本人在某种意义上是“不开口的民族”。但另一方面，我这里说的“韬光养晦”跟当年邓小平所提倡的并不同，不管是政府还是民间，对日本人来说，“韬光养晦”早就是根深蒂固的，不提倡也可以做到，换句话说，它是日本人的活法，而不是战略。

我几年前在日本一家财经媒体《钻石网》（Diamond Online）上做过一次街头采访，主题是“你的梦是什么”。我跟三个同事一起在东京几个著名的街头（表参道、外苑前、新桥等）随机采访年轻人、上班族、中学生等。我记得很清楚，当时采访得很吃力，凭我现场采访的感觉，约90%的人不愿意回答，说一声“不好意思，我不方便回答”，有人甚至理都不理，直接离我们而去；约8%的人停下来接受采访，但很勉强，或害羞；那么只有2%的人是愿意面对我们，不管表达得流畅与否，让我们感觉到“这位受访者是想过这个问题的，而且起码是有表达的欲望或动机的”。其中一个人是40岁左右的男性上班族，在一个寺庙的角落里接受了我们的采访。他想躲开大街，怕被“主流社会”看到。他说：“有梦，不想像现在这样在大都市每天无聊地上班，而想到乡下去种地，过自由自在的生活”，但他也明确说，“现在做不到，不知什么时候能实现这个梦”。

总之，日本人跟中国人，尤其是跟美国人相比，可以说是“不谈梦的民族”，这是国民性层面的解释。

其次是历史层面的。我相信，假设如今的国家领导人赤裸裸地谈国家之梦，多数日本人都会感到警惕、担心，甚至厌倦，理由来自二战期间的所谓“军国主义”。当时，我们的“国”是犯了重大错误，不仅给亚洲各国等带来了巨大伤害与损失，还使得本国社会与百姓陷入了崩溃的边缘，所有战后的日本人都在学校里学过：我们的国家在战败时已是一片废墟。可以说，日本不仅给亚洲和世界带来灾难，也给自己带来灾难。

对于拥有这样深刻记忆的日本人来说，代表着国家的政府首脑赤裸裸地谈国家之梦、民族之梦，就特别容易令人想起二战前夕的情景，即国家举着“大东亚共荣圈”的牌子，不断往外扩张，最终自我败亡。在日本，升国旗和唱国歌是特别要谨慎对待的过程，因为它们在某种意义上是国家的象征，而这个“国”字跨越战前和战后，是有着连续性的，有不少人迄今为止认为，甚至提出“国旗和国歌是当年发动军国主义的国家之象征”。

我记得，小时候在日本乡下上学，有些师生是厌倦看到国旗的，有些师生是嫌弃唱国歌的，因为不认同“国”字，这个现象在当今的日本社会依然是存在的，究竟有多明显和普遍，需要谨慎对待和耐心统计。总之，二战期间的“前科”也间接地成为日本人“不愿意”谈梦，更不愿意看到“国家”谈梦的历史原因。

最后是现实层面的，我是 1984 年出生的人，不了解也没体会日本从战败国开始，花了仅仅 20 多年就成为世界第二经济大国，又把其位置保持了 30 多年的发展旅程，以及所谓高速经济增长期的社会氛围。我上小学，即稍微可以观察周围、思考问题时，日本已经处于泡沫崩溃，进入“失落”的阶段。或许，那个时候的日本人是有梦、提梦、谈梦的。但至少在我出生至今的记忆中，无论在亚洲地区还是国际社会，日本的综合国力和影响力总体上面临着相对衰退的处境。毕竟，包括“亚洲四小龙”也好，改革开放中的中国大陆也罢，其他新兴国家和地区都纷纷地、不断地发展，挑战日本原来亚洲第一的位置，即使在综合国力上达不到，在某些特定的领域也挑战它。

那么，面对这一“相对衰落”的处境和阶段，日本人敢不敢、愿不愿意有梦、提梦、谈梦？日本人或许会想：“往下走的我们，提出和谈论梦想，不合适吧！”

我记得，2008年，美国迎来了第一个“黑人总统”巴拉克·奥巴马的时候，我正好在日本。日本媒体大力报道了在自己盟国的政局内正在发生的重大事件，有些电视台还以奥巴马总统竞选时的口号“改变”（change）当作自己节目的口号去加以普及什么的。不过，即使是那样令人激动的时刻，至少在我看来，日本社会始终没有把美国社会普遍存在的“谈梦精神”引进过来。我想，绝大多数日本人是深知“美国梦”（American Dream）的，不仅知道其名词，还了解其中的内涵，比如“每一个美国人都有权利和自由追求自己的梦想”，却不换个角度思考“那么，我们日本人是不是也可以，应该有这样的梦，即‘日本梦’”这一问题。原因或许在于活在当下的大多数日本人，在潜意识里觉得“美国是名副其实的大国，在那样国家生活的人才有资格去谈梦，我们日本相对来说是小国，这么小，还谈梦，不应该，很丢脸”。

总之，除了国民性这一文化方面的原因以外，客观存在的日本的综合国力和处于相对衰退的发展阶段，使得不少活在当下的日本人和日本“主流”社会（这群人也可以形容为“沉默的大多数”）主观上感觉到“不适合、也不方便谈梦”。这恐怕是日本人不敢、不想、不去谈梦的现实原因。

网络文章:《“小日本”可不是“小国家”》

刘明福问:

日本，具有争霸世界的实力和潜力。最近，在朋友圈中，有一篇广泛传播的网络文章，题目是《日本可绝对不是什么小国家!》。文章指出，日本既有争霸世界的野心，也有争霸世界的实力和潜力。为便于引出后续问题，我将该文的主要内容摘录如下：

事实上，除去中美之外，这个星球上没有任何一个国家有底气地敢管日本叫小国家。

只看国土面积，如果把日本平移到欧洲，它比法国略小，但比德国大，比英国大。把日本放在欧洲，它也是欧洲一霸。单算面积的话，在全世界的国家中比较，也不算小，可以排到大约前三分之一。

把日本国土面积放在中国的话，约等于江苏省 + 浙江省 + 安徽省 + 上海市的总面积。日本给我们的感觉小，主要是由于他的国土形状特别狭长，显瘦。

其实日本的南北长度一点也不短。从日本北海道的稚内市拉一条线到九州岛南端的鹿儿岛市，直线距离 1900 公里左右。这个长度是什么概念呢？在军事上，从莫斯科打到柏林，才 1600 公里，1900 公里大约是广州到呼和浩特的直线距离。

如果算海域专属经济区（EEZ），日本在全世界排列非常靠前，比加拿大略少，大概有 450 万平方公里，几乎占到了中国陆地面积的一半。而中国的 EEZ 大概只有 200 万平方公里，只有日本的一半都不到。

如果我们算可开垦土地的占比，中日都在 11% 左右，日本并没有比中国更贫瘠。但作为一个狭长的岛国，日本有个天然优势，就是 90% 以上的人口，居住在离大海 50 公里范围内，这对于中国这样的深腹国家来说不可想象。海洋在商业上的作用基本等于老天爷为你修好了天然高速公路。

面积算完我们算人口，许多面积比他大的没有他人口多，“一亿玉碎”听过么。现在人口过亿的国家一共才几个？欧洲（不算俄罗斯）一个都没有。今天日本的人口约为 1.27 亿，可以排进世界前十。

1.27 亿人，这是个什么概念呢？大致相当于英国 + 法国，或者沙特 + 伊拉克＋科威特＋叙利亚＋阿联酋，或者5.5个澳大利亚。1.27亿人放在中国，大致和湖南＋湖北人口规模相当，或者相当于上海＋浙江＋福建。一个跨有数省人口规模的区域，崛起一支可以和中央政府对抗的势力，在中国历史上从来不是什么稀奇的事情。

20世纪30年代末的日本，比今天要强大且强势的多。

因为我手头没有1937年的东亚人口数据，所以我们用今天的人口来推演一遍：在1937年初，日本控制的区域为本土＋朝鲜半岛＋东三省＋台湾，以今天的人口相加，为3.5亿人，大概是日本本土的人口乘以三。到1938年，再加上中国人口最稠密的沦陷区，日本控制下的人口接近7亿人（以今日计），而中国抵抗地区人口不到9亿（以今日计）。

所以，非常草率地计算可知，抗战的局面是9亿级（以今日计）的区域对抗7亿级（以今日计）的区域，是规模旗鼓相当的。这点也可以从抗战后期的伪军规模大于日军侧面得到印证：百团大战后，在华北日军出动60万人次的日军以及90万人次的伪军。1945年初，仅汪伪统治区就有伪军40万。“伪满洲国”伪军有足30个旅。可见抗战是同一数量级位面上的对抗，而不是我们过去理解的以小吞大。

在战后，从经济总量上看，日本长期是世界老二，而且远远拉开第三名。

在1995年，日本是仅次于美国的大国，并遥遥领先其他所有国家。日本的总经济规模只有在最近几年才被中国以十倍人口超过。

往近了说，看这几年的碳排放量，日本虽然比不得中美，但其一家就可以抵得过全欧洲总量的三分之一。钢产量就更夸张，日本一家就相当于全欧洲钢产量的65%，比美国要高20%，比俄罗斯高50%。

日本如果移到欧洲，以今天的实力计，绝对是欧洲第一大国。

这还不叫大国，这星球上还有几个大国？

加藤，你对这篇文章怎么看？

加藤嘉一答：

刘老师，您引用的这篇文章，我之前没读过，也没有注意到，我上日本的网站搜索了一下有没有相对应的文章，但没找到。读了下来，对此文章的语气和内容，我并没有感到陌生。“日本一点不小，其实是一个很可怕的国家”这类说法，我倒至今从中国人的表达或描述中听过不少次。

我个人觉得，日本作为一个二战的战败国，仅花 20 多年的时间成为世界第二经济大国，并把这一位置坚守了 30 多年（直到 2010 年才被中国超过），无疑是不容易的。一个没有能力和潜力的国家，一个国民不勤奋、没有创造力的民族，是不可能走到这一地步的。虽然我作为一个日本人这样说有些不恰当，不够谦卑，但事实上，我的祖国可以说是拥有自身的潜力和爆发力的。

不过，有一点我想讲述，就是说，简单讨论国家大小是没有意义的，不能从“大”演绎到“强”或“好”，也不能从“小”演绎到“弱”或“差”。比如亚洲的新加坡和欧洲的瑞士，虽然它们国家小，但一点不弱和差。新加坡至今作为一个国际金融中心和世界贸易的交叉口，地位和作用举足轻重，国民也享受着非常完备的基础设施和城市环境，其人均 GDP 比日本还高。看看瑞士，联合国的重要机构、世界足联、红十字会等国际组织，以及世界上顶级的金融机构、制造业品牌等，都在瑞士这一永久中立国发展。而且，世界上那么多的公民想移民到新加坡和瑞士（前几年我有机会到瑞士访问，我在那里住在几个大学生租的家里，他们均来自德国，他们说“最好能在瑞士找到工作，这里薪水比德国高很多，生活水准会比德国好很多”），这就说明那两个国家的国家建设是相当成功的，它们的成功值得全世界尊敬。

我想，新加坡经验和瑞士经验对正在处于自我寻找之十字路口的日本颇有借鉴和战略意义。如今，日本作为世界第三经济大国、人口有约 1.3 亿的国家，从大小来看，它比新加坡和瑞士大很多。但此刻我们日本人要做到的不是盲目追求成为所谓“大国”，而是思考如何让自己的国土、社会、公民的潜力发挥到极致，使得在那个国土和社会生存和生活的合法公民们过上幸福安康、天天向上、安居乐业的日子，这才是一个国家应该追求的境界。

总之，可怕也好，不怕也罢，至少对于当今的日本和日本人来说，谈论其大小丝毫没有意义，日本应该过了那个阶段了，是应该甚至早就该进入真正检讨“我是谁”、“我该往哪走”、“我究竟要什么，不要什么”的深层次阶段。这些涉及日本未来走向的根本问题，我会在下面的文字里有所阐述。

日本鹰派：对日本未来国运的影响有多大

刘明福问：

日本是个发达的“派”国家。日本不仅政党林立，而且政党内部也派别林立。还有什么“右翼势力”、“保守势力”等，你能否讲讲日本的“派”常识，他们的“日本梦”是什么？

在当今国家政治中，“鹰派”，是一个火爆的字眼。日本现在有代表性的“鹰派”人物有哪些？他们的政治主张有哪些？他们“鹰”（硬）在哪里？他们主要是针对中国的“鹰”还是针对美国的“鹰”？他们对日本今天和未来的影响力如何？

加藤嘉一答：

我觉得，关于“派”的讨论，我们还是要谨慎，谨慎，再谨慎。为什么呢？据我了解，中国观察家们往往倾向于把日本的“保守派”和“右派”等同于对华强硬派，其实未必，而且什么样的主张和立场才是对华强硬派，我们也需要细心观察和解释。

据我个人的理解，日本真正的保守派的思路是“为了使得日本的国力发展得尽可能可持续，我们做好该做的，不做不该做的”，追求变化的同时，也有比较浓厚的“维持现状”之风格。

现任日本首相安倍晋三可以说是保守派的代表性人物。看看他们在日本安全保障战略方面的主张就知道：他，以及他的伙伴们和支持者认为，战后作为具有《和平宪法》的国家始终走着和平路线的日本，又是具有战争“前科”的日本，在涉及安保和军事政策上，我们始终是自我克制、自我控制的。战后 70 年的时间，证明了日本已经甚至早就摆脱了战前军国主义的影子，现在应该进入以更加积极的姿态进行安保和军事方面的行动了，这也符合日本作为世界第三经济大国的应有身份。这一认知也反映在安倍首相主张的“积极和平主义”上，它指的是，日本未来也坚持和平道路，但其姿态和行动将积极一些，比以往更加积极地参与国际上的军事行动，尤其是最大盟国——美国所重视的范围和政策，这也符合维护日本的安全与繁荣，因为日本的国家安全与日美同盟相关。换句话说，美国与日本的关系密不可分，虽然美国对日本的保护也不是单方面的，他们的合作和依赖是相互和对等的。

从日美同盟的未来走向看，日本将进一步“巩固”与美国的盟国关系的同时，试图“深化”它，即谋求日美同盟实现比以往更多的对等性和相互性。作为其动机，我认为有两个层面。日本不少施政者们认为，一个主观动机是，“中国崛起日益明显，它也直接或间接地使得东亚的安全局势，包括朝核问题、南海问题、台海问题、东海问题等更加复杂化。在这样的时代，我们有必要加强与美国的安全和战略联系，否则无法保护祖国的安全与繁荣”，另一个客观动机是，如今日本跟中国的各种层面的关系日益密切，从日本未来的对外政策看，简单追随美国，始终紧紧跟着美国的战略和政策，或许难以维护、发展日本的国家利益。日本正面临在巩固日美同盟的同时如何健康稳定地发展对华关系的世纪难题。（刘老师，您觉得这个可能吗？我很好奇您怎么看这个问题，您是否觉得，对日本来说，中国和美国是要二选一的战略选择，尤其今天，同时发展跟两个大国的关系是不可能的？）我无法想象日本主动“放弃”日美同盟，但这个并不等于我们用不着发展对华关系。在美国前所未有地重视对华关系，在双边、地区、全球问题上试图加强跟中国的战略联系的情势下，日本如何在美国和中国之间寻找合理的位置，坐收渔利，把自己国家利益最大化？在我看来，这才是如今日本对外关系上的核心命题。

言归正传，我不认为日本的“保守派”等同于中国人通常所说的“日本右派”或“对华强硬派”。安倍晋三是日本保守派政治家，而且自民党（自由民主党）本身是一个保守政党，我不觉得安倍在自民党内是另类或出格的。在这里，我也简单谈谈自民党跟中国朋友们紧密关注的日本修改宪法的问题。修宪是自民党成立时的一个政策目标，在这个意义上，不管形势发生什么样的变化，自民党领导层将始终把修宪视为自己的目标，当然，修改哪一条，怎么修改，修改之后怎么办等，是一个复杂的大工程，没有一个唯一正确的答案和做法。尤其是涉及《和平宪法》之核心的第九条，我始终认为，修改它，非常不容易，安倍政权也做不到。

如果说在日本政治家里面寻找保守派、右派（其实在日本，人们往往回避用“右派”两个字来形容某一个特定的政治家，右派这个词更多用在人们形容非常激进、极端的社会活动家的时候）、对华强硬派的话，我第一能想到的是石原慎太郎。他关于中国的发言比安倍首相激进很多，他始终把中国视为威胁日本安全利益的国家，主张日本必须警惕中国的扩张，做好应有的准备。至于人们应该记得的小泉纯一郎前首相，他可以说是日本政界的保守派，但绝不是对华强硬派，从对华关系来看，他唯一的问题就是参拜靖国神社（虽然我也知道这个问题对日中关系的稳定发展来说是致命性的），他在担任首相期间始终贯彻“中国的发展对日本来说是个机遇，而不是威胁”。他也访问过位于北京卢沟桥的抗日战争纪念馆，鞠躬，献花，表示了哀悼和反省。他在战后60年的“小泉谈话”比战后70年的“安倍谈话”诚恳，直率很多。

我想说的是，我们讨论日本的“派政治”时，一定要把不同的要素和人物细分起来，而不能笼统地、泛泛地讨论。即使日本未来的某首相和某政党成功修改了宪法第九条，它不见得改变日本未来的对外政策（我不认为它会改变）。我个人是相信，对于日本来说，修改宪法和坚持和平路线是不矛盾的，而且如果能想好，做好，修改宪法反而能够使日本这个国家增加和平性，这个有待观察。

最后，我们也需要看到日本不同派之间的共性。比如，日本确实有支持“日本要放弃日美同盟”的群体，他们来自日本比较极端的右派和左派，虽然他们这样主张的动机不同：右派主张自己的国家自己保护，不需要由美国来保护日本；左派主张为了实现真正的和平，日本必须放弃日美同盟，认为该同盟是危害日本走和平路线的。

另外，自民党和公明党作为联合执政的两个政党，其政策也存在一些不同。比如，公明党在经济政策上更加注重社会的平等和公正，对外政策上更加主张“日中友好”，在修改宪法问题上也比自民党谨慎很多。至于在安倍内阁之前执政了 3 年左右的民主党，其对外政策主张跟自民党之间也没有本质的区别，只是稍微“亲华”一些，在修宪和积极和平主义方面更加谨慎、“保守”一点而已。

真有如此可怕的“日本梦”吗

刘明福问：

最近，我收到一位朋友发来的微信，题目就是《“日本梦”是什么？》

微信发布者指出：

中国人应该不知道“日本梦”是些什么内容。读者‘冰雪飘飘’给我发来了一个帖子，这是在日本 BBS 上面点击量惊人的帖子的翻译文，是日本政治家的国家梦想宣言。我看了之后，十分震惊。原来我们的邻居也有一个百年梦。战后七十年，他们骨子里原来是这样“反思”的。

中国梦的内容，就是民族复兴、国家富强、人民幸福、世界和平。中国梦是发展中国的梦，也是睦邻友好的梦，是建设人类命运共同体的梦。

“日本梦”呢？我们绝大多数可能不知道，日本也有一个梦想。我决定，就把这个关于“日本梦”的帖子发给大家。请大家都能够对日本有个清醒的认识。坚持和平崛起的中国，要时刻为自己敲响警钟。

加藤，日本 BBS 上面点击量惊人的那个帖子，你看过吗？日本网友如何评论？

加藤嘉一答：

刘老师，我没有看过这一帖子。不过，日本网上普遍存在“日本要强大，要跟中国斗争，一定要发展军力，为接下来与中国的一战做好准备”等言论。这类言论可以说属于“极右派”，根本没有得到日本主流社会的呼应，决策者也不会采取这些言论所主张的观点。因此，我可以判断，网络上的极端言论不能被理解为影响日本政策和走向的因素。不过，同时我也不得不说明，在日本国内，包括需要承担未来的年轻人之间，存在这些不切实际的言论和态度是事实，他们往往是对现状感到不满，对未来感到不安的人群，也是往往以不负责任的言论发泄自己不满情绪的一群，他们的存在恰恰说明日本的国家建设和社会环境存在一定的问题，包括经济、社会、安全等领域，有可能对日本未来的走向构成一些不确定的因素。当然，我也不认为，在日本，属于理性和正常的政治家、官僚、知识分子等会为了自己一时的利益考虑从而迎合这些言论。我相信日本的民主体制终究能够排除不负责任和不理性的言论。

21 世纪的日本为什么必然发动战争？

刘明福问：

为便于引出问题，我将微信"日本梦"文章第一部分原文摘录如下：

> 由于日本特殊的地理位置及资源的匮乏性，决定了我国发展的终极形式是：发动战争！
>
> 我始终认为，我们大和民族是世界上最优秀的民族。强烈的忧患意识与现实主义是支撑民族不断创新与发展的精神之源，这就是勤俭智慧的大和人所独有的奋争精神。然而，世界对我们却是这样的不公平，一些劣等民族占据着大片肥沃的土地，却不能充分利用这些宝贵的资源，而我们拥有先进的技术、成熟的经验、团结的意志，却只能守着贫瘠的土地望洋兴叹。潜伏的危机使我们意识到涉猎在世界这个资源有限、充满残酷争夺的现代森林里，只有保持旺盛的斗志与适当的野性才能换取民族根本的生存，这就是地球生存的法则，这就是勤俭智慧的大和人所面临的现实。岛国的命运最终将会覆灭于海底，匮乏的资源将会导致民族前进动力的决断。我们唯一的出路就是军事扩张，运用大和民族的勇武、智慧与精神去征服亚洲，征服世界，去洗刷几十年前圣战未获成功的耻辱，用大和民族的优秀去驾驭其他民族的低劣，从而推动整个世界的进步。这是天皇赋予日本民众的使命，这是为维护大和民族高贵的尊严而开展的圣战！

加藤，你对"日本梦"文章中的这段话，有何评价？

加藤嘉一答：

我觉得这样的言论纯属于一些极端人士的情绪化发泄，根本不现实，也没有日本主流社会的舆论基础，更不可能成为决策者的战略参照。日本人有义务认真、诚恳反省二战的历史，也有理由为战后的发展感到自信，但千万不能抱着一种自卑感，甚至“受害者意识”去看待自己，对待他国，这样只能害国。

日本是在反思二战教训，还是在筹划新的战争？

刘明福问：

为便于后续提问，我将微信“日本梦”文章第二部分原文摘录如下：

在几十年前尝试征服世界的圣战中，我们得出两条教训：

第一，在未完全征服亚洲巩固地位之前，不应招惹美国。在新的世纪里，美国应是我们实现征服亚洲的很好伙伴与帮手，虽然在征服世界的“圣战”中，他最后会是我们的敌人。

第二，灭亡像中国这样的大国的时候，不能过于着急的一口吃掉，而应像吃生鱼片一样，一片一片地吃。中国不同于日本，是个多民族混合的国家，自身矛盾很多，应该利用他们内部的分歧和差异，分裂这个国家，然后一个一个地消灭。新疆、西藏、青海、宁夏、满洲等都应成为独立自主的国家，分裂这些地区的根据就是他们独有的民族性。这就是外界传播的中国“七块论”，我们具体为“分裂中国计划”，这是我们征服亚洲，灭亡中国，进行“圣战”的一部分。

在中国，只有东部的汉人具有阻碍我们的能力。因此，如果中国被分裂成七个或几个国家，汉人的力量就会被大大削弱，其战略回旋的余地也会大大缩小，中国的灭亡，日本帝国的复兴，也就为期不远了！而只要征服了中国，我们也就取得了征服亚洲的基础，其他国家就会在汉人驯服的榜样下，臣服于我们。只有这样我们才具有击垮美国、称雄世界的本钱。当然，中国汉人的西部开发战略对于这个问题会有一定的阻碍，但是我们不应放弃对于分裂中国的努力！因为发动"圣战"是我们唯一的出路，日本欲征服世界，须先征服亚洲，欲征服亚洲，须先征服中国，欲征服中国，须先分裂削弱中国。

加藤，战后70年来，人们总是在期盼日本对战争的深刻反思，警惕过去的战争悲剧重演。他们万万没有想到，一些日本"精英"对过去侵略战争的反思，是为了设计未来的征服战争。对旧的侵略战争的反思，是为了筹划新的征服战争。这真是一种讽刺。加藤，你对这种现象怎么看？

加藤嘉一答：

看完这段话之后，我很好奇撰写此文的人究竟是做什么工作的，怎么长大的。不过，我相信，发出这样言论的人的心里充满着"反精英"的意识形态，动不动就发出不现实的、极端的、完全出于不满情绪发泄的言论，虽然他们也知道这样做对舆论和决策毫无影响力。对于在我的祖国有发出这样言论的"同胞"这个现象，我感到羞愧。我根本没有听说过，也没有看到过什么"分裂中国计划"。我相信，日本主流舆论和决策者对未来中国走向的共识是：中国的持续稳定和健康发展符合地区和全球的利益，日本以及其他国家应该携手做好促进其稳定与发展的事情。

还是那句话，微信"日本梦"这样的主张根本得不到日本主流社会的支持，也不可能成为决策者的参照物。我也不相信日本的任何一名通过民主选举当选的政治家"对旧的侵略战争的反思，是为了筹划新的征服战争"。我们日本人深知打仗的代价有多大，伤痕有多深，它要伤害祖国的未来和希望，我也相信，我们未来走向的底线必将是"再也不打仗"，它具有宪法基础，不会改变的，即使日本未来的政府修改了宪法，它也绝不会挑战这一底线。

再打一次甲午战争：摧毁中国舰队

刘明福问：

为便于引出问题，我将微信“日本梦”文章第三部分原文摘录如下：

日本是一个面积狭小的岛国，军事回旋余地很小，只有发展强大的帝国舰队，才能实现未来帝国对于“圣战”的需要。“大日本帝国兴国圣战计划”之战略步骤如下：

一、灭亡中国，征服亚洲。欲亡中国，须先分裂削弱中国。台湾在我们的努力下已经分裂出去，下一步，我们应该采取对台湾的绝对控制。即使这样走，我们也才走完了“分裂中国计划”的第一步。我们对新疆、西藏、满洲的分裂工作相对乏力。以现有的技术与水平，日本的发展已至极限。不尽快发动“圣战”，没有任何资源支撑的日本经济终会陷入崩溃。

但是，在尝试对中国西部的分裂中，中国政府似乎已经觉察到了我们的计划，并制定了《中国西部开发战略》。这个具有民族同化作用的战略，不但具有重要的经济目的，也具有重大的战略目的，这势必封杀了我们的分裂计划。但事物总有相反的作用，因为随着汉人向西部少数民族区域的迁移，势必会增加汉人与少数民族的接触，同化与矛盾、摩擦并存，5~10 年之内都不会形成汉人绝对的巩固统治。我们正好可以利用这个机会制造和挑起汉人与少数民族之间的矛盾、摩擦，势态发展有可能会向有利于我们的方向发展，因此对于中国西部的分裂计划应坚决地执行下去。

另外，在尝试分裂满洲的计划中，我们却受到了来自韩国的阻力，韩国至今仍不允许我大日本皇军一兵一卒踏上韩国之国土，这势必阻碍我国对朝鲜半岛的控制，势必减缓对于满蒙分裂的进程。对于韩国的抵制，可以利用外交手段缓和紧张，必要时可以利用美国的压制，对于朝鲜可以利用美韩的军事压制。中国是有可能干涉的，既然分裂没那么快实现，时间又不允许我们继续拖延，我们应该适时使用大日本帝国强大的舰队，利用台海冲突或第二次朝鲜战争一举将中国庞大实际上并不可怕的舰队摧毁，重演甲午战争的胜利。对于摧毁中国的舰队，美国人是会支持的，台湾地区人也是会支持的，南中国海周边国家也是十分乐意的。如果成功，利用这次行动，我们就可以牢牢地控制住台湾，并使之成为我们的军事基地。

由于失去了海空权，中国人对于我们压制朝鲜的反应也就显得力不从心了。而支那人的形象会受到大大损害，支那人的精神与意志会受到极大打击，他们将会再次陷入到大日本皇军威胁的恐惧之中，中国政府的威信大大降低，从此中国赖以稳定的基础被打破，借机挑动中国各区域的民族分裂势力开展独立复国运动，则中国不战自弱。而我们就可在满蒙重建大日本皇军关东军本部，为灭亡汉人统治下的剩余中国做准备。

还有一个问题就是不要担心经济贫困的俄罗斯会出兵干预，因为对于中国适量的削弱，俄罗斯也是十分欢迎的。通过车臣战争，也可以看出俄罗斯虚弱的军事力量已无力支撑一场像样的战争。

加藤，日本一些"精英"对中国的分裂战略如此阴狠，要再与中国进行一场"甲午海战"的欲望是如此急切。你对这个问题怎么看？

加藤嘉一答：

我都看不下去了。这个言论也好，计划也好，纯粹属于一些极端人士在脑子里想象出来的东西。我承认，日本一些精英当中，的确存在"未来的中国有可能陷入分裂和崩溃"的观点，但绝不可能存在"我们怎么敲定计划，采取行动，主动让中国分裂和崩溃"的想法，我们没有这个意愿，也没有这个能力。刘老师，请放心。

“日本梦”三步走：灭亡中国、征服亚洲、称雄世界

刘明福问：

为便于后续提问，我将微信“日本梦”文章第四部分原文摘录如下：

> 二、巩固亚洲地位，称雄世界。日本在灭亡中国后，理应成为亚洲当之无愧的领袖。要用优秀的大和民族精神去震慑劣等民族的精神，要消灭他们的语言、习俗及奢靡的生活方式，即劣等民族的劣根性。要消灭这些民族的存在，消灭他们的一切，转而学习我们的一切。要在他们的土地上用我们的方式培育出支那日本人、台湾日本人与朝鲜日本人。要使整个亚洲不但统一成一个国家，而且还要统一成一个民族，那就是大和民族。实现这个目标要靠大和民族强大的合力、超人的智慧、无畏的精神，从内心去彻底征服每个亚洲人的心志。要让他们认同并崇尚我们的精神，景仰我们的奋进，并彻底臣服于大日本帝国的脚下，让他们无限的忠诚于我们。只有这样，我们才能牢牢地掌握住亚洲，进而征服整个世界！
>
> 征服世界，仅仅依靠日本帝国的力量还是远远不够的，还需要一些得力的帮手与伙伴。美国是同我们瓜分世界的最好伙伴。要利用美国压制欧洲，协助德国日耳曼法西斯政党重新掌握政权，再利用德国日耳曼人征服欧洲。事实证明，在上一次为了“圣战”而签署的盟约中，允许意大利人的加入对于日本的“圣战”是一个错误的决定，罗马帝国的后裔已经丧失了先辈奋争的精神，成为无知的劣等民族，就像我们先辈崇尚的汉唐人，现已退化成为低劣的汉人，他们摆脱不了被统治的命运。最后，待我们牢牢控制了亚洲，德国与美国控制了欧洲，而后合力从两面将独联体一举灭亡。整个过程大致需要 30 年左右。

“日本梦”网络文章的中国转发者，最后有这样一段话：“如果你是中国

人，如果你深情地爱着你的祖国，看完以后恭请你广泛转发，尽可能让更多的热爱祖国的中国人都知道这个罪恶的‘“日本梦”’吧！”

加藤，“日本梦”的三步走，第一步征服中国，第二步是把亚洲日本化，第三步是称雄世界、征服世界，这样一个“日本梦”令全球发抖。你对这样一个“三步走”的“日本梦”，如何评论？

加藤嘉一答：

刘老师，这样的“日本梦”三步走，可以说是纯粹的废话，诚恳希望正在转发的，或被转发的中国朋友们不要相信这些言论。我由衷渴望更多的中国友人到日本访问，旅游，亲眼看一看，亲自逛一逛，本着“百闻不如一见”的精神，相信自己所看到的东西。那才是真实的日本。日本人与中国人之间的相互认知务必基于“百闻不如一见”，这样才能促进彼此的相互理解与信任。

第2章
神秘、保密、不透明

21世纪有没有一个“日本梦”

回顾古今“日本梦”

刘明福问：

没有梦想的民族，是没有未来的。但是，梦想变成狂想的民族，也是没有未来的。你认为日本大和民族从古代到今天，在民族和国家的梦想上，经历了哪几个阶段？有什么成功的经验？有哪些失败的教训？如何汲取这些经验和教训？

加藤嘉一答：

首先，所有日本人经过历史教育都知道“大和民族”这个词汇，也有一定的自觉，但如今在公开场合上，无论是官方还是民间，这个词相当罕见。我们平常用的还是“日本人”、“日本国民”这些。

我在日本的教育中，从未接触过“我们日本人从国家和民族的梦想之角度经历了哪些阶段”这一命题，也相信，几乎没有一个老百姓认真思考过这个问题。对于绝大多数的普通老百姓来说，能够幸福安康、安居乐业，度过平平淡淡的日子或许是自己的“日本梦”。况且，如前所述，由于历史原因，大家倾向于不愿意把自己的生活与国家的梦想结合在一起对待。

不过，让我“勉强”加以思考，如果非要跟民族的梦想结合在一起，1853 年美国的佩里坐着黑船来到日本，迫使日本打开国门是一个内外结合的契机，然后是明治维新。明治维新在我看来算是影响到日本人第一次在世界规模上思考（还谈不上追求）自己梦想的大事件，我们派遣国家建设上的核心人物，到德国学习宪法，到英国学习议会（当然，日本人从不忽略从古代时期派人到中国学习城市建设、社会制度等。日本人学习历史，除了国史以外，就是学习中国古代史最多）。

明治维新使得日本人逐渐往外看，向前走。经过 1894 年的甲午战争打败清朝，1904 年的日俄战争打败沙俄，可以说，让日本人越来越有信心把自己的“梦想”往外扩张，不满足于国内的资源，想要的东西（包括物质的、理念的）也不断增加。那么，我不得不说，二战期间日本当局所提倡的“大东亚共荣圈”是一个终点，现在回过头来看，这一口号是失败的，使得“大和民族”犯了错误。不过，当年的日本人，那些雄心勃勃、谈论梦想的人们，或许是经过甲午和日俄战争的胜利（尤其后者），真的以为自己应该作为亚洲的前锋，代表亚洲打败西方列强，“解放亚洲”（当然，包括当年的多数精英和大多数老百姓是不认同“日本应该解放亚洲”这类说法，这一观点仅仅限于部分军人等。同时，战后至今，绝大多数的日本人是不认同“解放亚洲”这个说法的，对于当年部分军人从“解放亚洲”的角度进行了侵略战争的事实，今天绝大多数的日本人是持有反对和抵抗态度的），否则他们怎么可能敢袭击珍珠港呢？综合各方面的研究和说法，日本军队袭击珍珠港的时候，几乎没有一个经验、统计、数据、预测等能够显示日本军队比美国军队强、袭击珍珠港一定能成功，能加速日本在对美战争上取得胜利的确切依据。

这样说有些夸张，但我基本可以回顾当年的情景说：梦想使日本人疯了，借用刘老师的话来说，梦想有意或无意中变成狂想了，结果，梦想摧毁了命运。这恐怕也是至今日本人再也不敢轻易持梦、提梦、谈梦的原因之一。

“日本梦”新思潮在日本涌动

刘明福问：

21世纪的日本，国家的未来梦想是什么？日本学者有关于“日本梦”的代表作吗？日本政治家有关于“日本梦”的著名讲话吗？日本思想界和理论界有过这方面的讨论和争鸣吗？

加藤嘉一答：

据我所知，日本至今没有像您的《中国梦》一样直接、针对性地论述“中国梦”那样的“日本梦”之著作。不过，1989年由政治家石原慎太郎和索尼会长盛田和夫联合出版的《日本可以说不》在我看来是代表着那个时代一部分政治人士、社会人士、企业人士、甚至老百姓的想法的著作。在那部著作上，石原慎太郎主张日本是一个受尊敬的国家，应该更多自我主张，而且提出应该废除《日美安保条约》，由自己保护自己的国土，也强调相对于美国，日本技术、治理等的优越性。我也基本可以认为，对于石原慎太郎等人士来说，成为独立自主的“正常国家”基本等同于追求“日本梦”的过程。

就日本政治家的讲话而言，我想，2012年12月以来重新就任内阁总理大臣（首相）的安倍晋三是有着自己的“日本梦”的。我注意到的是2013年2月22日他在美国国际战略研究中心（CSIS）上的一次演讲。演讲主题是《日本归来》，他说自己回到首相的位置了，日本也随之回来了。他没有明确说日本回到哪里了，但我们大概认为，安倍首相想强调日本要回到二战以后在国际社会上的地位和影响力处于顶峰的时候，比如 20 世纪 80 年代。

安倍首相在演讲开头说：“今日，今后，日本不会成为二级国家。这是我今天在这里最想表达的一点。请允许我重申一下，我回来了，日本也要这样。”

他在演讲中提出日本要扮演的三种角色。首先，是规则的推动者；其次，是全球公共产品的维护者；最后，强调日本接下来务必进一步跟美国、韩国、澳大利亚等志同道合的民主国家携手起来。

他作为结论表示，“我的目标是面向未来，以及让日本成为世界第二新兴市场，也可以说，让日本成为对世界和地区来说比以往更加值得依赖的伙伴国家”。

至于围绕“日本梦”的方向与内涵有没有争论，我认为就要看把“日本梦”定义为什么样的国家目标了。如果它是安倍首相在美国发表的演讲那样子，我想基本没有争论，大多数日本人都会认同那样的说法和语气。那么，假设把“日本梦”定义为成为所谓“正常国家”，把“正常国家”又定义为摆脱《日美安保条约》，以发展自己军队的方式维护自己的国土与安全，并修改《和平宪法》，使得日本在宪法上变成可以打仗的国家，那么大多数人都不会同意，包括思想界和学术界（除了石原慎太郎会同意）。

刘老师，您曾经在与我的交流中直接问过一个问题：修改《和平宪法》何时能够完成？对此，我现阶段的回答是：我是看不到日本政府“成功”修改《和平宪法》的那一天。因为，绝大多数的老百姓是托《和平宪法》的福，实现了今天的生活水准与和平环境，绝大多数老百姓是不愿意改变这样一个现状，更不愿意迎来不和平的未来。

我个人认为，在现阶段和未来可预测的一段时间里（至于多长时间，实在不好估计，我个人预测至少 10 年，很有可能 20 ~ 30 年，若长的话有可能 100 年），日本的国家发展目标将是继续巩固日美同盟，发展经济，提高国际上的影响力和话语权。所谓“安倍经济学”也好，日本与美国一起主导的环太平洋经贸协定（TPP）也好，其方向跟这些目标是一致的。至于遭遇前所未有的百姓反对和抗议、安倍内阁强行通过的安保法案（对于安保法案与《和平宪法》的关系，其实，许多海外人士，包括不少中国知识分子，对此有根本性的误判。许多人认为，安倍首相通过了安保法案，接下来的政策目标是修改宪法。我不这么看，我的判断是，正因为安倍首相判断《和平宪法》无法修改，所以才选择了通过安保法案这一“战略折中”的道路。在日本修改宪法，首先要在国会获得三分之二以上的赞成票，然后要在国民投票上过半数。这个几乎不可能，尤其是后者）仍然是有争议的，它必然涉及日本未来往哪走的核心课题。

日本不少民众对安保法案表示不满，展开抗议主要有两个原因。

其一，此法案毕竟牵涉到日本作为一个国民国家（nation states）走什么样的道路，以及怎么走下去，涉及老百姓生活方式与生存道路的核心问题。我相信，日本绝大多数的民众不可能接受日本变成可以打仗的国家，渴望坚持宪法第九条里写明的不用武力解决纠纷的和平道路。

刘老师，您问过日本安保法案现在推进到哪一步了？我的回答是，法案已经通过，但是，第一，这个法案是在没有得到在野党和舆论方面的充分支持的情况下勉强通过的，所以，在未来怎么实施这个问题上，一定会遭遇各种各样的变数和阻碍；第二，到时候怎么行使这个法案，既要看到时候的国际形势，尤其美国如何介入和参与；也要看到时候日本内阁和议会上的政治情况；尤其重要的，是到时候的首相从什么样的角度做出什么样的判断。

其二，此法案的“强行”通过，牵涉到日本作为一个法治、民主国家究竟有多成熟的核心问题。法治体制要求任何人和组织都不能凌驾于法律的上面行事，而这次不少宪法学者等提出在现有的法律框架内行使（哪怕是有限的）集体自卫权是违法的。

民主体制重视政治过程。政府不能够为了达到自己的政治目标不择一切手段地谋结果，对这个体制来说，走好过程比达到结果更加重要而深远。这是国家和体制的底线。而这一次，在野党、不少学者和民众都觉得，安倍内阁没有好好地走过程，轻视制度，没有充分反映在野党和民众的想法和诉求。

总之，围绕此法案的种种事情必然涉及日本的国体和政体的核心。这才是那么多日本人正在感到愤怒，不得不采取行动的根本原因。我个人则认为，连涉及国体和政体核心的问题，换句话说，在有可能左右自己生活方式与人生道路的议题上都能忍住、妥协，那就不是合格的公民了。任何国家的公民都务必具有底线思维，以及行动渴望，这恐怕才是对得起时代和自己的活法吧。我认为，在这样涉及日本社会核心因素的问题上，今天日本的精英和公民的自觉和觉悟还是比较高的，而且两者之间也比较团结，共同地对施政者施加压力，平时沉默的大多数也愿意发出应有的声音。今天日本的民主政治和体制能够制衡权力者的误判和失控吗？对于这个问题，我现阶段的回答是：远比二战前夕成熟和健全，战后的日本在一定程度上培养了一种机制，即通过民主选举、言论自由、司法独立这一政治制度的设计来制衡权力的放纵。在此机制下，日本精英和国民的批判精神和公民意识也达到了一定的高度，至少是比过去大多数时期更加成熟健全的境界。

刘老师，您曾经问我日本未来的希望在谁的身上。我会毫无疑问地回答，是在公民身上。我坚信，任何国家和民族的希望都是在公民的身上。没有好的公民，就不会有好的政府，何况未来和希望。我也认为，这一逻辑也完全适用于中国，中国的未来，关键在于人民。我高度认同所有中国人知道的一句话：有什么样的人民就有什么样的政府。人民的意识和行动比政府想什么、做什么重要很多，深远很多。日本也好，美国也好，中国也好，如果一个政府不信任自己的人民，这个国家是没有未来的；如果一个政府把自己的人民像愚民一样对待，这个民族是没有希望的。

日本人有几个“日本梦”

日本列岛，百家争鸣“日本梦”

刘明福问：

对国家和民族的梦想，就是国家建设的目标和方向。这个问题是国家政治和国家战略的一号问题，必然会有分歧和争论。在21世纪的“日本梦”问题上，日本国内当前主要有哪几种主张和思潮？你如何看待和评价这些思潮？

加藤嘉一答：

首先我要说明一下，我在以下讨论的内容是否能称得上“日本梦”，有待观察和检验。我只是从活在当下、面向未来的日本社会和日本国民究竟要有什么样的“国家状态”的角度初步展开一下，试着从国家、经济、社会、生活、个人的五种维度讨论。

就国家而言，除了经济和社会层面，在政治、外交，甚至军事上提升国家影响力和话语权，可以说是国家层面的目标。至于它是否意味着“正常国家”，有待谨慎大胆讨论。比如，日本加入联合国的常任理事国等目标，基本上是没有人提出异议的。

刘老师，你在与我的交流中提出过一个观点：在日本没有成为“正常国家”之前，日本实现加入联合国的常任理事国等目标的难度很大。对此，我的判断是，日本加入联合国常任理事国这个议题上的最大难度，在于日本是第二次世界大战的战败国，而常任理事国是由战胜国组成的。他们不可能轻易放弃自己的特权，也不太可能在未来一段时间里“欢迎”其他国家加入常任理事国。至于日本成为“正常国家”和加入常任理事国的关系，我觉得，不管日本成不成为“正常国家”，其难度一样很大，甚至会更大。因为，日本成为“正常国家”意味着日本变得比以往更加强大，更加积极，有些国家，包括中国，甚至美国会担心日本在对外战略上的积极性和行动力。因此，日本成为“正常国家”还是不成为“正常国家”，在哪一种情况下更有可能加入常任理事国，在这个问题上，我会选择“不成为的情况下会更大”。

就经济而言，日本还是世界第三经济大国，也是在亚洲最先实现了现代化的国家。经济实力无疑是日本追求国家目标中的核心指标，没有经济上的大发展，就没有战后的“日本奇迹”。而且这个奇迹是从战败国开始，仅花 20 多年成为了世界第二经济大国，并把这一位子保持了 30 多年。刘老师，您曾经跟我提出过一个观点：战后日本“经济奇迹”的实质，是“政治奇迹”，是在政治上走对了道路，放弃了狂想。政治正确是经济成功的 70% 的因素。对此，我表示认同。值得一提的是，毕竟日本人是以制造业为荣的民族，因此，在汽车、家电等领域为主，首先在我们所擅长的制造业领域继续寻找突破，将是一个基本的目标。另外，安倍首相正在谋求降低饱受争议的企业所得税（从 40% 降至 28% 左右），以便吸引更多的国际企业，来从商业环境的角度寻求日本的国际化战略。

就社会而言，继续实现治安良好、社会稳定、民族和谐、天人合一、社保充分、教育和医疗等公共服务稳定供应等为特征的公民社会环境，无疑是所有日本人希望维护并推进的一个目标。日本是一个具有“大社会”的国家，看看美国，通常从大政府 VS 小市场、小政府 VS 大市场等角度讨论应有的社会形态。但对日本来说，我认为，它永远是大社会，即中产阶级占大多数，没有太多富人，也没有太多穷人的，相对均等的社会环境依然是日本百姓所喜欢的。

不过，根据由 34 个市场经济国家组成的经济合作与发展组织（OECD）2014 年年底发表的调查数据，关于显示社会贫富悬殊程度的基尼系数（其数据为 0 ~ 1 之间，0 是没有悬殊的状态，越靠近 1，悬殊越大），日本的贫富悬殊程度比 OECD 国家（34 个所谓发达国家，中国不在里面）的平均水平更加严重，虽然没有美国、英国严重，但比德国、法国等严重（日本的位置是倒数第十名，即在 34 个国家当中贫富差距排第十的国家）。另外，日本的儿童贫困率为“六名儿童当中一名贫困人口”，这个数据比 OECD 国家的平均水平差（日本的位置是倒数第六名，即在 34 个国家当中儿童的相对贫困率排第六的国家）。日本老百姓对于贫富悬殊和贫困问题普遍敏感，表示担忧。我相信，这也是当前的日本政府高度重视这些问题的原因和背景所在。也相信，今后，随着全球化和经济一体化浪潮不断深化，日本国内的产业结构和社会结构不断与国际社会接轨的过程中，贫富悬殊的问题必将成为社会的热点问题和民众的心里担忧。

作为参考，根据 OECD 发表的数据，2009 ~ 2012 年之间，日本的基尼系数为 0.34 左右，美国为 0.39 左右。根据中国国家统计局发表的数据，中国的基尼基数在 2008 年时达到 2003 年公开发表数据以来的高峰，为 0.491，2014 年降低到 0.469，为 2003 年以来最低。一般来说，其数字超过 0.4，这个国家贫富悬殊程度就比国际标准高。

就生活而言，大多数日本老百姓都想要安宁的生活，即不受过多内外刺激的、保持一定规律的、变化稀少的生活环境。为什么那么多普通老百姓反对安倍内阁强行通过的安保法案？我觉得，这与大多数日本人所希望维护的生活环境有着千丝万缕的联系。他们担心，一旦安保法案通过了，日本解禁（哪怕是有限和有条件的）集体自卫权之后，“我们会不会被国家的军事部署卷进去，从而日常生活也遭遇干扰呢？”过好日子、享受安宁稳定的生活环境对大部分日本老百姓来说才是第一位的，这个比成为“正常国家”、提高国际影响力等重要和深远很多。坦率讲，类似中国梦——中华民族伟大复兴的政治口号对日本老百姓来说，毫无说服力和感召力，反而会引起许许多多的警惕和不安。其主要理由我在上述介绍过。

就个人而言，虽然战后日本不是一个推崇个人英雄的社会，在我看来，社会的公约数大概认为“与其让一个杰出的个人引导或领导社会的发展，不如让不同的团队从各自的角度发挥作用，并形成一个或整体的有机合力”（日本在世界上闻名的许多企业不像美国、中国的一些企业在相当程度上依靠创始人的知名度和影响力带动发展，而更多靠着团队和品牌的力量去实现企业可持续发展，丰田、索尼、佳能、本田、松下等都是如此）。但这并不能完全排除日本社会需要“个人英雄”的可能性和可行性。我尤其正在关注的现象是，不认同日本传统意义上的终身雇佣、年功序列等企业文化和社会形态的年轻人逐渐增加，依靠个人的行动力和突破力创业的青年才俊越来越多，有些人甚至主动离开祖国的国土，到新加坡等企业所得税、创业门槛等趋于低标准的地方创业、挑战、奋斗。我个人认为，如果日本这个国家指望，甚至需要越来越多有关“日本梦”的讨论和行动，与中年人一代和老年人一代相比，年轻一代还是略有希望的。我接下来也打算更加认真、用心去观察并参与“青年奋斗与“日本梦””这一课题。

日本“无梦时代”终结，“选梦时代”来临

刘明福问：

在中国，中国领导人提出“中国梦”，可以鼓励 13 亿中国人，而在日本，日本领导人提出“日本梦”，就会引起反感、不安、警惕甚至厌恶。这是由于 20 世纪前期的“日本梦”，曾经祸害世界，也灾难日本国民；而二战后的日本在美国控制下，没有“日本梦”却反而发展快、很安定，所以，二战后的日本，无梦反而有福气，无梦反而更安定。

但是，这种情况和局面已经不能持久，即使日本国民不想有梦，但是 21 世纪的美国需要日本有梦，日本的政治家也有梦。日本经历了明治维新崛起的“初梦”时代，经历了争霸世界失败的“狂梦”时代，经历了二战后经

济起飞的“奇梦”时代，现在进入了十字路口的“选梦”时代，就是要选择“向东看”、“向西看”，还是站在中间“两面看”的日本新梦。

“日本梦”的选择，最大阻力来自美国，但是日本人自己的选择是主要的。“日本梦”，就是要有日本的独立思想和自主选择。一个没有“日本梦”的日本，是一个没有影响力和话语权的日本，是一个思想不能独立、话语权不能自主的日本，因为战后日本的命运是由美国决定的，是美国替日本说话。这使得“日本梦”必须服从“美国梦”，与“美国梦”保持一致。处在历史性“选梦”时代的日本，目前万不能处于“迷梦”状态，不能迷失了方向。

加藤嘉一答：

刘老师，你提出的几个观点，如“这种情况和局面已经不能持久，即使日本国民不想有梦，但是21世纪的美国需要日本有梦，日本政治家也有梦”，“‘日本梦’的选择，最大阻力来自美国，但是日本人自己的选择是主要的。‘日本梦’，就是要有日本的独立思想和自主选择”，“一个没有‘日本梦’的日本，是一个没有影响力和话语权的日本，是一个思想不能独立、话语权不能自主的日本”。您的这些观点，我作为一个日本年轻一代的国民，感到很认同，也谢谢您如此坦诚表达您的思考与担忧。日本社会需要外国友人不断鼓励和刺激，以便不断改变自己，创新自己，否则就会如您所说的，真的难以适应新时代的客观需求。

关于这一点，我想跟您分享一个故事。今年春节期间，我在日本东京有机会跟一名20世纪七八十年代作为日本政府的负责人跟美国进行经济、贸易等谈判的长辈交流。他可以说是名副其实的“知美派”，甚至日美同盟对日本的利益和未来的重要性，他的立场也是坚定不移的。但在与我的交流中，他也表达了一段令人深思的话：“我不得不承认，日本战后高速增长时期的所有国内改革都是被美国逼迫的，都是在美国的压力之下进行的。现在，美国在全球范围内的影响力和领袖力也在下降，即使是相对的。美国的国力和魅力没有衰退，但美国的影响力和领袖力在衰退。那么，接下来，我们为了持续地实现我们的利益，日本要主动一点，甚至要率领日美同盟。”我从中感觉到，在这位长辈的头脑里，越来越产生和形成了一种突破性的新思维，那就是：只有日本人有独立的思考和自主的战略，才能保证自己的利益和尊严，才能够为日本创造更加安全和兴旺发达的未来。这是来自日本主流和决策层、战略界的观念和声音。我也相信，在当前的日本，越来越多有影响力的人（包括经济界的、思想界的）持有您表达的想法。我个人也认为，活在当下的日本人首先要有独立的思想和自主的战略，这是民族的底线。至于今后的日本，在地区和全球事务上扮演什么样的角色，采取什么样的行动，那要看具体情况和形势了。任何国家的角色和行动，包括美国、中国等大国，都必然受到客观形势的影响和制约，日本也不例外。我也认为，对不同国家之间的交往来说，只有每一方都有独立的思想和自主的战略，两者之间才能实现平等、良性的互动和合作。相互依存、共同发展的前提，是相互独立、彼此平等。

日本年轻一代“新梦想”将塑造“新日本”

刘明福问：

梦想塑造国家。明治维新的一代人用他们“脱亚入欧”的“日本梦”，塑造了亚洲第一个现代化国家——现代日本。“大东亚共荣圈”的“日本梦”，塑造了一个军国主义的日本。战后韬光养晦的“日本梦”塑造了一个经济腾飞的日本。

今天的日本年轻一代的“日本梦”，要塑造一个超越传统日本的新型日本。日本年轻一代有了更年轻、更新型的梦想。日本青年群体中出现的“新潮梦”，恰恰说明日本又即将进入一个新的“梦时代”。我坚信，一个 21 世纪新型“日本梦”，正在酝酿和生成，也必将塑造出一个“新型日本”。

加藤嘉一答：

我同意，日本年轻一代需要发出自己的声音和梦想。我几年前在日本曾跟一名同龄的社会学家古市宪寿合写了一本书叫《在无法信任的国家，我们如何生存下去？》（PHP 出版社），当时，我们想表达的态度和立场是：不管国家怎么说，或是国家怎么懒，我们这一代要本着自己的目标和梦想跑下去，不能因为国家没有战略，自己也没战略；国家没有路径，自己也没有路径；国家没有思想，自己也没有思想。进一步说，国家越没梦想，我们越要有梦想；国家越没希望，我们越要抱有希望；由我们年轻一代的努力和奋斗，迫使这个国家有希望和梦想。我个人站在读者的角度翻阅这本书，虽然感到其内容充满个人主义色彩，但这不是贬义的个人主义，也不是与集体主义、国家未来相冲突的个人主义，而是说，在当今全球化、信息化、多元化的时代，每一个公民都要有独立的思想、行动、梦想，这才是一个社会健康稳定发展的战略前提。我相信，与我同龄或年龄接近的不少同胞拥有同样的态度和想法，即不管国家如何，我们要跑下去。

日本国内政治生态如何制约“日本梦”

刘明福问：

日本国内，总共有多少个政党？总共有哪些主要政治派别（例如右派等）？这些政党和派别的基本政治主张是什么？他们的本质区别是什么？他们在“日本梦”问题上的相同点和不同点是什么？他们在日本社会中的地位和作用是什么？他们对将来“日本梦”的价值是什么？

加藤嘉一答：

2015 年 11 月，在国会拥有席位的政党共有 12 个，其中最大的是自由民主党，简称自民党，众参两院合起来有 407 个席位。与自民党联合执政的是公明党，有 55 个席位。最大在野党是民主党，有 131 个席位。日本共产党，有 32 个席位。日本维新党，有 30 个席位。历史最长的是共产党，于 1922 年成立。自民党成立于 1955 年。民主党成立于 1998 年。维新党成立于 2014 年。

您问了许多问题，我在这里一并表述一下我个人的感受与思考。

首先从这些政党对日本政治的影响与作用的角度看，毋庸置疑，自民党是突出的。虽然自民党也不是铁板一块，里面也有不同的主张和意识形态，但总体来说，自民党是一个相对保守的政党，这突出表现在其主张的安全保障政策，以及日本要往哪里走的方向问题上。自民党作为一个党的政策，基本主张日本要继续巩固日美同盟，通过实施集体自卫权，扩大本国的“国际空间”，在一些涉及日本核心利益的地区和安全议题上，日本自卫队也应该适当、积极配合盟国、联合国维和部队等活动。安倍首相就任以来一直提倡“积极和平主义”，即为了实现和平，更加积极地行动。我个人感觉，安倍首相的积极和平主义和刘老师提出的“克服和平病”，“为了维护本国和地区的和平与安全，中国需要强大的军队”之间，其根本的理念与价值观是相似的。

公明党的作用也不容忽视。毕竟，它是与自民党联合执政的。公明党始终重视对华关系，在安倍内阁下，公明党也始终在日本自民党与中国共产党的沟通上扮演着桥梁的作用。2013 年 1 月和 2015 年 10 月，公明党党首山口那津男访问中国时，习近平总书记会见了他，他把安倍首相的亲笔信传递给了习总。因为，中共是信任公明党的。而这样的公明党与趋于保守、有时对华强硬的自民党一起执政，对中国共产党以及日中关系来说，是起到一个积极作用的。

公明党是由 1964 年 11 月以信奉佛教日莲正宗的宗教团体（创价学会）为基础组成的政党。该学会名誉会长池田大作先生在中国也非常有名，据我所知，中国的政界、企业界、学界、社会界等均尊敬他，并给他许多荣誉。中共领导人与池田先生之间的长期信任关系，也是中共信任公明党的重要原因。创价学会有着创价幼儿园、小学、中学、大学等自己的教育和研究机构，他们里面的许多是创价学会的会员，更是公明党的支持者。创价—公明派也有着自己的报纸《圣教新闻》、潮出版社等媒体。总之，从“超越政党本身的社会影响力”的角度看，公明党在日本是数一数二的、有自己独特背景与做法的政党。

民主党是一个在日本最大的在野党，也是战后唯一一个以政权交替的形式夺得过执政地位的政党。它第一次成为执政党的寿命不长，只有2009 ~ 2012年的三年左右。当初，他们在《政治大纲》上提出要“脱官僚、政治主导”的口号。日本战后的政治始终是由强大的官僚队伍推动的，民主党则主张不要过多依赖基本终身雇佣的技术官僚队伍，而应该由民选的政治界来主导才是正确的。不过，现在回过头来看，那样打击了官僚的积极性，日本政治还是要在相当程度上依赖官僚队伍的。

民主党在对外政策方面的“过失”尤为突出。比如，民主党第一任党首兼首相鸠山由纪夫当年提出“深化对等的日美关系”和“建立东亚共同体”的目标，并提出把位于冲绳、普天间的美军基地最起码转移到冲绳县外甚至海外，结果没做到，冲绳人民生气了，鸠山在没有把握的情况下随便说来说去，玩弄冲绳人民的感情，这一场日本国内的折腾对日美同盟的未来走向，也蒙上了一定的阴影。

在对华关系上，一个是2010年的撞船事件、另一个是2012年的“国有化”事件，我在这里不细说，但日本国内对于民主党对这两起事件的处理方式是有着比较尖锐的批评的。不少人认为，比自民党“开明”的、更加重视对华关系的民主党反而恶化了对华关系。为什么？其很大的原因可以归结于民主党作为政党缺乏执政经验，而且，民主党是一个杂派，党内有持不同政治信念和价值观的人，有的对华软弱，有的对华强硬。在这点上，自民党的凝聚力和团结力比民主党强很多。

日本共产党、社会民主党（1996 年成立，目前有 5 个席位），大概是在西方意义上的“左派政党”，即进步派。尤其是共产党，它主张日本应该废除《日美安保条约》。我注意到，2015 年 8 月 14 日所谓“安倍谈话”发表之后，由日本共产党委员长志位和夫所发表的声明，说“安倍谈话”根本没有继承 1995 年时的“村山谈话”，是充满欺骗与歪曲的产物，说安倍内阁是由歪曲历史、美化侵略战争的极右势力组成，说安倍内阁试图放弃宪法第九条，与美国一起使日本变成可以打仗的国家，表示日共坚决反对，并本着和解与友好的理念提出“东北亚和平合作构想”。

当今日本有个比较普遍的讨论和认知，就是说，在政治娱乐化、商业化、信息化的时代，选民们更多倾向于注重一名政治家的外貌、知名度、传播力等表象，而很少从一个政党的政策背景、所包含的价值观、政治信念等宏观角度去投票。而这一现象导致各个政党之间的政策主张没什么本质的区别，这一点尤其体现在经济社会政策上。

例如消费税，如今日本的消费税从原来的 5% 已经提高到 8% 了，按照既有的计划，2017 年 4 月 1 日起将提高到 10%。在日本面临深刻的、世界上最严重的老龄化时代，务必保证财政来源的时代背景下，提高消费税在不少经济学家和知识精英看来不可避免。但渴望向选民讨好，追求被选民喜欢的政客们，不敢正视，不敢明确主张提高消费税的重要性和迫切性。理由很简单，没有一个普通老百姓是愿意在每一个购物场合多花钱的。

不过，牵涉到“日本梦”的安全战略方面，在日本具有不同理念的政党之间，还是有着较为明显的区别的。拿自民党与共产党作对比。两者的理念之区别颇大，其鸿沟难以缩小。例如，自民党认为日美同盟该巩固；共产党则认为应该废除它。有趣的是，两者都主张这是为了实现更可持续的和平。“要和平”，看来是两党之间的共识，但其途径却截然不同。包括对华关系，自民党和共产党都很重视它，但表明重视的方式不同。自民党认为，日本应该一边巩固日美同盟，一边发展对华关系，两者是可以兼顾的，而且只有两者兼顾的方式才能实现地区和平。共产党则认为，只有废除《日美安保条约》，才能建立真正的对华友好关系，日本才能作为和平国家扮演应有的地区角色。

鸿沟还存在于，围绕一些具体的政策和声明的解释上，背后是不同政党不同的价值理念和政治利益。例如，2015 年 8 月 14 日发表的“安倍谈话”，自民党认为它继承了“村山谈话”的精神，发表该谈话为的是日本继续做好和平国家；共产党则认为它根本没有继承“村山谈话”，甚至歪曲和捏造历史，是破坏和平的一场谈话。

总之，我个人认为，从对日本政治、经济、社会等具有一定影响力的布局，来评论“日本梦”的走向，比较自民党和共产党这两个通常被认为保守派和进步派的代表、甚至两个极端的政策主张、价值理念、政治利益，是比较符合现实的做法。对于当前安倍首相从“日本归来”的角度试图强有力推进的安保法案和 TPP，共产党是坚决反对，坚决主张把它俩废除掉。有趣的是，日本共产党对于安倍政权政策的批评与抗议，比邻居的中国共产党尖锐很多。日共那种赤裸裸的、对着干的做法，甚至使希望稳定对日关系的中共感到困惑，甚至难以接受。

决定“日本梦”的“五大权力”

刘明福问：

日本受美国管理，是属于“半独立”国家、“半自主”国家；日本又是财阀力量巨大的“半民主”国家、“半金主”国家。在日本，是政治家说了算，思想家说了算，企业家说了算，具有选举权的公民大众说了算，还是美国人说了算？这“五权”之间是什么关系？对“日本梦”的影响是什么？

加藤嘉一答：

我很欣赏您如此坦诚地描述我国的历史与现状。“半独立、半自主，半民主、半金主”国家这些说法，我相信，我国的政治家和官僚恐怕是不公开承认的（内心肯定许多人这么想）。但如果让有影响力的报纸做一次舆论调查（我没看过类似的调查），我估计，大概 50% ~ 70% 的人会认同这些说法。

您提出的“五权”，我个人的感觉是，除了思想界趋弱之外，其他政治家、企业家、公众、美国之间是相互关联、趋于均衡的状态。政治家与公众是分不开的，日本政治家是不可能忽略公众的喜好、习惯、底线等经营政治的；日本经济社会的发展和生活方式的稳定在很大程度上与企业家们的奋斗密不可分，何况日本人是以经济，尤其是制造业为荣，没有经济的政治是没有意义和价值的；而日本凭什么能够集中发展经济，实现了战后的日本奇迹，在很大程度上与美国的核保护伞密不可分，因此，战后美国的存在早就“渗透”到日本社会的每一个角落和方方面面。

刘老师，您曾经说过“二战前，美国是日本的对手，二战后的美国，被日本人看成是‘救星’和‘恩人’”。虽然我们的心情比较复杂，但在战后的日本，不管在战后初期、中期，还是冷战后，确实有许多人是这么认知美国的。不过，我个人认为，这也不是一成不变的，总有一天会迎来日本人对美国持续累积的一种不满和抵触情绪的爆发。

总之，“四权”之间相互关联和平衡是我的感受，那么，如何发展思想界，从知识和思想的角度丰富日本的发展理念，制衡政界等失控，必将是日本接下来要认真思考、不断改善的课题。

壮大日本“思想权”，导航新型“日本梦”

刘明福问：

在决定日本国家未来设计和构建的“五大权力”中，“思想权”处于薄弱和落后状态，这是一个很严重的问题。壮大日本史学界，强大日本学术尤其是战略学术权力，用思想家引领日本舆论，用思想家制衡政治家，这很重要，也很迫切。日本思想界的弱点是什么？日本思想界如何崛起？日本思想界的几个历史阶段是什么？

加藤嘉一答：

我个人认为，战后和当前的日本思想界，远远落后于日本第一开国阶段的19世纪，如明治维新的时期。当时的思想界有福泽谕吉的《劝学论》《文明论概略》，有新渡户稻造的《武士道》等影响后代的重要思想作品。至于战后，可以说是影响几代的思想家有1952年出版了《日本政治思想史研究》的“日本政治学之父”丸山真男、中国朋友们也熟悉的文学家司马辽太郎等。不过，亲历了战前和战后的丸山和司马均于1996年去世。时间进入21世纪之后，日本社会似乎难以寻找可称为“思想家”的人。至于战后日本社会为什么难以涌现思想家，我想了一下，似乎有三个层面的原因。

首先，日本战后“在日美同盟的框架之内发展经济”的框架很坚定，何况是战败之后的艰难时期，大家使劲、拼命遵从这一框架，集中精神振兴国家。在那样的环境下，日本几乎是“无战略”，唯一的战略就是这一框架，一个社会在“无战略”加上“全民拼命”的情势下，自然就难以涌现出从思想的角度奉献祖国的人才。

其次，日本战后的教育（至少我经历过的）是极为集体主义的，就是说，培养善于在集体社会生存的人，也可以说培养什么东西都大概懂得一点的庸才。大家很平均、平庸、平静，也很听话。这种教育确实推动了战后日本

“社会总动员”式的发展。但我们也不得不承认，创造思想的工作需要一种个体的精神和创新的气质，它要求一个社会的人才具有独立的精神和活法，思想的普及需要社会的力量，但思想的创造却往往依靠个体的积累和奋斗。在这个意义上，不得不说，战后的日本始终缺乏培养造就思想家的社会环境和文化土壤。

最后，在当前网络化、信息碎片化、政治娱乐化、学术商品化的时代，任何思想都可以通过任何途径和平台快捷地拿到，当今消费者也难以判断什么思想是具有生命力和创造力的。我觉得，这现象不仅发生在日本，在美国和中国等国家也在发生。网络信息时代正在考验和挑战思想家和思想界，这是全世界的思想家都要深刻面对和认真思考的世纪难题。因为，思想家不仅要创造思想，还要传播思想、普及思想，一系列的过程与社会的变化、时代的背景、人们的需求是离不开的。时代需要思想，时代也考验和挑战思想。

日本精英集团的“日本梦”是什么

日本五类精英如何思考“日本梦”

刘明福问：

在任何一个国家和民族，精英集团的梦想和追求，都是直接影响和决定国家战略走向的关键要素。战后 70 年来，日本精英集团的“日本梦”是如何演变的？日本精英集团今天面向 21 世纪的梦想是什么？分歧是什么？主流精英分子的“日本梦”是什么？

加藤嘉一答：

首先，我们要对“精英集团”下一个相对明确的定义和架构。精英应该是具备能够在自己所在的领域引导发展战略与途径的人群，他们还需要带有比较浓厚的公共意识，以及相对清晰的长远眼光。那么，考虑到日本的精英集团，我想，基本可以划分为政治精英、官僚精英、经济精英、知识精英以及文化精英。这些精英的“日本梦”以及其演变，在上面也有所阐述。

之所以把政治精英和官僚精英分开，是因为在日本，“从政”与“当官”是截然不同的两个途径，前者是通过竞选，被选民投票，最后要当选，即它是民主体制的象征；后者则是通过考试考进去的技术官僚，基本是终身雇佣和年功序列，当然其竞争和选拔机制是相当苛刻而严厉的，即它是官僚体制的象征。

我想，政治精英的“日本梦”是多样的，保守派倾向于使得日本成为“正常国家”，进步派倾向于使得日本坚持走所谓战后意义的“和平国家”，不要行使集体自卫权，甚至主张要废除《日美安保条约》。有趣的是，无论是保守派还是自由派，激进的都主张要摆脱或废除《日美安保条约》，使得国家变得更加独立自主，两者的出发点是比较一致的。当然，其用途不同，保守派一定主张要有自己相对强大的军队，自由派则会主张坚持放弃武力解决问题，维持最小限度的自卫队。

在我的印象中，官僚精英的“日本梦”没有政治精英那么“夸张”，幅度和跨度也没那么大，毕竟是技术官僚，左右日本未来发展方向和战略的决定权在于政治家，而不在于官僚。整体来说，官僚对日本战后的发展是感到自豪和荣耀的，而且，他们一大部分人是认为“没有我们官僚精英，就没有今天日本的成就”。那么，他们倾向于维持现状，在这一框架之内，把日本的利益最大化，随着国内外形势的变化，尽量做到与时俱进。在这个意义上，我认为，2015 年引起国际社会巨大关注的安保法案和 TPP 问题，基本符合日本官僚精英的思路，他们不认为，这两大举措是脱离，甚至违背“现状”的安排，更多意味着适应新形势的政策调整，而非战略调整。坚持走和平发展道路应该是日本技术官僚们比较统一的战略目标和宗旨。不过，有一点，这一群体毕竟是官僚，而非政治家，他们不太谈论梦想，更多安安静静、踏踏实实地做事，少说话。补充一句话，在日本，被公认的所谓最优秀、最聪明的人，始终倾向于当官，他们是靠荣誉感做事的。

知识精英与政治精英有些相似，有保守的也有自由的，两派也有激进的。从最近的安保法案的案例也不难看出，虽然我无法准确地指出比例多少，但大致而言，凭我感觉，80% 以上的知识精英会主张维持现状，在现状的框架之内坚持或调整政策。我认为，这次的安保法案虽然其过程引起了大争议，但它的通过绝不是有些中国学者指出的，使得日本重新回到军国主义，还有可能再次侵略中国那样的情况。日本不可能因该法案的通过而放弃和平道路，何况，《和平宪法》是依然存在、有效、坚固的。不过，不可否认的是，什么叫“维持现状，与时俱进”，两派之间的争议还是比较明显的，一半支持安保法案，一半不支持该法案，而且，研究法律的学者倾向于不支持，研究安保法案的人则倾向于支持。那么，除了 80% 以上的学者以外，15% 左右是主张日本应该光明正大地修改宪法第九条（80% 里面也有不少认为既有的宪法是不合时宜的），使得日本成为有自己的军队、允许通过武力来解决问题的国家。5% 左右大概是支持废除《日美安保条约》，甚至与中国结成联盟应对美国的霸权主义之类的。况且，我观察近年以来的政策讨论发现，政治精英与知识精英之间的相互呼应比较明显。每一个政客似乎都有自己的知识智囊，来证明自己的政策正当性。

经济精英在某种意义上与官僚精英相类似，他们对战后日本经济高速增长充满着自豪感与荣誉感，那么对于“现状”的执着比政治精英、知识精英浓厚许多，对于安保法案等有可能改变日本的安全环境、影响日本国家形象的动作，是冷淡一些。当然，对于 TPP 这一使得日本国内市场进一步开放、追求高标准和高质量的制度设计，凭我感觉，起码一半以上，甚至三分之二以上的经济精英会认同。他们的“日本梦”应该是做好自己的企业，开发好自己的产品和服务，以产品、服务、品牌等途径为日本的可持续发展做出应有的贡献。我个人认为，在日本，企业家是最具有自己的梦想，而且最敢于谈梦、追梦的人群。当然，他们是实实在在地做事，多动手，少说话，这也体现着日本人的民族风格。

最后，文化精英是在电影、文学作品、动漫、漫画等活生生的领域影响力很大的人群，包括宫崎骏、北野武、黑泽明、村上春树、东野圭吾、手冢治等。我认为，文化精英在日本所有精英里面也是超前、领先的，他们的作品往往是世界领先，深受国际社会和公民的喜爱与认可。他们肯定希望国内外的环境是稳定的，日本能坚持走和平发展的道路，把精力和时间投入在经济和文化层面，而不要盲目追求政治大国甚至军事大国什么的。日本在国际社会上的地位和尊严无疑离不开文化精英的付出和贡献。

总而言之，如果把日本的精英分成两块，政治精英和知识精英应该是一类，经济精英和文化精英是一类，而官僚精英则可以说跨越两大精英中间，但偏后者。这是我的大致判断。

日本军事精英的“日本梦”、“强军梦”是什么

刘明福问：

你介绍了日本五类精英的“日本梦”倾向。而日本军事精英的“日本梦”和“强军梦”，有必要单独讨论。在近代以来的世界大国中，只有日本曾经被世界冠以“军国主义”的称号，这说明日本军人绑架和控制国家的“军国体制”是何等厉害。请介绍一下日本军队在日本建国、卫国、兴国、害国的历史过程中的特点、经验和教训，今天的日本军事精英在日本国家中的地位和影响力，军事精英的“日本梦”、“强军梦”是什么？日本社会对于日本军

事梦的意见、主张是什么？日本军队在日本社会的观感是什么？日本精英集中在军队的情况如何？日本军队对日本青年的吸引力如何？日本军事精英的“中国观”、“美国观”是什么？

加藤嘉一答：

您在这里提出了一系列大的问题，我就在自己能认识、能回答的范围之内，介绍一些情况。

首先，日本人在国内通常把从事军事方面的人说成是“自卫队”或“防卫人士”等。因为在战后《和平宪法》的框架之内，在许多日本人眼里，所谓世界上和历史上普遍意义上的“军队”和“军人”，在当前的日本是“不存在”的，而且也不应该存在。那些相关人士只是从事自卫，即专守防卫。海湾战争之后，顶多升级到从事一些在国际上涉及军事方面的维和活动。事实上，战后，没有一个日本自卫队员被杀，我们的自卫队员也没有杀一个人。所以，大多数日本人把他们视为“和平的军人”。正因为如此，如同我在上面已经介绍的情况，那么多的日本公民站出来，走上街头，反对安保法案的强行通过。因为他们严重担心自卫队有可能要变成真正的军队，即随时有可能打仗的军队。

我曾在东京、北京、波士顿等地方跟日本防卫官员、航空自卫队员、海上自卫队员、陆上自卫队员交流过。我的感受是，日本军人跟美国、中国等军人一样，从事军事的人的观点和立场还是倾向于“强硬”。他们总是渴望国家给军方更多的预算和行动自由，认为国家应该有一支比较强大的“军队”。他们也抱怨决策人士、知识分子、普通百姓，想法太幼稚，想得太简单，对日益严重的日本周边安全形势缺乏警惕和敏感，全社会应该提高警惕，做好相应的准备，军事力量应该发挥独一无二的作用。

他们也支持安保法案，也支持日本国会使得集体自卫权的行使（哪怕是部分的、有条件的）变为可能。我没有听说过一个自卫队员和防卫官员主张

“日本应该废除日美同盟”，在舆论和公开政策讨论中也几乎没有听说过。虽然我也相信，有些队员在内心认为“日本实际上不需要日美同盟，完全可以依靠自己的能力和战略保卫祖国”。

他们大多数人认为，中国的崛起是21世纪在日本周边安全局势当中的最大变数。甚至认为，中国除了发展经济，也不断发展军事能力，在此过程中在周边海域和空域进行“扩张性”的政策（我估计，日本防卫当局认为中国在南海设立防空识别区是时间问题，也是中国的战略部署的一部分）。他们也认为，中国在东海、台海、南海等海域随时做好作战准备，一旦时机和能力成熟了，有可能以“维护国家利益”的名义采取行动，对此，日本应该在与美国这一最大盟国的战略沟通下，做好能够有效应对这一变局的工作。

在我看来，为了应对中国的崛起，日本军方起码正在考虑三件事情，作为准备。首先是要巩固日美同盟；其次是扩大日本自卫队能够行动的范围和框架；最后是加强自己在技术、情报、能力、对外沟通等方面的综合能力。

最后，我想谈谈日本社会和普通百姓怎么看我们的自卫队和防卫部门。毕竟，日本军方在二战期间失控过，忽悠文官系统甚至天皇，使得整个国家社会陷入了崩溃的边缘，这是所有日本人的记忆和认知。所以，日本社会和舆论对于军方、军队、军人，不管他们叫自卫队还是防卫省，永远保持警惕和怀疑。日本战后的政治体制和制度，把日本的军队彻底变成国家的军队，变成了由文官系统“控制”的军队。因此，当前的自卫队不可能做忽略首相官邸决策和指挥的事情，也不会做超出自己能力和条件范围之外的事情。我也相信，以现在日本自卫队的行动力，根本不存在会发生“失控”的可能。

我认为，日本社会与日本军队之间，存在三条鸿沟。一是日本自卫队的自我认知和日本社会对自卫队的警惕和敏感之间，存在鸿沟；二是日本官方对日本自卫队的自信和放心，与日本民间对日本自卫队的警惕和怀疑之间，存在鸿沟；三是日本部分知识界对日本自卫队的期望和诉求，与日本普通老百姓对日本自卫队的渴望和诉求之间存在鸿沟。

关于最后一点，其意思是，日本的对外尤其是对中国强硬的知识分子、言论人士，他们倾向于认为日本自卫队应该提高作战能力，以免被中国侵犯国家利益，他们对自卫队以及日本军方的“要求”比日本官方、首相官邸等迫切和强烈很多（毕竟是民间人士，什么人都有，说什么都可以）。

日本多数普通老百姓则认为，自卫队要维持现状，千万不能做超越《和平宪法》的任何一件事，不应该被周边和全球任何与军事相关的事情卷进去。那么，在日本百姓当中究竟有多少人内心认同那些强硬知识分子和言论人士的主张？我个人估计，是两三成吧。刘老师，您可能会说，这个比例也不小，说明日本的野心已经渗透到日本民间。

日本民众与精英群体在“日本梦”上的冲突

刘明福问：

日本是亚洲最“西方化”的国家，日本是“东方世界”的“西方国家”，是被西方世界认可的所谓“民主国家”。在日本这样一个所谓的“民主国家”中，日本普通大众的“日本梦”是什么？日本普通大众的“日本梦”与日本精英集团的“日本梦”有什么区别和不同？有什么矛盾和冲突？为什么日本议会外面游行示威和强烈抗议的民众的力量，不能制约和决定议会内议员们的投票意志？为什么日本民众的呼声不能阻挡安倍政权的一系列违背民意的决策？

加藤嘉一答：

我认为，日本普通老百姓很少提出、讨论“日本梦”。可能与绝大多数国家的公民一样，他们的梦想都是出于个人与生活上的，顶多是职业上的，而很少有百姓从民族长远发展和国家整体利益的角度，去思考“日本梦”。我不认为这是不好的，如果所有百姓都那么关心政治，从民族大业的角度与“日本梦”碰撞，才是不正常的。一个社会的公民能在不被政治卷进去的情况下安居乐业，做好自己的事，想好自己的事，这也是一种境界，也是一个社会发展到一定程度之后的成熟标志。

刘明福问：

民主的最大特点，就是民众关心政治，公民管理官员和权力，百姓思考国家大事和天下大事。民主，民主，顾名思义，就是民众是国家的主人，就是国家大事、民众做主，就是民意为上、民意为主。这是民主社会与君主社会、精英社会的最大不同。而现在，民主国家，民众不关心国家大事，说明这样的民主国家不是真正的民主国家。那么，今天这样一个日本民众不关心国家大事的民主国家，或者，虽然民众强烈反弹，但是政治家依然能够我行我素的国家，他的民主特征和民主属性，到底表现在哪里呢？

加藤嘉一答：

至于围绕安保法案的国会外游行，我已经在上面论述过为什么那么多老百姓要上街表示反对和抗议。为什么阻止不了，这还是取决于国会的制度。国会议员是老百姓自己选的，换句话说，老百姓是委托议员处理政治事务的。那么，既然你选择了，那就好好交给政治家，这也是一个道理和规则。当然，日本宪法是允许百姓合法上街游行的，我相信，政治家和国会这次也从中遭受了巨大压力，但最后安保法案依然能通过，哪怕是强行的，最后是国会的制度所决定的。让该法案通过的过程肯定有不成熟和不够尊重民意或在野党意志的成分，但最起码不是违法的。任何国家的制度不可能没有漏洞，一步步推进，完善就好了。

在这个意义上，我很认同这一次上街包围国会的同胞们，他们展示了制度以外的力量，有利于制度的改进与完善。我始终认为，日本选民可以更加活跃起来，好好上街，拿行动表示抗议，为的是国家的长治久安。

美国人的“日本梦”是什么

美国人的“日本梦”，有四个阶段

刘明福问：

美国人也有一个“日本梦”，在“美国梦”中就包括一个关于日本的内容。美国人的“日本梦”，从 1853 年 7 月 8 日美国海军准将马修 · 佩里率领四艘战舰驶入日本，用“黑船”上的大炮逼迫日本打开国门开始。

明治维新以前美国人的“日本梦”，就是把日本变成一个类似中国命运的半封建半殖民地的所谓“开放梦”。

第二次世界大战中美国人的“日本梦”，就是一个战胜日本军国主义的“胜利梦”。

二战后美国人的“日本梦”，就是一个“改造日本、控制日本、利用日本对抗苏联”的“冷战梦”。

冷战后，特别是进入 21 世纪，美国的“日本梦”，就是为日本“注射兴奋剂”，让日本疯狂起来，与中国“对着干”，就是“放虎归山”、“驱日咬中”，让日本和中国“两败俱伤的梦”。

加藤，你如何看待“美国梦”和“日本梦”的历史演变？如何看待 21 世纪美国人的“日本梦”？

加藤嘉一答：

我觉得，您从“美国梦”与“日本梦”的连接与联系出发，加以探讨的方法很有启发意义。虽然每一阶段里美国人的“日本梦”有一些不同，毕竟时代背景跟国际格局不同嘛，但整体来说，日本人是从“美国梦”受益的，也是从美国人的“日本梦”受益的，或者说所享受的利是大于弊的。1853 年的“开国”，战后的“改造”，从客观效果来说，都对日本的改革开放起到了“倒逼”式的正面作用。大多数的日本人也理解这一点，并愿意正视那些历史进程。

至于 21 世纪美国人的“日本梦”，我认为，这与中国崛起是脱不了干系的。众所周知，日本尤其在 20 世纪 80 年代的时候曾在经济上“威胁”过美国，美国人害怕日本经济的飞速发展和日本企业的不断崛起有可能伤害美国的利益，于是，1985 年，通过著名的广场协议给日本的出口行业施加压力，削弱日本充满竞争力的制造业的竞争水平，由此提高美国对日经贸结构的比较优势。

对位于太平洋那边的美国来说，应付位于太平洋这边的中国崛起，是需要盟国的协助和配合的。日本则是其中的核心。在我看来，对于美国在全球范围经营同盟政治来说，欧洲的英国、中东的以色列、亚太的日本是三大地区的核心。就前两者而言，维持欧洲经济的繁荣和中东局势的稳定对美国来说是核心利益，这对美国普及自己的价值理念，维护自身的霸权地位，是必不可少的。

不过，在我看来，对于美国普及自己的价值理念和维护自身的霸权地位这两大目标来说，在亚太地区如何应付中国的崛起所带来的变数，甚至如何遏制中国的崛起所带来的威胁，才是最为重大而深远的。那么，对于美国的同盟政治来说，就单个国家而言，如今日本的角色和作用变得前所未有的关键。美国一定全方位地利用日本作为盟国的身份和功能展开对华遏制政策，而日本也愿意配合和协助美国。一方面是因为这一做法符合日美同盟之间一贯的契约和范式，另一方面，日本也不可能光靠自己的力量来面对中国崛起，必须把美国作为核保护伞，在维护本国安全的同时，在经济、贸易、民间、人文等领域尽可能促进对华关系。关于在安保、经济、美国、中国之间如何权衡，如何把国家利益最大化，日本国内是存在基本共识的，大多数人认为没有别的选择。

总而言之，我认为，就美国人的“日本梦”而言，21 世纪的美国面对中国的持续崛起，不仅会不断巩固与日本的联盟，而且会比以往更加深层次地加强联系，日美之间的相互需求之深和利用的价值之高，是史无前例的。

美国对日本战略角色的评价与反思

刘明福问：

加藤，你在美国求学，做战略研究。就你所知，现在美国精英群体中，对于二战后美国和日本之间的关系，有什么检讨和反思？对于未来一个时期美、日关系的调整、改革、创新，在战略思维上有什么变化？

加藤嘉一答：

如前所述，日本曾经“威胁”过美国，哈佛大学教授傅高义出版过《日本第一》的著作。在那段时期，我估计美国战略家之间甚至诞生过“如何遏制日本”这一讨论。当然，这种遏制是局部的，而不是全面的；是有限的，而不是战略层面的。日本不可能在战略层面上威胁美国，日本毕竟是美国的盟国，日本人深知，无论如何，战后如果没有美国，就不可能有后来的发展。我基本可以判断，袭击珍珠港惨痛失败，并从中吸取了历史性教训的日本，今后是不可能在战略层面挑战美国的，日本不可能成为美国的威胁。

那么，今天，据我在美国的观察，美国从战略的角度，一方面，继续使得日本坚持做好美国可靠的盟友。为此，有时鼓励，有时表扬；有时施压，有时教育；为的就是继续让日本听话，这是毋庸置疑的。另一方面，我特别观察到的是，美国也日益担心日本有没有足够的能力和意愿做好美国可靠的盟国，这一点集中体现在对华关系上。

比如，2012 年 9 月的日本与中国仍然存在某些争议，但始终探索其解决方案的相关岛屿“国有化”事件，当时我刚到哈佛大学不久，就参与了不少有关讨论。包括资深的东亚问题专家、日本问题专家、中国问题专家在内，知识精英们基本对日本的政策是表示不满的，他们觉得日本在处理对华关系上不够精练，缺乏长远的战略思维。他们为什么那么认为呢？因为，美国战略家们担心日本这一盟国成为美国处理与中国这一目前最重要的竞争对手的关系上的“麻烦制造者”。当然，当时美方不仅向日方，也向中方呼吁两国需要冷静处理问题，稳定局势。美国也在两者之间保持平衡，不过，在美国看来，中国扮演不如美国意愿的角色属于情理之中，毕竟是对手嘛，但日本这样做就不应该了，毕竟是盟国嘛。

历史问题也如此。2013 年 12 月，安倍晋三首相不顾美方的反对参拜了靖国神社，后来美国当局对安倍的行为公开表示了失望。美国当局为什么要表示失望呢？因为，美国从历史认识的角度，不可能认同日本首相参拜靖国神社，但是从战略考量的角度，他们担心的还是日本成为美国处理对华关系上的负担。因为，在历史认识问题上，美国是不可能站在日本那边的，甚至要站在中方这边一起向日本施加压力。这是美国不愿意看到的。

另外，我也格外注意到，美国也越来越不愿意看到在太平洋的那边日本与中国之间吵来吵去，使得该地区的稳定与繁荣陷入动荡状态。曾经“流行”一个说法，美国希望中日之间吵来吵去，保持一个紧张的状态。我认为，美国确实有这么一个顾虑，就是中日太近，美国也担心自己在亚太的权益遭受不利。但是从这几年的局势来看，美国也不愿意两国之间过多地吵架，希望保持相对的稳定，甚至有限度的友好。

我从中看到的是，美国正在有意无意地调整自己作为担当世界警察的角色和作用。有些事情，包括维护地区稳定和经济发展等事宜是需要委托，甚至归还给该地区的当事国们，以便减少自己在军事、战略、财政等方面的负担。

刘老师，您在与我的交流中提出“美国人为什么要实行亚太再平衡战略，主动增加自己的负担”这一问题，我现阶段认为，美国确实在战略上正在试图转移，但究竟如何处理战略与财政的关系，美国国内也有争议，进展得很缓慢。而且，亚太再平衡是包括经济贸易，就是说，美国当局认为，推动美国和当今在经济上最活跃、未来最有潜力的亚洲的关系，有利于促进美国对亚洲的出口，改善美国的贸易收支平衡，最终有利于振兴美国经济，提高财政能力。另外，对美国的亚太再平衡来说，日本、韩国、台湾地区、菲律宾、泰国、越南等盟友的支持是必不可少的，只有获得些盟友的理解和支持，美国才能进行再平衡的战略。对于这些盟友来说，配合美国再平衡战略的动机之来源，应该是中国内地的崛起，他们担忧中国内地的崛起改变现有的秩序，希望美国能够扩大和深化在亚太地区的存在感和影响力。我相信，您肯定不认同这些说法。但至少在我看来，美国亚太地区的盟友确实是这么认为的。

美国最近一边警惕中国崛起，一边呼吁在经济、气候、科技、教育、金融等各领域深化对华合作。从这一点也可以看出，美国的全球治理，是离不开中国的配合和协助的，当然也离不开盟国的配合与协助。

总之，我认为，对于美国来说，如何利用盟国政治来经营全球战略，这一课题正在发生变化，美国恐怕需要重新布置和落实。

日本为什么把征服自己的美国当成“大恩人”

刘明福问：

日本人对于美国在二战后对日本的恩惠念念不忘，感恩不尽。几乎把二战后一切日本的进步和发展、把日本的安全和幸福，都记载在美国人的账上。

那么，二战后美国如此对待日本、帮助日本、保护日本，美国的目的是什么？美国的利益是什么？难道美国对日本好，就是完全为了日本的利益而无私？日本在二战后为美国发挥的战略作用、给美国带来的战略利益是什么？

加藤嘉一答：

毕竟，二战期间日本袭击过美国，挑战过美国。那么，作为一个战胜国对战败国的安排，美国试图控制日本，使得它再也不能袭击和挑战自己的国家，为此建立相应的配套制度，这是最紧迫的动机和利益。美国首先是为了保护自己的安全和利益，从而对日本进行了改造和控制。

其次，应该是跟冷战的起源、始末有关系，简单说是反苏、反共的需要。朝鲜战争爆发之前，美国本来是把日本彻底“非军事化”的。但是朝鲜战争爆发后，世界由于意识形态的不同而迅速分裂为东、西两大阵营之后，美国又转变战略思维，试图把日本建设为反苏、反共基地。既然如此，日本不可能跟军事无关，我把它理解为美国对日本的再军事化，或部分军事化。这一切为的是什么？美国就是为了自己的利益，根本不存在什么“无私奉献”的考虑。当然，毋庸置疑，美国对日本的这一战略转变，客观上给战后日本的奇迹发展带来契机。但是美国要做什么、要从中获得什么利益，这和日本如何从中坐收渔利是两个问题，美日都是各忙各的，都是站在自己的利益考虑，结果，两者之间的共同利益把两国紧密结合在一起，大背景就是冷战和反共。

在苏联解体后，世界进入后冷战时代，日本和美国战略联盟的基础，最后剩下的就是社会主义大国——中国。但是，如今，我个人认为，继续维持日美同盟关系的战略基石，已经不仅仅是针对中国的崛起，甚至远远超出中国的崛起。美日战略家之间似乎形成了一个新的共识，就是当今世界最直接的威胁不是中国，而是朝鲜、伊朗等国家，以及世界上日益走强的恐怖主义，他们甚至把中国视为面对这些无赖国家和恐怖主义的战略伙伴，而不是战略威胁。反正，当今美国和日本看待中国的角度和出发点，与当年针对苏联的截然不同，这也符合中国领导人提倡的“新型大国关系”，与中国不对抗、不冲突，这是日美当局和战略家都会认同的。

21世纪的美国，需要一个什么样的日本

刘明福问：

美国在21世纪，需要一个什么样的日本，特别是美国在21世纪的中美大博弈中，到底需要一个什么样的日本，到底需要日本发挥几个什么样的作用？日本能够满足美国对日本的战略需求吗？美国对日本有把握和信心吗？日本愿意成为美国对付中国的炸弹，关键时刻为美国去当人肉炸弹吗？

美国在钓鱼岛、东海、南海、台海问题上，需要日本扮演的最理想角色是什么？需要日本发挥的最大作用是什么？需要日本守住的底线是什么？而日本难以满足美国要求的主要是什么问题？日本对美国不够驯服的地方是什么？日本经常不顾及美国意图而违规、越线的事情是什么？

加藤嘉一答：

读完您的这些问题，我想到美国需要的三种日本。

首先，是继续听话的日本。我相信这是美国对日政策出发点，无论是对华政策还是驻日美军的问题，美国希望日本继续听话，而不违背美国的意图和战略。

其次，是提高魄力和觉悟的日本。这个涉及美国亚太再平衡的战略，美国肯定希望日本能够处理好国内矛盾，把已经通过了的安保法案实施好，把集体自卫权行使好，在未来美国在全球各地，尤其是在亚太地区的安全政策和战略部署上能够配合好。为此，美国认为日本应该在行动上提高魄力，在战略上提高觉悟。

最后，是不惹麻烦的日本。在我的认知中，从近年的案例来看，安倍首相参拜靖国神社，在历史认识问题上的一些言论，日本与中国仍然存在某些争议，但始终探索其解决方案的相关岛屿“国有化”事件等问题上，美国确实感觉到日本这一盟国正在给自己添麻烦。而这些都跟美国的对华政策有关系，美国日益有必要谨慎、有效、稳定处理对华关系，为此，不希望自己的盟国惹麻烦。尤其是在历史认识问题上，美国觉得日本真没必要也不应该在这个问题上跟中、韩闹矛盾，给美国添麻烦。美国尤其希望自己的盟国日本和韩国之间保持稳定的关系。

解决参拜靖国神社问题，就那么难吗

刘明福问：

日本领导人为什么要不顾美方的反对而参拜靖国神社？日本领导人参拜靖国神社的战略动力和战略压力是什么？参拜靖国神社能够给日本领导人带来什么样的政治收获，而不参拜又会有什么战略损失，是他们难以承受的？日本民众如何看待和评价日本领导人参拜靖国神社？参拜靖国神社问题，未来会有几种解决办法？

加藤嘉一答：

据我所知，日本首相参拜靖国神社（回顾近年的日本首相，自从小泉纯一郎起，有安倍晋三、福田康夫、麻生太郎、鸠山由纪夫、菅直人、野田佳彦，然后又是安倍晋三,八任首相中有两位参拜了靖国神社），其动机无非是两种。一种是他真的、内心相信作为一个国家的首相参拜靖国神社是出于日本人的精神，这样做是应该的。我认为小泉纯一郎是属于这一种。另一种是政治考虑，就是说，为了迎合自己的支持者（无论是党内还是党外），认为有必要这么做，以便巩固自己的权力基础。我认为第二次担任首相的安倍晋三是属于这一种。我也认为，小泉和安倍两位首相，他们也知道这样做会影响日本的外交关系，但权衡各方面的因素，他们最后选择了参拜。

至于未来的解决方式，我们通常从三个方面去讨论。第一，就是从稳定对外关系的角度坚决不参拜，即：不去参拜，这本身就是解决办法。另外，有不少人从首相参拜靖国神社违背政教分离的宪法原则的角度，从而反对首相参拜靖国神社。第二，从靖国神社把甲级战犯分祀起来，以便规避来自中国等国家的反对。毕竟，各国反对的是当年主导了二战的甲级战犯，他们也不反对日本首相对甲级战犯被分祀出来之后的靖国神社进行参拜。第三，日本政府建立一个全新的国家哀悼设施，由此，日本首相每年参拜这一设施，来对殉国者表示哀悼。

那么，哪一种解决办法现实呢？据我所知，第二种不现实，靖国神社作为独立的宗教法人，一定不同意已经埋在里面的任何亡灵分祀出来。长远来看，我认为第三种是可以考虑的，我们的领导人每年为殉国者表示哀悼，从中反省历史，面向未来，这样的平台对日本人未来的生活方式是有必要的。倘若采取第一种，如我在上面介绍，多数日本首相是选择不参拜的，即通过采取第一种方式来解决这个问题。不过，作为不参拜的理由，基于外交考虑和宪法考虑，我个人倾向于后者更合适，更稳定，更长久。

美国人如何思考“中日必有一战”

刘明福问：

这几年来，随着中日关系的紧张，“中日必有一战”，在中国和日本都有舆论，中日两国两军，自然也是都有准备。

其实，中日之间是否必有一战，最大的看点，不是在中国，也不是在日本，而是在美国。根本问题在于，美国想不想让中日来上一战，美国希望日本和中国在什么时间、什么地点、什么范围、以什么规模和什么方式进行一战。

你认为美国人在“中日一战”的问题上，其深层次的真实心理是什么？

加藤嘉一答：

我不认为如今的美国希望，甚至试图让中国和日本打一仗，美国承受不起这一代价。从维护和发展他的国家利益的角度，也没有必要这么做。美国不希望中日走得太近，近到一个建立准同盟或准联盟关系的地步。但也不至于发生战争，美国也不希望中国和日本的关系恶化到只有通过打仗来解决问题的地步。因为，如果中日发生战争，美国一定会卷进去或被卷进去。按道理，美国一定是站在日方，但打仗后，美国怎么重启跟中国的关系，以及亚太地区的稳定与秩序呢？中国和日本这一世界第二和第三经济大国之间的战争，必将成为二战后最大一次战争。美国真的愿意让它发生吗？显然不愿意。美国能够承受“中日一战”对美国的冲击吗？我的判断是承受不起。美国甚至愿意在中国和日本之间为避免武力冲突而扮演相应的缓和与调和角色。当然，美国在中日之间发挥避免战争的调和作用，为的是维护他自身的国家利益。

谁是亚洲“救世主”

刘明福问：

古代的亚洲灿烂辉煌，近代的亚洲多灾多难，今天的亚洲朝气勃勃也危险重重。亚洲的主要危险是中国？是日本？还是美国？中国、日本、美国，谁是亚洲活力的最大源泉？谁是亚洲危险的地震源？

亚洲的和平，是靠亚洲人，还是靠美国人？中日关系，是靠美国人调节，还是靠中国人和日本人调节？未来日本的安全和发展，是靠日本人，还是靠美国人？

加藤嘉一答：

如果说 21 世纪是亚洲的世纪，21 世纪又是全球化和经济一体化的时代，那么，破坏亚洲和平的潜在地震源是无处不在的，亚洲当事国有可能，美国有可能，其他地区的经济、军事、宗教、恐怖主义等因素也有可能成为破坏亚洲和平的原因。

那么，亚洲的和平首先需要由亚洲人自己的自觉和合作来进行维护，但不排除跟其他地区的国家保持沟通和合作，包括美国。有一点我想强调，当美国正在犹豫要不要继续承担世界警察角色的情况下，亚洲人，尤其是中日韩这样的地区大国，以及东盟这样的重要共同体之间，要加强内部沟通，发挥好亚洲的聪明智慧，回答和解决好亚洲的和平如何保护这个问题。毕竟，“我们”生活、发展在这个地方，繁荣也好，动乱也罢，直接受影响的是“我们”。

日中关系的良性调节，首先无疑是取决于中国人和日本人之间的智慧和努力，但无论从哪一个角度，美国因素对此肯定具有深远的影响，日中关系要处理好，美国因素是难以排除在外的。但同时要强调，美中关系要处理好，日本因素的作用也是不可忽视的。而处理好日美关系，中国因素也是很关键的。中美日三国建立新型大国关系，就能够为打造一个和平发展的新型亚洲开创新局面。

日本人为什么有梦不敢说

大国都以“梦引领”，唯独日本“梦无声”

刘明福问：

当今世界大国，领导人讲自己“国家梦”、“民族梦”，都显得开门见山、斗志昂扬、信心满满。美国梦，全球皆知。中国梦，也讲遍全球。俄罗斯梦、印度梦，也都有表述。唯独“日本梦”，就看不到这个概念。是日本没有梦，还是目前对“日本梦”尚未想清楚，还是有梦想但是要保密，还是有梦不敢说？“日本梦”是否也有难言之隐？例如，对于“日本梦”，政治家说了，怕民众不高兴亲中国的人说了，怕美国不高兴？亲美国的人说了，怕中国不高兴？

加藤嘉一答：

如前所述，由于二战前后的特殊历史背景始终存在，活在日本人的记忆里，日本老百姓对本国政治家提出梦想、谈论梦想，始终有着戒备和警惕之心态。而政治家在日本是民选的，极端地来说，选民要什么，政客就做什么；选民不要什么，政客就不说什么。倘若政治家要谈论梦想，它难免与大国、军事、扩张等因素产生战略联系，尤其是所谓“正常国家”或“普通国家”的说法，老百姓是很有防备心理的。

既然对于大多数老百姓来说，“日本梦”是安居乐业、过好日子、维持现状，那么，政治家们在老百姓面前谈论“日本梦”，就显得“多余”，就令人厌恶、嫌弃。

当然，还有一点不容忽略的因素是，据我观察，日本人与美国人、中国人、印度人、俄罗斯人等相比，明显是“不会说话的民族”，表达能力不强。

我相信，日本人的肚子里还是有许多值得珍惜的东西，包括思想、价值观、发展模式、制造能力、创新能力、审美意识等，但他们不善于用外界容易听懂的方式与语言表达这些。关于日本人这一国民性，我认为，外界的认识和理解是不足的。日本人是非常典型的多做少讲，多动手、少说话的民族。这点或许也使得外界始终难以了解日本人在心里想什么，实际要什么。因此，我并不认为，日本人是要“保密”自己的梦想。

不过，邓小平先生讲的“韬光养晦，有所作为”，在日本人的灵魂与活法里或多或少存在着，而且比较符合日本人的做事风格。刘老师，您向我提出过一个问题：“日本多年韬光养晦，而韬光养晦是有大志向的，就是说，日本有大志，而不大讲？”我完全同意，韬光养晦的前提是有大志向。至于日本人的心里有没有大志，我想，每一个日本人都有不同的志向和活法，许多人，无论是政治家还是企业家，知识分子还是普通百姓，是有大志的。在日本，“青年要抱有大志”，这是一个人人都知道的说法。当然，社会上包含了许多种人，什么人都有，跟中国一样。肯定有不少人既没大志，也不大讲。

我觉得，这个倒不是什么问题。只要一部分各界的精英有着明确的追求、可持续的志向，同时能够把精英们的思想，用日本普通选民能够听得懂、想得清的语言去表达和发挥，这样就可以了。日本社会怎么把精英的志向变成大众的行动？我们应该充分发挥民主的作用。

三个“本能”不改变，难有魅力“日本梦”

刘明福问：

日本国民不想国家独立，满足现状，日本国民意识已经形成三个本能：本能地信任和依靠美国，本能地警惕和猜忌中国，本能地满足目前现状。但是这种异化的“日本常态”能够持久不变吗？因为世界在变化，中国在变化，美国在变化，美国对日本的利用也在变化，日本政治也在变化。日本政治常态、日本外交常态、日本国民心理常态，正在经历冲击，正在发生变化。而且未来 10 年将加速变化，这是不以日本人的主观意志为转移的。你如何前瞻这个问题？

加藤嘉一答：

我同意您提出的日本人的三个本能“不变”确实存在着。我也相信，您提出的这些变化是不以日本人的主观意志为转移的。不过，我首先不得不承认，自从第二次安倍内阁成立以后，日本社会谋求“变化”，无论是国内政策还是对外政策，其氛围逐渐酝酿，这个尤其对日本社会来说是来之不易。平时在对外事务上比较迟钝的日本国民，在“日本如何在中国和美国之间保持战略平衡，而不能简单二选一”这个议题上，越来越有觉悟和思考了。如今，已经很少有人简单认为，美国重要，中国不重要，跟美国要搞好，跟中国用不着搞好。越来越多的人认为，世界进入了新时代，日本在国内制度安排和结构改革上要有所作为，对外事务上要认清日本的位置，积极为国际事务作出贡献，尤其是在中美之间找好自己的位置，发挥好自己的作用。在此过程中，务必要解决的问题是处理好战前和战后的关系。作为在历史上有“前科”的国家，又作为战后走着和平路线的国家，接下来怎么走，这个问题其实很难回答，很难找到一条既有理又有利的道路。我想，所有政治家、官员、知识分子、企业家以及多数普通老百姓，早就意识到了这个问题。

不脱离美国怀抱，日本就永远长不大

刘明福问：

日本为什么要把国家的安全寄托在美国身上？没有美国的保护，日本就没有安全了吗？一个大国把自己的安全寄托在另一个大国的保护上，这实在是一种悲哀，这在大国关系的历史上不说是独一无二，也是少有的奇观。

日本民众对于日本今天的国家地位现状已经习惯了，已经适应了，已经满意了，他们认为这就是常态，他们认为日本人就应该永远在美国控制之下、保护之下。日本形成如此一种依靠美国保护的国民心理，是否也是美国改造日本的成果？是否也是日本丧失独立精神的一种蜕化？是否是日本被美国长期战略思维麻醉的表现？是否是日本国家性格的一种扭曲和病态？这样一种日本心态，你认为是日本今后发展进步的活力、潜力，还是惰性和阻力？是应该继续保持发扬下去，还是应该彻底扭转和改变？

加藤嘉一答：

我觉得，您的这些提法是有道理和理由的。我想到的一点是，毕竟日本是战败国，美国对日本的改造，以及《日美安保条约》促使日本从战败的废墟中走出，又是美国做到了保留天皇制，把日本非军事化、民主化这一当年多数日本人渴望的事情成为现实。如果当年美国做了不符合日本民意、民情的事情，肯定是不可持续的。这也是日本人至今仍然（哪怕是不得不，无可奈何地）接受美国人用英文撰写，后来被翻译成日文的《和平宪法》的原因所在。

日本人到今天为止，仍然享受战后安排的果实，这是事实。但这一过程同时也剥夺了日本人独立自主的思考，弱化了日本人面对问题、解决问题的能力和意志，这也是日本人为什么总被讽刺为“你们没有战略”的原因所在。那么，我想，长远地看，日本人早晚要克服这个问题，我很相信，中国的崛起是有利于日本人培养独立自主的思考能力和谋生能力，也有利于让日本在21 世纪的国际政治中找到自己的灵魂和位置的。而且，日本这样做，国际社会会欢迎，中国会欢迎，美国最后也会欢迎。

中国再强大，也不会杀进东京城

刘明福问：

日本人为什么警惕和恐惧中国的崛起？他们恐惧和警惕的深层次原因是什么？他们到底恐惧中国的什么？

如果说当年日本对中国是“三光政策”——烧光、杀光、抢光，那么中国对日本是“四不政策”——中国在古代强大的时候不侵略日本；中国在抗日战争中抓到日本俘虏不杀害；中国在抗战胜利后，不对日本要求战争赔款；中国在与日本的海洋岛屿争议中，不升级和激化矛盾。对比日本与俄罗斯岛屿争议、日本与韩国岛屿争议，中国是对日本最客气的国家。可以说，不改变对中国的偏见，日本就永远不会有一个正常的心态。

日本对中国的“恐惧症”，到底是真是假？日本“恐中症”的病根是什么？

加藤嘉一答：

您说“中国是对日本最客气的国家”，关于这一点，许多日本人是明白的。但您提到的“恐中症”，在大多数日本人心目中确实存在着。我想了一下为什么，认为有三个相互有关联的理由和背景。

首先，日本人深知古代时期中国的强大和辉煌，日本是在中国主导的朝贡体系下谋生的。我们知道当时日本从中国学习、吸收了许多有营养的制度和思想，所有日本人在上学期间都接触过中国古代的思想、历史、人物，对此，基本持有正面和欣赏甚至崇拜的态度。日本人也认为古代时期中日之间的交流和互动是积极的。不过，另一方面，日本人也认为，中国古代的辉煌史同时让中国人跨越时空地产生了“自我为中心”的世界观，在日本，我们通常把它描述为“中华思想”。

其次，拥有这样世界观的中国，经过二战、解放战争、“文化大革命”等之后，如今在改革开放的旗帜下重新在世界范围内快速崛起。习近平总书记把崛起的目标和方向说成是“中国梦”，意思是“中华民族的伟大复兴”，这个必然让日本人联想，产生疑问：中国是不是要重新抱着“中华思想”主导这个世界了？

目前习总书记提倡的“一带一路”充满着辉煌的古代史观，“中国梦”充满着耻辱的近代史观，两者结合起来，日本人难免产生一种一言难尽的恐惧感。毕竟，日本也是让中国感到“百年耻辱”的一部分，我们是侵略过中国的，中国人对日本人是有仇恨的，这个记忆如今仍活着，甚至越来越强烈。日本人就害怕了，许多人会问：中国是否带着仇恨谋求回到以自我为中心的时代。这样的中国跟古代时的中国会截然不同，毕竟对日本抱着仇恨嘛，古代时倒没有。

除了上面介绍的两点之外，还有一点很关键，今天中国的崛起是社会主义中国的崛起，是一个谋求共产主义的国家的崛起，其颜色的不同让日本人加剧恐惧感，觉得在价值观方面日本人跟中国人不一样，怕难以相互沟通和理解，言行背后的许多想法和意图不同，难以预测，就更加害怕和恐惧了。

最后，我在这里必须提出一个观点。纵观最近的中外交流状况，我发现中国的领导人、政府、人民，往往强调意识形态不是问题，意识形态和政治体制的不同不影响中国跟外国之间的交流和理解。不过，在我看来，中国人低估了意识形态和政治体制的因素（我不知道是有意还是无意）。其实，不管是正确的还是错误的，客观的还是主观的，事实上，外国人，包括日本人和美国人，正是因为意识形态和政治体制的不同，从而对中国的一举一动产生疑问和恐惧的。我重申一次，这个不是对还是错的问题，是客观存在的状况。

在此状况面前，我们外国人要学会尽量不从意识形态的角度观察中国，尽量走进实质的、真实的中国。中国人则首先要认识到我说的这个事实存在着，然后想方设法证明中外交流是能够克服意识形态和政治体制的不同所带来的障碍和困难的。

设想 2049 年的中国、美国、日本

刘明福问：

面向未来，前瞻预测，登高望远，10 年之后，日本在中美关系上，会有什么变化？

2049 年，当中国梦实现的时候，日本的外交政策会是什么类型？届时，日本、中国、美国关系将是什么样的结局？

加藤嘉一答：

这必然是一个比较遥远的预测。2049 年的时候，三国国内究竟是什么样子，什么形态，比较难说。外交是内政的延伸，我们讨论中美日三国关系的前提，是三国国内的情况如何，否则一切都是空谈。我个人估计，届时，美国还是这样，日本还是那样，中国则不一定。

不过，我想，如果三国内部情况稳定下去，迎来 2049 年，不管日美同盟还在不在，日本在中美之间的位置应该是更加平衡，毕竟，日本在历史上有“崇强”的心态和路径。但换个思维想，假如到时中国综合国力上比美国强大了，日本就会加入中国的阵营，甚至与中国联盟吗？我觉得，这个取决于到时候中国的意识形态、政治体制、发展状况。

日本政治生态素描

透视日本“亲中派”对“日本梦”的影响

刘明福问：

在日本社会，“亲中疏美”的力量有多大？他们的价值观是什么？

加藤嘉一答：

首先“亲中疏美”是一个难以界定的概念。“亲中”的人不一定“疏美”，“疏美”的人也不一定“亲中”，还是具体问题具体分析吧。我想，以日本外务省为主，日本多数政治、官僚、知识精英可以说是属于“重视中国，亲近美国”的群体。至于经济精英和文化精英，价值观就更多元和灵活的了。我平时打交道比较多的还是重视日本对外开放的群体，他们倾向于“亲近中国，也亲近美国”，总之要多向外开放祖国，适应国际化潮流。这两大精英倾向于把中国和美国并立起来，却不搞对立，视为“两者都很重要”。

如果说有符合这四个字的群体，就政党而言，恐怕只有日本共产党了。日本共产党从政党关系的角度不可能不亲中，主张日中友好，只有处理好对华关系，日本才能走进亚洲，面向未来，而在对美关系上始终保持着比中国共产党严厉许多的批判态度，主张要把驻日美军赶走，废除《日美安保条约》。

总之，在日本，就决策群体而言，“亲中疏美”的力量不大，可以说是少数，而且这一少数对决策和社会的影响力和传播力也不大。而在社会层面，无论是经济和文化上的精英还是普通老百姓，其价值观是相当多元的，完全取决于个人的喜好和习惯。不过，凭我的经验和感觉，有趣的是，对于中国，喜欢的人是从情感和亲近感的角度，比如喜欢中国文化、饮食、历史、思想等。而对于美国，喜欢的人更多是欣赏美国先进的制度、市场、科技等，那么，日本民间和老百姓对于中国和美国的“喜欢”是有所不同的，前者可以说是一种喜欢，是感性的产物，后者更多是一种重视，是理性的产物。

透视日本“亲美派”对“日本梦”的影响

刘明福问：

在日本社会，“亲美疏中”的力量有多大？他们的价值观是什么？

加藤嘉一答：

我在回答上面一个问题时也有所描述。在日本决策层里，“亲近美国，重视中国”是一个主流。从另外一个角度说，也可以把它们的立场和价值观描述为“靠近美国，警惕中国”。而且，两者之间是密不可分的，他们越警惕中国，就越认为需要靠近美国，为的是保护自己，维持日本的安全。

与上述“亲中疏美”相比，“亲美疏中”至少在决策层里面是比较普遍的，亲美的人往往倾向于疏中。当然，用“疏远”两个字也不太符合现状，毕竟尤其在经贸、人文、民间等关系上，不管喜欢不喜欢，接受不接受，中国的存在跟作用对日本的繁荣必不可少，那么，“疏远”就不是一个合情的选项。而“警惕”，甚至“恐惧”，才是多数日本人对中国崛起持有的普遍认知和想法。

总之，我认为，“亲美疏中”在政治、官僚、知识精英里比“亲中疏美”多很多。至于在经济、文化精英以及普通百姓里，其价值观更加多元和个性化。讨论“亲美疏中”还是“亲中疏美”没有太大意义。这一讨论只有在政治、官僚、知识精英的话语与决策上起到一定的作用，有利于了解当前日本社会的有关动态。

透视日本“中间派”对“日本梦”的影响

刘明福问：

在日本社会，支持对中美等距离外交，主张走“中间路线”，让日本从“中美两争”中“谋取两利”的力量有多大？他们的价值观是什么？

加藤嘉一答：

据我观察，就日本的安全与繁荣而言，美国和中国都很重要，两国都要重视，这一认知越来越普遍。把对美外交和对华外交对立起来，主张二选一的说法和立场日益减少，也失去市场。不过，这并不等于日本“决策精英”主张“等距离外交”，或走所谓“中间路线”。

人们记得，民主党夺取政权之后，鸠山由纪夫首相主张类似“等距离外交”的观点，就遭遇了美国方面的警惕和施压。日本大多数决策层和知识精英，也不认同鸠山前首相的立场和说法，他们认为，得罪了美国，日本外交就要死。迄今为止，日本外交仍然是先美国，后中国，保证对美关系的稳定，才能重视对华关系的发展。

在这个意义上，我认为，所谓“等距离外交”或“中间路线”，对日本来说还时机尚早。而且，在中国日益崛起，日本决策层对此日益感到警惕和恐惧的情况下，决策者采取这一外交和路线的可能性越来越少。在可预期的未来，我是看不到日本决策层主张，甚至追求这一外交和路线的可能。

刘明福问：

在日本社会，主张日本内政外交彻底独立于中美影响之外的力量有多大？他们的价值观是什么？

加藤嘉一答：

在我印象当中，没有这样的力量。从官方到民间，从政界到经济界，从精英到百姓，大家基本认为，无论是安全还是经济，脱离了中美两大国家的影响，日本是活不下去的。

我观察到的是，与主张“独立”相比，主张日本应该好好爱惜自己独特的社会结构、自然环境、国民性格等的人，在自由派里面比较多见，他们往往主张日本不要盲目追随全球化，而应该更加珍惜本国市场和环境的本来面貌。在我看来，日本社会里对全球化的警惕和防备，比对美国甚至对中国的警惕和防备要浓厚很多。

粗略地讲，日本人对国家战略方面没有太多主张独立性的，但在社会环境方面主张坚持独立性的还是比较多。而且，许多不说话的“沉默大多数”里的多数公民，也不知不觉地拥有类似的想法和意识。

当“80后”接管日本，会有什么“日本梦”

日本“80后”将如何再造“日本国”

刘明福问：

我曾经出版过一本书:《“80后”接管中国——中国“80后”宣言》。在日本，“80后”、“90后”与他们前辈的“代差”可能没有中国突出，但是毕竟有新特点、新追求。“80后”将领导未来30年的日本。“80后”的性格和追求将为未来30年的日本打上新的烙印。你对日本“80后”、“90后”一代人怎么看？他们的优势和不足是什么？他们与前辈的“代差”是什么？他们的“日本梦”与前辈有何重大不同？

加藤嘉一答：

作为一名日本“80 后”，我们这一代跟前辈之间的最大代差，就是他们知道日本战后高速增长时期的情况，他们是在国家处于大发展和大转型的环境下成长起来的一代。他们对于发展本身的渴望和态度，以及行动，都是迫切的，积极的，有志向的。

我们则是在“后泡沫”的年代，即在泡沫已经崩溃，国家陷入失去的 20 年的环境下长大的一代。这一时代环境的不同所带来的代差是深刻的。我们没有像长辈们那样有魄力和行动力，比如当年有不少企业家拼命追赶美国，甚至去“威胁”美国。今天的我们呢？能力不说，有意志吗？在我看来没有。无论如何，日本“80 后”和“90 后”太平静了，太乖了，缺乏爆发力和行动力，这个对日本未来的发展是不确定的因素。因此，需要的是长辈与我们之间分享经验和目标，共同探讨日本要向何处去。日本应该是到了一个要全民敲定国家战略和国民目标的攻坚阶段了。

另外，作为一个与中国打交道的人，我认为如今最能够刺激日本人，包括年轻人的，是“全球化语境下的中国崛起”。但愿当今的中国就像二战后的美国一样，对日本有巨大的激励作用，能够成为让日本人奋斗的战略目标，这样才能使得日本社会更有活力，更有魅力，更有希望。

当然，公正而言，当今的年轻人在适应全球化、信息化等方面更有优势，而且，越来越多的年轻人打破日本传统意义的企业文化（年功序列、终身雇佣等），更加立足于个人主义和能力主义，也愿意创业，自力更生，而不盲目依赖社会和集体。总之，我们首先要认清优势和劣势，与祖国的长辈、外国的友人共享经验，取长补短，同舟共济，包括中国的友人。

不真正懂得中国，就无法有效领导日本

刘明福问：

未来30年领导日本的人，必须坚持“一个中心、两个基本点”的基本路线，这就是以日本国家利益为中心，以中国和美国为两个基本点，把日本的发展和安全牢固建立在与美国友好也与中国友好这两个基本点上，发挥联结中美两强、促进亚太团结、推进世界和平的战略作用。

未来合格的日本领导人，未来优秀的日本领导人，懂得日本是基础，了解美国很重要，而最关键也最难做到的，是必须真正读懂中国。

未来的日本首相，应该是“日本通”，应该是“美国通”，更必须是“中国通”。不懂得中国，就无法领导日本。

加藤，你对于《21世纪日本领导学》或《21世纪日本领导人》这样的课题感兴趣吗？

加藤嘉一答：

您提出的，21世纪的日本一定要坚持的“一个中心、两个基本点”，我表示高度和诚恳的赞同。我会记住的。《21世纪日本领导学》或《21世纪日本领导人》，我特别感兴趣，很想试着撰写。不过，您知道吗？我今年32岁，此刻在日本写这样的书，又对现在的领导人、政府的理念、思想、政策等给予批判性的言论，肯定要被权力和舆论以各种各样的方式打压了。

不过，您的建议难能可贵，我打算跟几个同龄的志同道合的学友们商量一下，以日本“80后”和“90后”共同撰写的方式谋求出版，作为我们的21世纪宣言。

加藤嘉一的“日本梦”是什么

刘明福问：

作为生长于日本、学习和成长于中国和美国的日本“80 后”青年一代的代表，加藤嘉一的“日本梦”是什么？你未来要坚持宣传和为之奋斗的“日本梦”是什么？

加藤嘉一答：

作为一个日本人，我的“日本梦”无非就是能够可持续地实现日本国民和社会的繁荣与安定，为此，坚持做好自己能做的事情，而非其他。

生长于这个时代，我是有自觉的。战后高速增长的时代已经过去，如今不是日本追求硬发展的时候，最需要做到的是明确认识自己的位置和灵魂，追求适合自己价值观和国情的道路，一旦找到，坚持不懈地走下去。

从日本的改革或革新的角度来说，今天无疑是明治维新、战后奇迹之后的一次重要时机，我认同祖国有些长辈所提出的“平成维新”或“日本第三次改革”之类的说法。说法和措辞本身没那么重要，重要的是我们必须认识到我们正在面临这么一个时期的现实。

明治维新和战后奇迹，我们的改革是倒逼的，是被美国逼迫打开国门，进行改造的。而如今，为了改革，日本仍然需要合格的外压，但此轮外压不应该，也不会是美国，它在我看来是“全球化语境下的中国崛起”，只有这个能够迫使日本人找到自己的灵魂和位置，然后进行划时代意义上的自我改革。在这个意义上，我始终认为，中国崛起，无论其崛起是什么性质的，前景又是什么，对日本来说是意味着战略机遇的。

那么，我的任务是什么？其实很简单，我的任务无非就是好好了解中国的历史、民族、体制、国情、文化、人物、政策、战略等事宜，在参与中国社会变革的同时，不断摸索日本社会和民族从中能够学到什么，研究中国的哪些要素值得引进到日本，思考在日本与中国建立什么样的关系和联系的情况下，能够促使日本人认识到自己在亚太地区、全球社会上所应有的灵魂和位置。当然，日本人也应该在产品、服务、文化、价值观、科技等领域进行对华交流与合作的过程中，进一步去了解本国的优点和缺点，长处和短处，甚至从亚太地区的繁荣与稳定的角度去思考日本与中国之间如何合理地分工，分享任务，共享资源，建立制度，推动潮流。

最后，我个人不主张日本应该成为“普通国家”或“正常国家”等。日本既不需要“普通”也不需要“正常”，需要的是认清自己的能力，追求适合自己价值观和国情的道路。那么，我们未来的道路上，需要依靠的仍然是社会、文化、经济的力量，包括我们制造业的产品、文艺界的作品、世界一流的服务水准、天人合一的社会环境、受人尊重的国民素质等，而不是盲目追求成为军事大国和政治大国。

只有不盲目追求成为大国时，我坚信，日本才能成为真正的强国。

日本未来 30 年第一动力，是中国还是美国

刘明福问：

中国崛起，对于日本是战略机遇还是战略挑战？中美今后 30 年大博弈，对于日本是机遇还是挑战？

你认为今后 10 年、20 年、30 年，推动日本前进的最大外部动力和压力，到底是美国的霸权维持，还是中国的和平崛起？

或者说，日本今后几十年发展进步的第一动力，就外部因素来说，是中国还是美国？

或者说，美国因素将为日本提供第一“动力”，还是中国因素将为日本提供第一“压力”？

加藤嘉一答：

刘老师，我就直接回答您的问题。我认为，中国崛起对日本来说，既是战略机遇也是战略挑战。我们的任务是经过自己的内外努力和战略，尽可能做到前者大于后者。为此，除了战略和政策本身，日本人要改变或升级战略观念。不能总是带着恐惧感从“如何应对中国崛起”的角度看待中国崛起，我们要主动一些，主动思考如何从中国的崛起获利，在此过程中如何充分利用美国。是的，我们要利用美国，应对中国。至于您提出的中美今后 30 年的博弈对日本来说意味着什么，必然是机遇了。中美 30 年博弈，日本从中坐收渔利。这是我们未来从外部因素发展自己的核心战略。但为了坐收渔利，我们不能袖手旁观，要主动参与中美主导的地区或全球性事务。否则，只好被动，机遇也将自然消失。

如今，不少日本人倾向于认为，美国给日本带来的是安全保障，中国给日本带来的是发展空间。我想这一看法也不无道理。不过，我们要超越这样二元对立或两个极端的思维，我们甚至要从日本该如何从美国得到发展空间和日本该如何从中国得到安全保障的角度，来思考自己，挑战未来。

未来才是我们唯一的挑战。

安倍追求政治军事大国，日本“80 后”、“90 后”如何看待

刘明福问：

你说，日本不需要盲目追求成为军事大国和政治大国，但是日本现在就是一个军事大国和政治大国，而且还在追求成为更强更大的军事大国和政治大国。安倍首相最近几年的一系列战略性动作，不仅震撼日本，而且搅动亚太，影响世界。这些战略动作的目的，不是让日本不追求成为政治大国和军事大国，而恰恰是在追求成为政治大国和军事大国的道路上迅跑。包括日本

积极努力想成为联合国常任理事国，让自己在世界更有影响力。就你所知，现在日本“80后”、“90后”一代，他们是怎样看待安倍最近几年在国内、地区和世界引起巨大争议和反响的大动作？包括在钓鱼岛问题、南海问题、安保法案问题、修改宪法问题、参拜靖国神社问题、历史问题等，与日本追求军事大国和政治大国的关系？

加藤嘉一答：

刘老师，我在上面多次讲过。在战后的日本，有不少人，尤其是在中国被称为“右翼势力”的人，是渴望日本成为政治大国，甚至军事大国的。他们提出：“战后的日本作为走着和平路线的国家已经‘忍’了这么久，还不能发展自己的军力吗？还不能拥有自己的军队吗？自己的国家由自己保护有什么不对吗？”

围绕这样基于对历史和现状不满的情绪的言论，据我观察，在年轻一代里面也有一定的市场。有些年轻人在网络上主张日本应该成为政治大国和军事大国，以便合理、及时应对接下来将日益复杂化的国际形势，尤其是针对中国的政治崛起和军事扩张。

至于在日本要成为政治和军事大国的过程中要不要放弃日美同盟，我观察到的情况是，很少人，尤其在社会上有影响力的人主张要放弃日美同盟，更多站在比原来更加充分地发挥主动权和自主权，在同盟的框架里面把日本的话语权和行动权最大化，使得日美同盟更加平等和对等。

那么，您提到的安倍首相最近一系列的有关安全保障政策的大动作和小动作，也是本着在坚持日美同盟的战略框架内把日本的话语权和行动权最大化，使得同盟关系更加平等和对等这一思路来展开的。对此，我在上面也介绍过，有那么多，几万名公民，包括大量的年轻人上街抗议，包围国会，说明反对和抵抗的声音是根深蒂固和比较普遍的。在安倍首相没有让日本的政策走出现有的框架，即《和平宪法》所允许的范围之内，已经有这么多平时沉默的人站起来反对，说明日本成为政治大国和军事大国的道路是相当漫长的，而且其最大的阻碍不是来自中国，也不是来自美国，而是来自对于二战期间的军国主义感到厌恶和警惕的日本国内的和平主义势力。我个人观察，在当今的日本，和平势力比右翼势力广泛很多，前者对决策和舆论的影响力强烈很多。

最后，请允许我表达一下我个人的观点。我认为，假如日本要真正成为政治大国和军事大国，以日美同盟为轴的现有框架怎么也要打破，在美国的“控制”之下是成不了真正大国的。虽然有些人主张与美国这一世界唯一超级大国建立同盟关系，日本又是在美国的核保护伞下面，那么实质上是拥有核武器的一个名副其实的大国。不过，或许您也同意，我还是认为，日本要成为真正的综合大国，还是要摆脱美国对日本的“控制”的。那么，未来的一段时间里，这种局面有没有可能发生？

我的判断是，几乎不可能。连安倍首相这样强势的政治家都做不到，国内和平势力的压力和阻力又那么大，在可预见的未来，日本的发展还是在日美同盟的框架之内展开，既然如此，日本将不会成为政治大国和军事大国。这是我的基本观点。

第3章

“日本梦”的四个方向

站在十字路口

“日本梦”大翻大转的百年历程

刘明福问：

日本，作为一个东方大国，在近代世界历史上，是唯一一个主动更换身份，成功实行“脱亚入欧”、加入西方阵营的国家，是唯一一个成为西方世界发达国家俱乐部的东方国家。是唯一一个东方面孔、西方心理和西方身份的发达国家。

今天的日本，依然是一个与西方世界特别是与美国关系最密切的东方国家。

日本也是在国家梦想上最变幻莫测、最极端翻转的国家。日本从1853年以来，从受西方世界侵犯和压迫的国家，变成侵略和压迫其他国家的国家；1945年以后，日本从征服世界的杀手，到韬光养晦的能手；从战场厮杀的

“武士国家”到市场优胜的“经济动物”；从挑战世界所有列强的一个“疯狂国家”，到五体投地崇拜和依附胜利者的“屈膝国家”。这是一个十分奇怪的国家，是亚洲的一个另类，是世界的一个另类。

21 世纪的日本，出现了对于“日本梦”的争论：有的日本政治家主张“脱美入亚”；有的主张“联美遏中”，继续与美国的联盟，应对中国崛起；也有的主张建设“中性日本”，取中间立场，走中间路线，在中美竞争中“以中立、得两利”。

21 世纪的“日本梦”，就是要“建设一个什么样的日本，怎么样建设这个日本”。围绕这个根本问题，今天的“日本梦”，正站在一个十字路口上，有焦躁、有徘徊、有分歧、有迷茫。但是 21 世纪的“日本梦”，无非是四个发展方向。这就是“全球争雄梦”、“亚洲称霸梦”、“脱美独立梦”、“维持现状梦”。这四个方向，在日本历史上都有实践，在现在的日本舆论中都有思潮，在未来的日本发展上，都有可能。我们下面逐一讨论。

你如何看待在“日本梦”问题上，日本近代以来的大翻大转？怎样看待在“日本梦”问题上日本民族的性格形成？怎样看待日本近代以来在亚太地区和世界格局中的作用？

加藤嘉一答：

其实，围绕您提出来的问题和角度，我在上面也有阐述，阐述过的就不重复了。您用“大翻大转”四个字来形容日本近代以来的兴衰，我不否认。确实如此。从江户时代所谓“锁国”的状态，到强有力学习西方制度文化的状态，然后开始对外产生“野心”，打败了清朝和沙俄，就开始抱着“大东亚共荣圈”的心理状态，试图代表东方国家挑战西方列强，并“解放亚洲”。结果，日本的梦想以挫折与战败而告终。但战败后不久，在被美国占领的情况下又调整国家战略，实行“轻安保，重经济”，即把维护国家安全的任务交给美国和《日美安保条约》，集中精力发展经济的方略，在我看来，这一格局至今没有发生根本性的改变。

那么，从近代至今，不难发现，日本人的心态和状态一会儿封闭，一会儿开放；一会儿主动，一会儿被动；一会儿模糊，一会儿明确；一会儿强烈，一会儿淡薄……很难搞清楚其民族性格究竟是如何形成，又何从何去。不过，作为一个日本公民，我来从众多不同的要素抽出一些大概可以称之为民族性格的共性的东西，以下两点是值得斟酌和思考的。

一个是“崇强”——崇拜强者。其实这一民族性格并不是近代开始形成，而应该是“自古以来”的。古代，中国强；近代，西欧强；当代，美国强。谁强大，就学习谁，就跟随谁，毫无悬念地去学习和吸收强者的制度、文化、发展模式等。这就是“学强以图强，跟强以自强”。

另一个是“立行”——立刻行动。这与“崇强”相关，但更是技术层面的，即一旦瞄准其目标和对象，其行动极快和适应能力极为敏捷，而且在此过程当中往往形成“国家总动员”的气氛和态势。比如，众所周知，福泽谕吉作为一名学者和教育者，他主张“脱亚入欧”，但至今在许多人看来，它与其说是福泽的学术研究之成果，不如说是迎合当时决策者们思想上的需要的产物。政治与学术、政客与学者、政策与学问之间显然形成了密不可分、互为需要的局面。

另外，我也不妨对比一下日本的明治维新为什么如此“成功”，而中国的百日维新如此“失败”，其中一个很大的原因可以归结于日本当时“国家总动员”的团结力和凝聚力，一旦敲定要向西看（当然，当时我们也主张“和魂洋才”和“中体西用”，并不是全盘西化，根子还是留给了自己和东方），向西学，向西动，就不惜一切代价去动员资源，分配人员，达到目标。

相比之下，据我所知，当时中国的国内政局很复杂，保守派的势力依然强大，有不少势力对维新派看不惯，而且试图去阻碍他们的努力，那么，中国百日维新“失败”的主要原因，恐怕归结于国内的不团结和不凝聚，目标与手段之间的失衡，向内与向外之间的失衡等。

最后，就日本近代以来在亚太地区和世界格局中的作用而言，近代史上，日本领先亚洲其他国家，挑战西方列强的势力和秩序，但在此过程中的决策和战略出现了失误，最终以失败而告终。这个失败的教训可以总结为：日本在近代史上扮演了对于秩序的挑战者和破坏者的角色。二战结束以后，日本被美国改造为非军事化和民主化的国家，成为拥有《和平宪法》的国家，基本上在《日美安保条约》的框架之内经营自己，成为亚洲第一个实现了现代化的先进国家。这个成功的经验可以总结为：日本在战后史上扮演着对于秩序的跟随者和受益者的角色。如今，日本不可能挑战，更不可能去破坏现有的秩序，因为，在大多数的日本人看来，现有的秩序值得维护，是从中获益的。

日本50年“军国梦”，不能用“挑战论”解释

刘明福问：

你把日本在明治维新成功以后，从1894年到1945年半个世纪中的对外扩张，说成是日本“代表东方国家挑战西方列强，并‘解放亚洲’”，这个定性，我是反对的。

首先是“挑战论”——定性不对。因为在那段时间里，亚洲地区被西方国家侵略，处于殖民地或半殖民地状态，亚洲国家对西方殖民者是反抗和斗争，是被占领者、被压迫者对于侵略者、占领者、压迫者的反抗和斗争，而不是“挑战”西方国家，不是和西方国家“一争”高下，不是“挑战”西方国家主导世界的强势地位。如果一定要说“挑战”，那么，这是日本这个东方后起的军国主义国家对西方老牌帝国主义国家的“挑战”，而不是整个亚洲对欧洲的挑战，不是日本代表东方国家挑战西方国家，而是日本代表日本挑战西方国家，与西方国家争夺在亚洲的殖民地，争夺对亚洲尤其是大东亚地区的占领权。

加藤嘉一答：

刘老师，关于“代表东方国家挑战西方列强，并‘解放亚洲’”这一说法，我想多解释一下。我相信，迄今为止，在日本，很少人会认同这一说法，而且在日本采取军事扩张的结局是无法篡改的情况下，如今很少人敢站起来说当时的理念和信念是正确的。那么，这一“解放论”也好，“挑战论”也罢，包括我本人，几乎所有的日本人，都是如下态度：一、不认同；二、不接受；三、即使有部分人认同和接受，也无法证明当年的理念和动作是正确的。

我只是想说，当年的军国主义者在主观上确实抱着那样的信念去打仗，对此，我们后代人有所了解，仅此而已。顺便说一下，关于在中国很敏感的“大东亚共荣圈”这一说法，在战后的日本，几乎所有人都是持反对、抵制、厌烦、警惕的态度，而不敢去肯定和赞扬。

日本半世纪对外扩张，不能用“代表论”说明

刘明福问：

其次是“代表论”——定性不对。日本在亚洲地区与西方国家的冲突和战争，不是代表东方国家挑战西方列强，而是代表日本的扩张野心，代表日本独霸亚洲、殖民亚洲的野心，代表日本与西方国家争夺与分割世界的野心。那些被日本用枪炮和刺刀侵占的国家，不是被东方的日本代表，而是被东方的日本占领。亚洲一些国家由西方国家的殖民地变成东方国家日本的殖民地，由西方国家口中的猎物变成日本口中的猎物，这是两个强盗国家各自代表自己的强盗利益，进行的争夺，是两个强盗之间的争夺，他们都是自己国家扩张野心的代表，而不是亚洲国家的代表。亚洲被日本侵略和占领的国家，没有一个国家是主动邀请日本做他们的代表，要求日本出兵来占领他们的国家的。

加藤嘉一答：

刘老师，我的回答跟上一个一样。包括我本人，几乎没人支持“当年的日本是代表亚洲国家挑战西方列强”这一说法。只是当年的有些军国主义者持有这样一个疯狂的想法而已。

日本对亚洲国家的占领，不能用“解放论”定性

刘明福问：

第三是“解放论”——定性不对。二战前，日本在亚洲进行了 50 年的侵略和扩张战争，这些战争不能被授予“解放战争”的光荣称号。因为日本进行这些战争的目的，不是为了解放亚洲国家，而是为了侵占亚洲国家；日本进攻这些国家，比当年西方国家占领这些国家，在屠杀和残忍的程度上，有过之而无不及；这些国家被日本占领后的厄运和灾难，远远悲惨于作为西方国家殖民地的程度。亚洲一些国家由西方殖民地到日本殖民地的转变，不是一次“解放”，而是又遭受一次更大的灾难，是由一个更坏的新强盗代替了一个老强盗。而亚洲最大的国家中国，当时虽然具有很强的半封建、半殖民地特征，但是还是属于一个独立的国家。而日本对中国 14 年的侵略战争，绝对不是什么“代表”中国“挑战”西方国家，更不是什么为“解放亚洲、解放中国”而进行的高尚战争。

加藤嘉一答：

刘老师，我的回答还是一样。

日本大东亚殖民圈，不能用“共荣圈论”美化

刘明福问：

第四是所谓“共荣圈论”——所谓日本“抱着‘大东亚共荣圈’的心理状态”，其实这种心理状态在本质上是一种军国主义心理状态，是殖民主义心理状态。所谓“共荣圈”，实质上是“占领圈”。所谓“大东亚共荣圈”，本质上是“大日本征服圈”、“大日本占领圈”、“大日本殖民圈”。

加藤嘉一答：

如前所述，迄今为止，在日本，已经几乎没有人敢站起来为“大东亚共荣圈”辩护。那是一个错误的战略，是一场错误的战争，为此，日本社会还是有共识的。这也是坚持和平路线的核心基础。

日本战争罪行，不能用日本也是“受害者论”对冲

刘明福问：

第五是所谓日本也是“受害者论”。确立21世纪面向未来的“日本梦”，对20世纪日本军国主义造成的那场噩梦，需要真诚认罪，需要深刻反省。

不少日本政客对当年日本军国主义造成的历史问题闪烁其词。而日本著名鹰派政客石破茂却公开承认，所谓建立“大东亚共荣圈”的说法，是对侵略战争的一种诡辩；他承认南京大屠杀和“慰安妇”问题都是历史事实，不能否认。但是他又认为，对于过去那段历史，该反省的就应该反省，该道歉的就应该道歉。要充分认识到，在那场战争中，中国人民是受害者，日本人民也是“受害者”。

石破茂提出了两个“受害者”的理论，其实是对军国主义的一种辩护和

开脱。就像一个杀人犯，举起屠刀砍人杀人，那些被砍杀的人是受害者，而被罪犯伤害的人联合起来，勇敢地与杀人犯搏斗，杀人犯被打伤、打残了，难道能说杀人犯也是受害者吗？

日本人在南京，屠杀了30多万中国人，30多万中国人都成为南京大屠杀的“受害者”。而美国把两颗原子弹扔到日本，日本人死伤几十万，他们中的大多数日本平民当然也是“受害者”，但是这个日本广岛、长崎的受害性质和中国南京的受害性质，显然不能混为一谈。南京的受害者是被侵略者所害，而日本的受害者是遭受被侵略国家的反击、反攻。如同一个杀人凶手，他挥刀杀人，是对别人的伤害，而警察在抓捕中打伤了他，法庭判刑严厉惩处他，则不是对他的伤害，而是对他的惩罚。

不能把日本在侵略战争中遭到的正义的抵抗和还击，说成是对日本的伤害。如果说一些普通的日本人民在战争中受到了伤害，那么，造成这种伤害的恰恰是发动和进行战争的日本军国主义分子。正是日本军国主义，不仅伤害了中国人民、亚洲人民、世界人民，而且伤害了日本人民。

加藤，你对石破茂的这个侵略者与被侵略者都是“受害者”的理论怎么看？

总之，用“挑战论”、“代表论”、“解放论”、“大东亚共荣圈论”、日本也是“受害者论”，来定性日本在二战前50年的对外扩张、对外侵略、对外战争，是违背那段历史的真实和历史本质的。

加藤嘉一答：

刘老师，像石破茂先生持有这样观点的人在日本并非少数。我同意您说不能把中国的受害者和日本的受害者混为一谈。两者在本质上是没有可比性的。

不过，如中国历代的领导人，包括1972年实现中日邦交正常化时毛泽东、周恩来也表示过的那样，要把日本一部分军国主义者和日本人民分开，日本人民也是受害者，是日本军国主义者的受害者。这是中国领导人表达的，也是中国共产党一贯的立场（比如，2015 年 3 月 15 日，李克强总理在两会的记者招待会上表示“当年，日本军国主义强加给中国人民的那场侵略战争，给我们带来了巨大的灾难，最终日本民众也是受害者”），后来也成为了日中邦交正常化的重要基础。对此，作为一个日本人，我感到欣慰和感激。

总之，我同意“日本人民也是受害者”这一说法，但同时反对把日本的受害者和中国的受害者混为一谈。最后，在反对军国主义，渴望和平主义的议题上，来自中日两国的受害者们可以携手推广理念，提出看法，采取行动。渴望和平是没有国界的。

全球争雄：日本的“世界霸权”梦——与美国一争

日本强大，全球害怕——什么是“日本性格”

刘明福问：

有一种公认的几乎成为经典的说法，就是日本这个国家，最突出的性格就是崇拜强者，以强者为师，对强者敬服。

其实，这只是说对了一半。日本更重要的国家性格，是追求自强，是挑战强者、进攻强者，是要做世界最强。

翻阅 1894 年到 1945 年的世界历史，这个地球上几乎所有的大国、强国，都被日本拳打脚踢过。中国、英国、美国、俄国以及后来的苏联，都被日本痛打过。德国在一战中，在中国青岛也被日军打过。

所以，日本的国家性格，包括三个方面：第一个性格，是“欺负弱者”；第二个性格，是“崇拜强者”；第三个性格，则是“挑战强者”，而且敢于在同一个时期挑战几乎所有的强者。

所以，日本强大，全球害怕。讲“中国威胁论”，其实只是一种被故意宣传的舆论。而“日本威胁论”则是以“日本侵略史”为基础的。一个有严重犯罪历史、一个有滔天战争罪行而又缺乏悔罪心理的国家，如何能够从“可怕的国家”变成“可爱的国家”？这需要对国家本性和国民性实行根本改造。

加藤嘉一答：

刘老师，日本的国家性格为崇拜强者，跟随强者，这个我同意。但挑战强者并不是我们在历史上常见、普遍的形态。您把它提升为“国民性格”，我倒不同意。当然，近代以来对清朝、沙俄以及美国的挑战是客观的事实，人家都是强者。但战后日本在经济上对美国的“挑战”并不是日本主观意志的结果。当年的日本就是踏踏实实地发展自己而已，后来美国方面主动感到被威胁了，并非日本主动要威胁它。不过，无论如何，日本在历史上有过挑战强者的历史，他国，包括中国对此感到警惕和担忧，我个人是可以理解的。但的未来日本敢挑战强者吗？比如日本重新挑战美国，或挑战中国，我想恐怕不会。说一句可能不太好听的话，日本接下来要学会的是利用强国，尤其是强国之间的矛盾，一方面从中坐收渔利，另一方面协调大国之间的矛盾，维护全球和地区的和平与稳定，这也符合日本未来的国家利益。

日本会第三次挑战美国吗

刘明福问：

日本对美国，有两次挑战：一是第二次世界大战期间，太平洋战争，日本直接军事挑战美国，在珍珠港痛打美国，挑战世界。二是20世纪下半叶，对美国经济霸权的挑战，日本经济世界第二，并且冲刺世界第一。美国人写书

《日本第一》，日本人就写书《日本可以说“不”》。

“日本梦”曾两次挑战美国梦，21 世纪的日本，难道就不会第三次挑战美国？日本在等待、日本也更在创造旧梦重做的战略时机。如果日本没有第三次挑战美国之野心和可能，那么强大和精明的美国，就不会在二战后 70 年，始终手握控制日本的缰绳，始终对日本保持警惕了。

加藤，你如何在这个问题上为日本辩护？

加藤嘉一答：

刘老师，我其实是不需要为日本辩护的。我们可以从历史、现实、未来的联系和区别中，进一步分析这个问题。日本确实曾经挑战过美国，二战期间袭击珍珠港，结果以被原子弹轰炸而挫败。那是一次真正的、战略上的、主观意义上的挑战，虽然当时的决策者在我们活在当下的大多数日本人看来是糊涂的、疯狂的、不理性的、不负责任的。

战后，日本对美国的挑战，在我看来，是一次局部的、经济上的、客观意义上的挑战，与战前的珍珠港是有着截然不同的色彩。以二战的失败作为教训的日本人，在战后的历程中集中发展经济。但我相信，当时的日本政治家和经济界人士，应该是没有所谓挑战美国的心态，更多的是为了达到企业的目标，发展好经济，仅此而已。但其发展的速度和规模，确实超过了国内外人士的预期，在客观意义上，甚至不知不觉中“挑战”了美国的经济地位，而非政治和战略地位。结果，日本又一次以广场协议等形式被美国警告。

经历了两次两种截然不同的挑战而被挫败的日本，已经深知挑战美国的地位之后会带来什么样的后果的日本人，会不会轻易地再去第三次挑战美国？无论是政治的、经济的，还是军事的？我认为不会。我不认为如今挑战美国是大多数日本人的梦想。为了良性、有机地维持现状，大多数日本人（冲绳人等除外）是愿意继续接受美国人在战略上的控制和约束的，但前提是它照样能够给日本社会和国民带来安安心心过日子的环境。如果不能了，我也相信，日本人会想其他办法，甚至有可能努力去摆脱美国，至少与它拉开距离什么的。但目前来看，这种可能性和可行性是低的。美国人也很清楚，在什么样的情况下日本人是听话的、乖乖的。我相信，美国人也有办法让日本人听话下去，乖乖下去。

亚洲为王：日本的“亚洲霸权”梦——与中国一搏

日美同盟——对美国和日本的价值不同

刘明福问：

说日本未来要和美国在世界有一搏，人们会感到这是难以理解的天方夜谭。但是日本正在伸展拳脚，摆开架势，要与中国在亚洲有一争，这已经是现实了。今天的美日同盟，既是美国控制日本的同盟，也是美国利用和支持日本抗衡和遏制中国的同盟。这是日美同盟的两重性，是日美同盟对于美国霸权的战略价值。

而日美同盟对于日本也有两重性，日本既利用日美同盟，取得美国的支持和保护，以抗衡和对抗中国，又利用对抗中国的“反中”砝码，从美国那里获得更多的“脱美”条件和机遇，在公开“反中”，帮助美国遏制中国的战略合作中，更好地“脱美”，摆脱美国对日本的控制和束缚。并且借助美国的力量，遏制中国在亚洲的影响力，提高日本在亚洲的地位。这样一个“日本梦”的实质，就是“臣服美国、博弈中国、主导亚洲”。这是“日本梦”的第二个层次。

加藤，你在这个问题上的观点是什么？

加藤嘉一答：

刘老师，我对您提出的前半部分，即“今天的美日同盟，既是美国控制日本的同盟，也是美国利用和支持日本抗衡和遏制中国的同盟。这是日美同盟的两重性，是日美同盟对于美国霸权的战略价值”是同意的，虽然该同盟能否继续让美国保持霸权地位是值得观察下去的问题。

不过，我对于您提出的后半部分，就是“日美同盟对于日本来说的两重性”或“‘日本梦’的第二个层次”，我不太同意。我没有看到日本在亚太地区展开的中美日三国关系寻找自己的位置与战略的过程当中试图“脱美”的现象和意图，无论是有意的还是无意的。而且日本决策层的主流认为，“只有好好地跟着美国，才能遏制中国走向失控，才能摆脱来自中国崛起的恐惧”。而如果日本想要“主导亚洲”，那肯定是与美国一起联手主导了，我不认为日本能够单独地主导亚洲，日本不想，也不敢这么做。这是我的观点。

日本的“亚洲梦”——日本要在亚洲充当什么角色

刘明福问：

20世纪以来，美国一直是综合国力世界第一。20世纪以来，日本的现代化和影响力也始终是亚洲第一。仅仅5年前，中国经济总量才超越日本。现在，日本改变了“二战”后长期韬光养晦的沉静，日本的亚洲外交极度活跃，与中国关联的热点地区和热点问题，日本统统都要插上一脚。日本在亚洲尤其在大东亚地区到处煽风点火，矛头针对中国。你怎样看待和解释这种现象？

你认为日本的“亚洲梦”是什么？日本对于自己在亚洲的定位是什么？日本未来要在亚洲担任什么样的角色？日本未来在亚洲的“参政”目标是什么？日本在亚洲的“竞争”目标，是当亚洲的“洲长”，还是当亚洲的“副洲长”，还是当亚洲重要的核心“洲员”？

加藤嘉一答：

随着世界政府、企业家、公民对亚洲崛起的关注日益攀升，日本和日本人对亚洲这一自己所在地的意识和觉醒也逐渐提高。这是我能感觉到的。的确，日本自从明治维新之后，或多或少采取了所谓“脱亚入欧”的政策和态势。战后则是被美国占领，在日美同盟的战略框架之内走出战败的阴影，快速成为了“西方先进国家”的一员，并不断地发展自己，提高百姓的生活水平。不可否认，近代以来，被西方人藐视地称为“你们亚洲人”的那种意识，在日本人的骨子里是或多或少存在的，换句话说，之前的日本人有意无意的想法是，“我们跟其他亚洲人不一样，我们是属于西方的亚洲人”。这样一种脱离亚洲的自我认同感（可能不少日本人反对我这一观点）的产生，是复杂的原因现成的。不可否认，战后一段时间以来，尤其成为世界第二经济大国之后，日本人或多或少有“看不起”亚洲或亚洲人的意识，虽然这不是针对哪一个国家的哪一个公民，它更多是潜移默化的模糊的和整体的感觉。

如今，这种意识似乎已经有了比较明显的改变，原因一方面是包括中国在内的亚洲的崛起，之前是“亚洲四小龙”，另一方面日本的盟国——美国也正在把未来发展的希望寄托于亚洲，提出“重返亚洲”，这也是当前安倍晋三首相高度重视亚洲政策的重要原因吧。

至于日本的亚洲梦和所追求的目标和位置，其实，尤其20世纪70年年代以后，日本非常重视对亚洲的政策，这集中体现在日本政府对东南亚各国的政府开发援助（ODA），以及日本对中国进入改革开放阶段之后的政府开发援助。如果让我说当今日本的“亚洲梦”，那么，日本成为世界第二经济大国之后对于亚洲各国提供各种援助的那一刻已经开始了，就是说充分利用本国所积累的经验、资金、人才等资源，支持这些亚洲国家的健康、稳定、可持续的发展，同时尽可能有从中获利，最终奉献于亚洲地区整体的发展，这可以说是一种共赢的局面，日本是其中的一员。那么，不可能日本一家独有的“亚洲梦”，重点在共享，没有亚洲其他地区的稳定与发展，日本的未来发展是无法保证的。在这一点上，我相信，日本施政者以及大多数老百姓是很清楚，而且越来越清楚的。在此过程中，日本人应该欢迎跟中国这一已经赶超自己的世界第二之间的良性竞争，共同振兴亚洲。而且，在日中共同携手振兴亚洲的议题上，日本的立场和政策应该是跟美国不一样的，美国是亚太国家，但不是亚洲国家。如今，作为美国的盟国的日本，除了作为亚太国家，更需要亚洲国家的自觉和责任感。

脱美友中：日本的“独立自主”梦——做“正常国家”

美国还能控制日本多少年

刘明福问：

第二次世界大战的结局，是德国和日本的征服世界梦破碎。征服大东亚的“日本梦”，在中国的14年抗日战争、苏联出兵打击、美国进军日本的共同努力下，被彻底粉碎。日本在美国占领和控制之下至今70年。二战后的日本，是出奇的安静。但是进入21世纪的日本，开始骚动起来，开始激动、冲动和疯动起来。

追求独立自主，是每一个民族的天性，更是那些竞争性很强的民族的天性。一个大民族在另一个民族控制之下70年而沉默不语，已经创造了世界历史上的奇迹。21世纪的美国，还能够再控制日本70年吗？美国有这个能力吗？日本还能够再忍耐70年吗？日本还能够让美国再控制70年吗？

美国的世界霸权，不会再有70年。日本脱离美国控制的时间，不会超过

30年。今后30年，是美国霸权衰落的30年，是美国霸权终结的30年。今后30年，也是日本彻底脱离美国，成为一个真正独立自主的“正常国家”的30年。你认为日本会心甘情愿或者被迫再被美国控制30年吗？

加藤嘉一答：

刘老师，这是一个颇有挑战性的问题，尤其是对于我这个日本公民来说。坦率地说，我在日本也好，在美国也好，都没有碰到过这样一个问题意识和讨论场合，现在想，恐怕只有中国人，尤其是像您这样的军人出身的学者才能、才会、才敢提出来。对此，我由衷表示欣赏与敬佩。谢谢您提出这个问题。

您说“追求独立自主，是每一个民族的天性，更是那些竞争性很强的民族的天性”，这是一个具有普适性的说法，我也完全同意。但对于日本人，尤其是今天的日本人来说，“独立自主”究竟意味着什么呢？我也在思考这个问题。毋庸置疑，以被美国占领的形式重启的日本，在战后始终没有处于一个独立自主的地位和状态。日本国家状态如此，那么，活在战后的日本人是否始终努力追求独立自主呢？至少表面上看应该不是。比如看看驻日美军，尤其在民主党时代，日本执政党曾试图努力减少驻在冲绳（驻日美军的74%在冲绳）的负担，却没有向美国提出“您能不能逐步减少我们的负担”这一问题。日本决策层甚至愿意，也希望美军能够继续驻留在日本，而且随着中国的崛起，越来越如此。

我曾在冲绳普天间机场旁边的小丘上跟一名本地的高中生聊天，我问他“你觉得那个军事基地需要吗？”他没什么犹豫地给我回答说：“需要吧，中国进攻过来怎么办？要保护自己啊。”我觉得，这一认知在冲绳不是个案，而具有一定的普遍性。对于驻日美军最为敏感和警惕，甚至厌烦的冲绳人都如此，其他日本人就更不用说了，他们有意或无意地认为“为了自身安全的需要，有必要驻日美军长期存在下去”。日本政治家和官僚的决策过程，在我看来也是基本跟着这一思路和观念走的。

我不知道，也难以估计美国还能不能控制日本70年，有没有意愿再控制日本70年，也不知道在未来的30年当中美国的霸权是否衰落下去。我个人凭借过去3年在美国的观察与体验，美国本身的国力和实力是不会轻易衰落的，因为它有自己的一套维持实力的规律与方式，比如人才、教育、科技、金融等。倘若说美国霸权要衰退下去，那么只有一种可能，就是中国的快速崛起逼迫美国不再扮演霸权的角色，当然这也不意味着美国本身实力的衰退，而是相对于中国崛起而言的，是美国在国际格局上影响力与话语权的相对衰退。那么，只要中国的崛起不半途而废，尤其不在国内出现历史上反复出现的内乱、动乱、暴乱等问题，我认为，美国的霸权是要“衰退”下去的，而且这种衰退是正面的，因为，世界的繁荣与稳定是需要由多个国家、体系、秩序等来加以担保的。

至于日本会不会继续心甘情愿地接受美国的控制这个问题，我现阶段里看不到日本试图摆脱美国控制的影子。而且，越是中国崛起，就越看不到。从上面讨论的“崇强”的角度看待这个问题，假如有一天中国不仅在经济上，而且在军事上超过美国，日本会不会“重新”跟着中国？我的反应是：难说。关键在于其地缘关系，中国毕竟是日本的邻居，在旁边有那么强大的国家，日本拉拢、借用美国的实力（即使陷落为世界第二）制衡中国，保护自己的安全，这种可能性比较大。而且，当今日本还是非常看重交往对象的政治体制和价值观的，虽然没有美国人等西方人那么执着和强烈。这一价值观层面的因素也是一个变数，它一定会影响日本如何与中国打交道。

日本可以说不，不当美国“情妇”——如何评价“石原思潮”

刘明福问：

石原慎太郎、盛田昭夫1989年合著出版了《日本可以说“不”》一书。石原在书中说，日本已从战后事事依从美国的小弟弟，变成可跟美国和苏联抗衡的强国，日本应该向美国说“不”，日本应该追求自主地位。此书一出，日本人热议，美国人着急。

2011年12月2日，身为日本东京都知事的石原慎太郎，在记者会中谈到日美关系时又气愤放言：“迄今为止，日本一直是美国的‘小老婆’。日本的精神性、国家和民族的自主性都被掠夺。率直地说，（日本）是美国的‘情妇’”。石原认为：“我们被美国已经欺负得过多，现在还在遭到欺负。最大的祸首是外务省，没有腰似的。”

加藤，“石原慎太郎现象”，在日本是否带有一定的普遍性？“石原慎太郎思潮”在日本的影响力有多大？这种现象和思潮未来10年、20年的发展趋势是什么？

加藤嘉一答：

我个人感觉，您所指出的“石原慎太郎现象”，在日本确实存在，但谈不上带有一定的普遍性。

说“石原慎太郎现象”存在，主要是思想明显极右或极左（因为，共产党以及其支持者也公然主张日本应该废除《日美安保条约》，批评外务省的政策。当然，在左右之间，废除之后的目标不同，极右主张日本应该成为拥有自己独立军队的正常国家，极左主张废除《日美安保条约》才能让日本真正走向和平道路）的日本政治家、社会活动家、知识分子，以及极端情绪化的网民们。

说“石原慎太郎现象”谈不上带有一定的普遍性，是因为影响舆论和决策的主流人群里面，像石原先生那样的公开主张并不多见，虽然我觉得不少日本人内心或多或少具有类似的想法。我个人认为，坚定不移、毫不犹豫地去加强日美同盟作为今后日本外交的基础和武器的外务省不用说，包括安倍晋三首相在内的政治家们，大多数参与决策的施政者，都不会主张那样批评和指责美国以及日本跟美国的联系的人，在未来较长的时间内，都不会赞同石原慎太郎的观点。

未来中美日三国关系的决定因素——不是价值观

刘明福问：

意识形态、价值观、社会制度的不同，在国际关系中，特别是在大国关系中，是一个重要的影响因素，但不是根本性和决定性因素。

所谓“文明的冲突”，在更本质的层次上，其实是“利益的冲突”，特别是“战略利益的冲突”、“核心利益的冲突”。在“文明的冲突”背后，总是“利益的冲突”在发酵。

日本的国家性质，在实现了“脱亚入欧”的战略转变之后，日本的意识形态、政治制度、价值观，都与西方国家接轨，都高度西方化。但是，恰恰是“脱亚入欧”之后的日本，把刀锋转向了欧美国家，不仅在亚洲把英国军队赶跑，而且漂洋过海痛打美国。

可见，日本的基本国策，日本的国家大战略，是根据日本的国家野心、国家目标、国家利益、国家力量来决定的，而不是根据意识形态来决定的。

所以，未来 30 年日本和美国关系的变化、日本和中国关系的变化，意识形态、核心价值观、社会制度的差别有影响作用，但是不起主导作用和决定作用。

所以，价值观相同，不能保证日本将来不独美、不脱美、不反美；价值观不同，也并不注定日本将来总是疏中、仇中、反中。决定未来日本在中国梦和美国梦中间如何选择的根本标准，是“国家核心利益”标准，而不是“价值观标准”。

加藤嘉一答：

刘老师，我理解您的意思。经过三年的访美，我也感觉到，日本人和美国人围绕自由、民主、人权、法治等价值观的理解也有所不同。价值观肯定不是决定国际关系格局，或一个国家战略抉择的唯一重要的因素。

不过，就中美日关系而言，尤其是参与决策的主流人士们（特别是安倍晋三首相），把价值观和政治制度的因素看得确实比较重。他们在骨子里有一种“因为价值观相同，所以可信任”，那么反过来看，对于价值观不同的国家，就自然产生“价值观不同，所以难以信任”。经过这些年对日中关系的观察，对于建立国家间关系来说，无论是日本靠近美国还是日本疏远中国，价值观确实起着比较重大的作用，这是不容忽视的因素。

在这里我想强调的是，一个国家内部的成员是多元的，除了政治家，还有企业家、知识分子、普通老百姓，每一个人在价值观和利益面前的侧重和取舍是不同的。尤其是企业家，他们往往倾向于超越价值观的不同寻求共同的利益，在这方面，他们比政治家们灵活很多。至于知识分子和老百姓，就很多元的了，有的人特别极端地强调价值观的根本性，有的人则根本不在乎价值观这个因素。我相信，这种局面将持续一段时间。

不过，就日本对外政策而言，从如何与美国、中国发展外交关系，参与中美日关系的角度看，价值观无疑是不容忽略的因素。日本不少人似乎也在相信“民主和平论”，即民主国家间不打仗。

维持现状：日本的“现实主义”梦——不大变大革

做“进攻型国家”，还是做“防御型国家”

刘明福问：

明治维新以后70年，日本是一个扩张主义的“战争动物”；

二战以后70年，日本成为一个专心市场经营的“经济动物”；

现在由于日本右翼势力活跃，安静的日本开始从“经济动物”向“政治动物”转变，开始在世界政治舞台蠢蠢欲动。

围绕日本《和平宪法》的修改，围绕解禁集体自卫权，日本这个国家的性质和走向，面临“百年未有之大变局”。今天的日本，不仅正在由“经济动物”向“政治动物”转变，而且也在向“军事动物”转变。在军事上，日本由一个“防御型国家”转变为一个“进攻型国家”，太平洋上又出现了日本的刀光剑影。

而对日本作为“战争动物”在明治维新之后70年的疯狂中给日本带来的灾难，几代日本人刻骨铭心。对于二战后70年实际享受日本和平发展成果的当代日本人来说，战后和平发展的现状与战前战争灾难的惨状，以及未来改变《和平宪法》后日本前途的诡谲，这三者的对比，必然引起大批爱好和平的日本人民的激烈反弹。于是就有了日本民众的街头示威和抗议，他们反对对二战后的日本基本国策的颠覆性改变，他们要求保持日本和平发展的现状。这是日本国家和民族的一种正义的呼声和力量，是一种正能量。

你怎样看待这样一种“保持现状”呼声和力量对于“日本梦”的影响？

加藤嘉一答：

首先，已经实现了经济奇迹，并已经路过了其高峰的日本，目前以适应新的国际形势的名义，谋求政治话语权的扩大是符合现状的解释。解禁集体自卫权的部分行使，也可以视为其中的一个动作，虽然最近的动作在很大程度上受到安倍晋三首相政治信念的影响。不过，解禁集体自卫权和修改《和平宪法》是两个概念，前者不会直接导致后者，而且，我坚信，后者是没那么容易的，我在上面也讨论过。

那么，我不认为已经成为了经济大国的日本能够成为政治大国，毕竟有着《和平宪法》的“约束”，即使愿意，也没那么容易，阻力主要来自国内和历史。至于军事大国，我基本可以认为，这是不可能的。经过惨痛历史的日本是深知这既是不可能，也不应该，尤其是绝大多数的老百姓是绝不愿意看到谋求军事大国的祖国，政治家也深知这一点。

您提到的呼声和力量，我也认为那些言行是维护日本和平的正能量。上街抗议的老百姓，看到日本有可能在政治决策上走错路，甚至失控的可能性，凭借自己的良心与预感，用行动去传播当前的和平是来之不易的，一定要全民去保护下去的。我深信，这一被民主制度支撑的正能量，最终能够维护日本的和平，阻止一切破坏它的势力，无论是来自国内还是来自海外。

防止日本再度成为地球丛林的“食肉动物”

刘明福问：

今天的地球，丛林世界的特征依然明显；国际舞台，弱肉强食的特征仍然突出。有的大国，以“领导世界”为名，行“霸权世界”之实，是丛林世界的“食肉动物”、进攻型动物，例如美国。有的大国，追求强大而不追求霸权，是丛林世界的“食草动物”，例如大象，再强大，也不以其他动物为食，不是其他动物的威胁，中国就是这种类型。

日本，曾经当了 50 年的“食肉动物”，把诸多国家咬得鲜血淋漓。二战后专心财富创造，努力经济发展，当了70年的“食草动物”，改变了形象。现在的日本开始了国家性格的转变，开始野性的回归和发作，朝着“进攻型国家”、“食肉动物”的方向演变。人们担心日本再度成为“食肉动物”。你认为日本的国民性格、国家性格未来10年、20年会发生什么样的变异？

加藤嘉一答：

在安倍政权下，日本对外的态势和战略将有哪些变化，是值得关注的。我也不排除发生质的变化的可能性，但它将是战术层面，而不是战略层面。我相信，未来10年、20年，日本坚持走和平道路的基本方向和战略是不会变化的，在上面多次提到过，日本主流的国民性格是渴望和平，维持现状，而且最近呈现出如果这些性格被侵犯和打破，他们也将站出来集体抵抗权力者。二战之前，国民性格和国家性格恐怕具有隔离的特点，这也是导致文官系统崩溃，导致军部失控的原因。

但如今，日本早就具备了民主政治的基本要素和特点，使得由“国民性格”来制衡“国家性格”变为可能。即使国家性格要打破现状，国民性格在此过程中也能够起到制衡和制约的作用。我是相信日本经过曲折的过程逐渐培养的民主政治体制的力量的。

第 4 章
在中国梦和美国梦之间日本如何选择

美国今天的控制，是日本未来的不幸吗

中国梦、美国梦、“日本梦”——“三梦演义”第一次

刘明福问：

美国梦，是近代以来国际社会最成功的国家梦。中国梦，则是 21 世纪影响最大的国家梦。中国梦和美国梦的世纪博弈，中国梦和美国梦的竞争与合作，将对世界格局和世界面貌发生决定性的影响。

在太平洋东西两岸的美国和中国，隔洋对阵。悬挂在太平洋西北角的日本，在地理上距离中国近，在心理上距离美国近。“日本梦”处在中国梦和美国梦之间，“日本梦”在中美“两梦”、“两强”之间，如何进行战略选择，是 21 世纪日本外交的第一课题，也是决定日本国家前途和命运的第一号战略问题。

日本国的前途和命运，就外部因素来看，在 1853 年 7 月 8 日美国“黑船”

事件之前，主要取决于日本与中国的关系；在美国“黑船”事件之后，主要取决于日本与美国的关系，二战以后，更是美国决定日本的命运；进入21世纪，由于中国的崛起，由于中国梦和美国梦进入决赛时期，日本的未来，就不仅取决于同美国的关系，而且取决于同中国的关系，取决于日本在中美两强之间的战略选择。这样一种局面，在日本国家的历史上，还是第一次。

所以，日本现在面临的战略抉择，是日本开国以来第三次历史性的抉择，这次抉择将决定21世纪日本的前途和命运。你对这个问题怎么看？

加藤嘉一答：

刘老师，我特别喜欢您提出来的这个“战略抉择”的问题，的确是个好问题，也是需要生活在21世纪的日本人最应该认真思考的外交课题。谢谢您的问题。

首先，我完全同意您对围绕日本的历史梳理，也同意“日本现在面临的战略抉择，是日本开国以来第三次历史性的抉择，这次抉择将决定21世纪日本的前途和命运”这一提法。如今，日本在中美关系、中美两梦之间采取什么措施，扮演什么角色，寻找什么位置，是保证日本未来繁荣的核心外部因素。

我认为，我们绝对不应该从二选一的二元对立角度看待这个问题。既然当今时代，以及未来的中美关系，是处于既有竞争又有合作的战略联系，不远也不近，有联系也有摩擦，有斗争也不破裂，有遏制也受限制的微妙关系，日本最需要做到的是细心观察中美关系的一举一动，比较灵活地找到自己的位置，扮演巧妙角色，从中坐收渔利。这是大方向，大做法。那么，倘若日本能够坚持对华友好和对美合作，能够同时处理好、发展好跟美国、中国双方的关系，我相信，从中美未来潜在的、有可能出现战略摩擦的竞争关系来看，日本是有可能在亚太地区扮演和平的桥梁、纽带角色的。

“中美越摩擦，日本越重要”，这才是日本需要用自己的眼光、决心与行动去展现的战略智慧和政治艺术。

日美“同盟”的实质，是“控制”和“依附”

刘明福问：

日本和美国关系的本质是什么？所谓的“日美同盟”，是不是日本和美国关系的本质？

美国人以“日美同盟”来展示美国对日本的责任和保护，来显示美国和日本关系的亲密和宝贵。日本也以“日美同盟”而产生安全感和自豪感。

其实，日美关系的本质不是“同盟关系”，而是“依附关系”。国际舞台上真正健康正常的同盟，是独立自主的主权国家之间的同盟，同盟的基础和本质是结盟者相互具有自主、平等、民主的身份和地位。而在今天所谓的“日美同盟”中，日本在美国面前，既没有国家的自主权和民主权，也没有独立的平等的地位。美国是日本的老板和主人，日本是美国的仆从国和依附者。所谓的日美同盟，是美国以同盟为名，用同盟为缰绳，拴住日本、驾驭日本和控制日本。

所以，对“同盟”这个概念，要有准确的定义和含义，要使用能够准确表达日美关系的概念。美国不应该继续用“同盟”这个概念来忽悠日本，日本也要从美日是同盟关系的“错觉”中醒悟过来。

你对日美同盟关系的本质怎么定性和评价？

加藤嘉一答：

日美之间究竟是什么样的同盟关系，如何实现其中的平等性和民主性，关于这些，其实战后日美之间是始终存在着深刻、激烈的讨论和较量的。日本也曾努力使得日美同盟更加平等，甚至对等，1960 年《日美安保条约》的修改，鸠山由纪夫前首相提出的“深化对等的日美关系”等，可以说是其中的一部分。美国也不断向日本施加压力，迫使日本作为同盟国更积极地配合美国的全球军事战略，最近的安保法案无疑是日本进一步配合美国的表现。

既然这种“外交努力”不断地发生，那么，我想，我们也不能够把日美同盟简单归结为依附的关系，因为，除了日本需要美国，美国也需要日本，两者互为需要，不断调整，在此过程中，日本也愿意被美国控制，美国也愿意为此付出成本，甚至风险。

至于同盟关系本来应该是两个独立自主的主权国家之间的关系，同盟的基础和本质是自主、平等、民主，我同意，这些方面，日本确实是被动的，但坚持把日美同盟视为日本外交的基石，这也是日本自主的选择。至于平等与民主，一是美国比日本强大很多，二是日本是二战的战败国，在美国面前的被改造国，做不到完整意义上的平等与民主，大多数日本人实际上也是服了的，无论愿不愿意，勉强地、不得不接受这么一个现实。而且，许多人也认为，不接受现实，是活不下去的。

当然，我也不否认，在不平等、不自主、不民主的“同盟关系”面前，日本人也有闭着眼，装作没看到的一面。日本人不觉得委屈也是骗人的，哪一个国家不愿意自主、平等、民主！但为了实现繁荣与稳定，使得老百姓安安心心地过日子，有些委屈必须承受。关于这一点，日本社会上似乎是有着看不见的共识的。

美国霸权梦——扼杀日本“正常国家”梦

刘明福问：

今天的日本，是一个“不正常国家”、“畸形国家”、“双被”国家——被美国“控制”、被美国“利用”的国家。

美国一方面“控制”日本，使日本成为美国的“高级半殖民地”；另一方面“利用”日本，让日本成为遏制中国的急先锋，成为美国对抗中国的棋子，让日本与中国陷于鹬蚌相争的“亚洲内战”和“亚洲内耗”之中，而让美国这个渔翁从中得利。

21 世纪美国的世界霸权，是建立在“对日本控制、对中国遏制”的基础之上。不仅中国的国家“现代化”的崛起，要突破美国霸权的“遏制”，而且日本的国家“正常化”的实现，也必须摆脱美国霸权的“控制”。“日本梦”，决不应该是一个永远被美国“控制”的梦；“日本梦”，决不应该是一个被美国霸权利益“利用”的梦。美国霸权梦扼杀日本“正常国家”梦。美国霸权衰落和终结之时，就是日本实现国家独立自主之时。

所以，美国霸权梦扼杀日本“正常国家”梦，日本不应该为强化和延续美国的世界霸权甘当附庸，更不能为美国霸权“遏制”中国而高举战刀冲锋陷阵，成为保卫美国霸权的卫士，成为美国遏制和包围中国、屠杀中国复兴大业的凶猛杀手。

加藤嘉一答：

我同意您的说法：“21 世纪美国的世界霸权，是建立在‘对日本控制、对中国遏制’的基础之上。”国际政治是靠实力和意图说话和行动，不甘心接受这样的现状，就靠实力和意图去说话和行动吧。如果做不到或不想做，就闭嘴，忙你该忙的，这也是权力政治的现实，无论是国内政治还是国际政治，都是如此。日本也好，中国也好，被“控制”也罢，被“遏制”也罢，“我们”要重新认清这一点，否则一切都空谈，何况梦想。

就日本而言，倘若把美国的现状描述为霸权国家，关于解释国际格局的学说中，就又有一个“霸权稳定论”，那么，日本是否“欢迎”美国的霸权稳定论？我认为，答案为：大概是。日本人历来是比较接受霸权稳定论的，无论是今天的美国，还是古代的中国（虽然我知道刘老师肯定不同意这一说法，会主张古代的中国是王权稳定论）。至于假如中国替代美国重新采取霸权或王权稳定论，还是中美一起或分别两权稳定论，活在当下的日本人恐怕没有如此超前的想象力。但凭我感觉，对于大多数的日本人而言，宁愿接受在被美国控制下的霸权稳定论，也不想看到被由共产党主导的社会主义中国领导下的王权稳定论。这也是日本的现实。

不过，有一点您提出的，美国霸权衰落时，正是日本实现国家独立自主之时，我或多或少是有同感的。我相信，美国的所谓“衰落”和中国的所谓“崛起”，必将能够使得日本起码在思考和探索上更加独立自主。这是第一步，如果连思考都不独立，怎么能做到在思想上和行动上的独立？而且，我认为，这也能够使得日本人找到自己在时代和环境面前的灵魂和位置，这是我们绕不过的大功课，也是划时代意义上的大作业。

中国的崛起，是日本的机遇吗

中国复兴梦——有利于日本“正常国家”梦

刘明福问：

可以说，只要美国保持“世界霸权地位”，那么日本就不会获得“正常国家地位”。

美国的世界霸权地位，首先表现在美国对亚洲的主导地位，要依靠美国“亚太再平衡”战略的有效性。而中国的“和平崛起”，有利于“和平终结”美国的霸权地位。当美国失去世界霸权和亚太地区主导权，由一个专制的“霸权大国”转型成为在亚太地区和全球范围内一个重要的非霸权“正常大国”，那么，这个时刻也就是日本彻底摆脱美国霸权“控制”，由一个美国的“仆从国家”变成一个正常的世界大国的时候，这是日本从美国霸权控制下的一次解放，日本的发展和进步将进入一个新的历史阶段。

特别要看到，和平崛起的中国，不会控制日本。中国崛起不是霸权的崛起，崛起的中国不是美国霸权的接班人，而是“无霸世界”的开创者、建设者。当世界霸权终结以后，当无霸世界出现以后，世界大国之间将建立起新型大国关系，不仅中国和美国的关系将走向正常，而且中国和日本的关系也将正常，日本和美国的关系也进入正常状态。

所以，中国和平崛起，将使美国“和平变质”，将使美国改变国家性质，由霸权国家转型成为“非霸权国家”，这对美国的进步、对世界的进步，都有好处。而中国崛起、美国“变质”，霸权终结，日本解放，对于日本也是一件好事情。也可以说，“中国崛起、美国转型、日本解放”是三位一体的事情。所以，中国复兴梦，有利于日本“正常国家”梦。中国的复兴，将加速日本的解放——把日本从美国霸权“控制”下解放出来。这也是“中国梦”与“日本梦”的相通之处。

加藤嘉一答：

您充满创造力地提出来的“‘中国崛起、美国转型、日本解放’是三位一体的事情”，我在一定程度上是认同的。我在上面也阐述过，中国的崛起不仅能够让日本，而且也能够让美国重新审视自己的位置和找到自己的灵魂，这是好事。我也始终认为中国的崛起无论如何是好事，对于地区、世界、人类来说都是如此。

不过，有一点希望刘老师能够去面对，您说“和平崛起的中国，不会控制日本。中国崛起不是霸权的崛起，崛起的中国不是美国霸权的接班人，而是‘无霸世界’的开创者、建设者”，关于这一点，包括日本人和美国人在内，包括今天在东南亚和欧洲生活的人们，尤其是精英分子里，仍然是缺乏说服力的。在我的印象中，能够确切地主张“中国的崛起一定是和平性质”

的非中国人仍然属于少数，多数人则担心、害怕、恐惧中国的崛起和扩张所带来的负面效应和因素。当然，他们的心态也是矛盾的，毕竟大多数国家是从中国经济的发展和中国市场的扩大受益的，一边受益，一边恐惧，自相矛盾。当然，这也是国际政治和关系中的常理。

在这里，我可以说，假如中国的崛起终究被现实和历史证明是和平的，那么，我也相信，它有可能带来没有霸权的新兴国际关系，届时，美国的国家性质也有可能变得更加和平和民主，这一围绕中美两大国的局面将是有利于日本解放自己的。

总之，在我看来，考虑到未来美国的状态和日本的抉择，中国崛起的性质是关键，全世界都在拭目以待。我由衷希望中国人能够以自己的决心和行动，不断证明自己的崛起是和平的，从而让那些毫无根据地煽动“中国威胁论”的人们闭上嘴。

中间路线——“日本梦”的最佳选择

刘明福问：

一部日本近代历史，其国家对外战略，大致是三个阶段：

第一个阶段：“开放主义战略”——采取“脱亚入欧”的基本国策，进行明治维新的兴国运动，迅速实现日本的国力崛起，跨入西方列强的行列。

第二阶段：“军国主义战略”——实行对外扩张，通过战争手段，征服亚洲、争霸世界。从 1894 ~ 1895 年侵略中国的甲午战争，1904 ~ 1905 年的日俄战争，1931 ~ 1945 年以灭亡中国为目标的侵华战争，以及 1941 ~ 1945 年的太平洋战争，“军国主义战略”在日本整整持续了半个世纪之久。

第三阶段：“联美主义战略”——日本二战后 70 年在美国“占领、改造、控制、利用”下，对美国“一边倒”，依靠美国保护自己、依附美国发展自己。

现在，日本的国家大战略，面临第四次历史性抉择：在中国和美国开始全球性战略大博弈，亚太地区成为中美博弈的制高点和核心舞台的情况下，日本处于中美两强关键节点的位置上。日本是继续“脱亚入美”，依附美国、联盟美国，助霸为虐，遏制和包围中国？还是“脱美入亚”，支持中国、结盟中国，抵制美国霸权，实现日本独立？还是采取第三种战略，就是采取“中间路线”，既不“脱亚入美”，也不“脱美入亚”，而是“联亚联美”，做太平洋两岸的桥梁，既不“结盟美国”遏制中国，也不联合中国平衡美国，而是独立自主、“友美友中”，让美国和中国都成为日本的朋友，从美国和中国收获两份友谊和双倍利益，这是日本必须作出的历史性选择。日本在中国梦和美国梦之间采取“中间路线”，将造福日本，造福美国和中国，造福亚太和平与发展，造福世界稳定与和平。

日本采取“中间路线”的第四次战略选择，要从“脱”和“入”的传统战略思维中解放出来，不论是“脱亚入欧”、“脱亚入美”还是“脱美入亚”，这一“脱”一“入”，总是选边站，总是走极端，总是加剧地区分裂和对抗、激化全球矛盾和冲突，不是一个文明国家正确的未来取向。要树立关于日本外交的新型思维，要建设“不结盟”的新型日本国。在中美大博弈中，一个坚持中立立场、一个走中间路线的日本，才是一个起建设性作用的日本，是一个在战略上处于主动地位的日本，才是一个伟大的日本。

日本需要一个什么样的大战略？世界需要一个什么样的大日本？显然，“居中”战略是最佳战略，“中间路线”是最安全的路线。日本充当“中美桥梁”的崇高角色，日本发挥“平衡中美”的作用，日本发挥连接和协调欧洲、美洲、亚洲的作用，不仅将实现日本国家利益的最大化，而且将大大减低亚太地区和全球和平与发展的进步事业所需要付出的代价。

加藤嘉一答：

“不脱不入”的中间路线，将是日本的最佳选择。这一点，在理论上，我是认同的。作为一个日本人，我在情感上和思想上，也希望祖国能够走上这条道路。而且，我也相信，只有如此，日本才能够真正在地区和世界事务上起到美丽的桥梁作用，这也符合日本人深爱的儒家观念：以和为贵。

不过，这恐怕需要一段时间和一定过程。如前所述，日本决策层对以日美同盟为外交政策之基石的方略与观念依然继续，而且越来越浓厚而坚定，作为其背景和动机，中国崛起也日益明显。我个人预测，在中国从经济、军事、文化、科技、制度等硬实力和软实力上全面超越美国之前，日本人的这一方略与观念是不会变化，至少不会轻易发生变化的。在这个问题上，我不认为日本人能够主动进行自我改造，而更多是一边观察中美之间的实力对比和魅力对比，一边逐步探索并调整对策。

我完全认同您的说法，无论在地区问题上还是在全球问题上，日本只有比以往任何时代更加主动、自主地扮演桥梁、平衡、协调等和平角色，日本才能把自身的国家利益和价值最大化。如今，我们最起码需要本着这一思路面对每一个时间、每一个空间以及每一个机会。

面对中美竞争——英国是日本的榜样

刘明福问：

在“西方世界”中，“英美世界”是核心。英国，在西方世界中是重要国家。英国又是与美国具有特殊血缘关系的国家。但是英国在香港回归中国的问题上，能够具有比较开明的态度，与中国合作比较好。英国在西方大国中率先加入亚投行。英国最近又与中国构建“中英全球全面战略伙伴关系”，两国领导人开创了中英关系的黄金时代。英国与美国的关系，超过日本与美国的关系，但是，为什么英国能够与中国建立新型大国关系，开创一个中英关系的“黄金时代”，而日本却与中国关系持续紧张，制造了一个中日关系“紧张时代”、“危险时代”？

加藤嘉一答：

在香港问题等敏感问题的处理上，以及加入亚投行等新兴组织的问题上，确实有着日本应该向英国学习的地方。既有原则，又要灵活，这对英国、日本等海洋国家的外交来说极为重要。

不过，有些事情要弄清楚。历史上，中英之间围绕鸦片战争和香港问题等，中日之间围绕“抗日战争”和领土问题等，都有极为敏感的问题，这点是有着相似性的，但中英和中日在地理位置和地缘政治上有很大不同。中日毕竟是近邻关系，处于同一个空间，更容易产生摩擦，从各种层面的交流面和接触面来看，中日比中英多很多，大很多，深很多，矛盾和摩擦也更容易表面化和浮上水面。

另外，中国是当今美国唯一要在战略上“遏制”的国家，从同盟关系和地缘政治的角度，美国是不可能利用遥远的英国来遏制中国，而肯定要利用近邻的日本来遏制中国的。从“怎么被美国的地缘遏制战略利用”的角度，日本与英国也面临截然不同的处境。总之，在对华关系和战略的问题上，对于日本和英国进行对比需要谨慎和耐心，两者的可比性有待实事求是加以商讨。

日本联美制华——两种结局

刘明福问：

现在，日本在中国梦和美国梦的关系中，采取的是“联美制华”的一边倒战略。这种战略，最终无非是两种结局：

一是美国和日本联合折腾中国，美国充分利用日本，让日本和中国恶斗，日本与中国两败俱伤，美国胜利。美国仍然压制中国、控制日本。

二是美国和日本联合折腾中国，虽然声势很大，但是由于各怀鬼胎，由于美日的冷战思维在世界上不得人心，由于中国采取正确的战略和策略，美日不仅没有把中国搞垮，而且中国成功崛起，美国霸权衰落，日本虽然遭受失败，但是中国不会控制日本，日本反而可以脱离美国控制，走向“正常国家”，成为“自主国家”。

所以，中国的崛起，其实是对日本的解放，是对日本的救助。中国崛起，有助于日本独立，使日本真正成为“日本人的日本”，而不是“美国人的日本”；中国成功崛起，也能够实现亚洲的独立，就是让亚洲摆脱美国霸权的控制，真正使亚洲成为“亚洲人的亚洲”，而不是“美国人的亚洲”。

所以，日本不应该害怕和破坏中国崛起，而是要欢迎和支持中国崛起。

加藤嘉一答：

日本应该欢迎中国崛起，而且尤其在经济、市场、人文、环保、科技、商业等领域，一如既往地配合中国的改革开放，从中国合格的邻居的角度积极促进中国的“和平崛起”。我从来认为，日本人必须把中国的崛起当作自己的事，甚至是自己家的事。我也始终认为，我们亚洲人需要“我们一家人”的潜在意识，而中国传统文化里围绕“家”的观念可以帮助亚洲人走在一起，走到一起。

不过，有一点是必须弄清楚的，即亚洲人的亚洲应该是开放式的，只要身在别处的国家能够尊重亚洲的公民和文化，尊重亚洲的发展规律和社会环境，我们就应该欢迎他们积极参与亚洲的建设和发展，欢迎他们在亚洲事务上发挥积极向上的作用，对美国和美国人也不例外。在地区发展和合作上，历史证明，最值得警惕的是封闭和排斥。

至于日本如何建立“日本人的日本”，我相信，如今有不少人是认为“我们生活的这个国家是日本人的日本”，驻日美军在日本扎根着，日本实际上是被美国控制的状态，这些都是事实，日本人也知道。但万物都是相对的嘛，现实是建立在历史脉络上的嘛，有些事情不要太较劲儿，顺势而为比较好。

当然，我个人是不认为现在的日本是真正意义上的“日本人的日本”，希望它能够更加开放、独立、自主，也坚信未来中美两梦之间的碰撞和较量，能够使得日本人逐步走向更加独立、自主、开放，努力构建起符合日本国情和日本人价值观的美好家园，它应该叫“日本梦”。

日本的选择，将如何影响世界的未来

日本脱离美国控制——有利于地区和世界和平

刘明福问：

有一种观点，认为，美国控制日本，管住日本，对中国、对世界都是一件好事情，如果不是美国控制和管理日本，那么日本就不会在二战后规矩老实了几十年。如果今后美国控制管理不了日本，那么日本就会搞核武器，就会军国主义复辟，成为中国和世界更大的麻烦。

这种观点，在过去有道理，在今天需要再审视，在未来肯定不能持续。

美国在二战中与中国、苏联和其他反法西斯力量共同“击败日本”，对于世界和平事业是“有功”的；美国在二战以后，通过审判日本战犯、制定和平宪法、实行民主制度等来“改造日本”，对于日本社会的进化和亚太地区的发展也是“有益”的；美国在战后 70 年从军事、外交等方面长期“控制日本”，对于稳定亚太局势和世界格局，也是“有效”的。但是，在冷战结束之后，面对中国崛起，美国对日本的战略，由“击败日本”、“改造日本”、“控制日本”，渐渐发展和越来越突出地转变为“启动日本”——把日本启动起来，让日本激动起来，改变日本在二战后长期保持的平静理性状态，按照美国智库秘密报告的说法，就是：美国在二战后让日本失去野蛮本性，是一个失误，现在需要让日本重新恢复野蛮本性，以便“利用日本”，对抗中国。

所以，现在美国的对日战略已经发生重大转变，在经历了“击败日本”、“改造日本”、“控制日本”的历史阶段之后，已经进入“启动日本”——让日本疯狂起来的阶段，已经进入“利用日本”抗衡中国的阶段。所以，今天的日美同盟，已经成为遏制中国的同盟，成为危害地区和平世界和平的同盟。今天，美国对日本的控制，对世界的危害，远远大于日本脱离美国的控制对地区和世界和平事业的危害。

加藤嘉一答：

读完刘老师的这段描述，我立即产生了两个想法。

其一，在全球化与相互依存的时代，我不认为冷战背景下诞生和生长的日美同盟，能够成功地遏制住中国的崛起。日美战略家们日益认为，遏制中国在相当程度上也是遏制自己。何况在冷战后的国际关系上，军事、政治、权力等比重逐渐地、相对地降低，而经济、人文、制度等比重逐渐地、相对地上升。在这一大趋势面前，同盟政治的效果和作用本身值得重新考虑和调整。但无论如何，拿同盟来遏制他者的做法越来越脱离实际，也得不到人心。恐怖主义、气候变暖、自然灾害、经济萧条、贫富差距等问题日益全球化，解决这些全球难题，日益需要全球性合作，其前提无疑是大国之间不对抗，不冲突，而需要携手，合作，共存。

其二，无论美国想怎么启动日本，日本政治家怎么激动，作为一个日本公民，我始终相信日本国内的和平力量，这也是刘老师在上面提及的“正能量”，这一力量不会使得祖国再次陷入失控。倘若美国真的要逼迫日本放弃和平道路，把日本彻底军事化，逼它变成与美国一起打仗、杀人的国家（虽然我觉得这种可能性极低，甚至几乎为零，用《和平宪法》改造过日本的美国，始终是深知日本国内的和平力量有多大、多深的），那么，我认为，到时候的日本将是没有选择的，只能选择一条：主动抛弃日美同盟。

日本国家“正常化”——谁来确保日本“无核化”

刘明福问：

有一种观点认为，二战后很长一段时期，日本之所以比较老实和平静，是因为在美国控制之下，始终有美国管理着、看守着。日本一旦脱离美国控制，日本问题一旦让日本说了算，日本的不可测因素就更大，日本就会制造原子弹，日本就会成为一个“有核国家”，成为一个更强大、更危险的国家。

这样一种把日本的老实，建立在美国的控制之下的思维，其实已经过时。

今天的日本，在美国的控制之下，已经成为世界大国中最不老实的国家，成为一个十分危险的国家。而这样一个“危险的日本”的出现，既有日本自身的内部因素，更因为有一个“霸权的美国”、“阴险的美国”在背后的黑手策划和操纵，更有美国急于“启动日本”、恶性“利用日本”的原因。美国就是要让日本疯狂起来，让日本为美国遏制和包围中国的大战略冲锋陷阵、充当打手。日本改变《和平宪法》的冲动、日本海外用兵禁区的突破，日本在亚太地区制造军事危机的狂妄，都有美国的幕后黑手在操纵和支持。美国对日本的控制和利用，已经成为加剧日本野性复发的最大因素。所以，一个不受美国控制、操纵、利用的日本，将增加“理性”，而不是增加“野性”。

在美国控制下的日本，早已经具有了大规模制造核武器的能力。即使日本现在不是一个拥有核武器的国家，他也是一个拥有快速大规模制造核武器能力的国家。而日本今天是否已经拥有核武器，也是一个谜。

其实，从长远的观点看，从根本上看，一个国家对世界和平的作用，到底是一种威胁作用还是一种维护作用，决定因素不是这个国家有没有核武器，而是这个国家有没有霸权、扩张和侵略的野心。没有霸权和扩张野心的“有核国家”就是维护世界和平的国家。而有扩张和侵略野心的“无核国家”也会是战争的发动者，也会成为地区紧张局势的制造者。所以，“有核”≠“有害”，“无核”≠“无害”。

加藤，你对日美关系与核武器的问题怎么看？

加藤嘉一答：

我想回应两点。

其一，二战接近尾声之际，美国用原子弹轰炸了日本的广岛和长崎。日本是人类历史上唯一遭受过核武器伤害的国家，也是对于核武器的恐惧最强烈的国家。这样的一个日本，也是由民选的政治家和选民组成的日本，敢不敢轻易发展核武器？我认为，包括美国和中国在内的国际社会，包括美国人和中国人在内的全球公民，在这个问题上，是缺乏符合实际的了解和认识的。

其二，不过，与此同时，日本唯一的盟国（韩国、英国等不是日本的盟国，他们是日本盟国的盟国）——美国拥有核武器这是事实。那么，《日美安保条约》下的军事部署，包括驻日美军，有没有、会不会涉及“核”字，答案是肯定的。战后的日本是在美国的“核”保护伞下集中发展经济的，换句话说，没有核，就没有今天日本的繁荣与安定，这一点，难免产生划时代意义上的讽刺。

总之，日美关系与核武器的问题是错综复杂的，从上面讨论的逻辑出发，日本人既嫌弃核，又需要核，前者是发自内心和经验的，后者则是来自现实与需要的。作为一个日本公民，我心情的复杂并不亚于现实的复杂。相信，每一个日本人都抱有同样的心情，却不敢大胆地去想、清楚地去说。这是历史的告诫。

刘明福问：

有人说，日本迟早会成为一个“核大国”。有人说，日本永远不会成为一个“核大国”。有人说，日本会成为一个热爱和平、捍卫和平的“核大国”。

你如何预测日本未来的“核战略”、“核远景”、“核前途”？

加藤嘉一答：

我相信，除非发生特别极端的情况，比如美国主动抛弃日本，中国要打击日本，日本不得不准备核武器来保护自身的安全等，日本是不可能主动开发、发展核武器的，原因如前所述。但另一方面，既然美国是一个核大国，日本又是其盟国，也是从中受益的，那日本与“核大国”是脱不了干系的。

对于日本普通老百姓和政治家来说，目前更多关注的是核能源的问题。自从 20 世纪 70 年代石油危机发生以来，日本对核能源的依赖日益扩大，核能源也相对环保，日本也重视他。但自从 311 福岛核泄漏危机事件发生之后，虽然已经过了 4 年以上，但人们对“核”字的恐惧仍未消除。从保证安全、维持生活等角度，如何面对和处理核能源，对日本来说是相当现实的迫在眉睫的问题。

第 5 章
霸权的艺术——美国驾驭日本的奥秘

美国奇迹——对日本的征服和驾驭

敢于挑战美国的日本——为何崇拜打败日本的美国

刘明福问：

从 1941 年日美太平洋战争爆发，到 1945 年日本战败；从二战后美国占领日本，到后来长期控制日本，今天的日美同盟似乎牢不可破，日本被捆绑在美国世界霸权的战车上，为美国所驱使和利用。日本看上去不仅毫无摆脱控制、争取自主的对于美国霸权压迫的抵制之意，而且在美国的霸权怀抱里显得扬扬得意、“乐不思离”。

日本是一个敢于用四年的战争来挑战美国的国家，但是战后为什么日本人对美国人那么服从和尊敬？战后至今 70 年，日本人对于美国的占领和控制，基本上是“无怨无恨”、“举国无争”，这在古今中外历史上都是少见的。这表现了日本怎样的国家性格和民族特征？

加藤嘉一答：

这个问题，我也想过，主要从三个角度，大致分为三个原因：第一，日本是战败的，而且疯狂、失控地挑战了之后，彻底被打败，就没有什么可后悔的了，只好接受；第二，战败后被美国占领实际上给日本战后的发展是铺垫了的，控制了军国主义的《和平宪法》为日本人集中发展经济提供了大前提和大框架；第三，在此过程中，美国也有意给日本保留了天皇制这一日本人的精神支柱。

倘若上述三点都是不存在的，甚至缺了一个，我相信，活在战后的日本人对美国的看法会截然不同。讨厌美国的、抵触美国的、反对美国的、抗议美国的，等等，什么样的负面情绪都会交叉发生。当然，现在也有不少人对美国具有负面情绪，但由于上述三点，大多数日本人却无话可说，只好闭嘴。

日本的“原子弹情感”——日美关系的一个谜

刘明福问：

美国对日本扔了原子弹，让日本人瞬间死亡几十万。美国的原子弹是否炸出了日本对美国的仇恨心，是否在日本人心中撒下了仇恨美国的种子？为什么？

加藤嘉一答：

不可能没有，肯定有！尤其是在直接的受害者——广岛和长崎的市民来说，无疑是永远都忘不了的伤痕。但由于我在上面讨论过的背景和原因，日本人始终难以正视历史的那一刻，面对围绕核武器的对美认知和立场，日本人也有难以言喻的困窘。

我是认为，这一认知和立场不是一成不变的，随着日美关系、国际格局、国内环境等变化，日本人对美国的一种仇恨是有可能浮出水面的。其实，曾经在冲绳发生美国军人强奸日本少女等事件时爆发过，不过它还是一时的、局部的、有限的，而不是持续的、全部的、结构性的。这一情绪对于日美同盟，以及日本的对外政策，甚至国内政治来说，是一个重大的变数。而且，我认为，重要的看点在后头，美国也深知这一点。所以，美国对日政策，尤其是涉及冲绳、军事基地、核武器等事宜的时候是格外谨慎的，我也能够看到美国对日外交和政策上“客气”的一面。美国不得不客气，哪怕日本多拿走了利益，也要妥协，毕竟，扔过原子弹的嘛。

刘明福问：

日本对美国的原子弹情感，不仅表现在日本是人类历史上第一个遭受原子弹袭击的国家，而且表现在这个国家一年一度举行活动，纪念自己被原子弹打击和杀伤。日本作为唯一遭受原子弹袭击的国家，对发展自己的核能力，对拥有自己的核武器，对于让日本成为有核国家、成为核大国，在国民态度和国家政策上，有什么影响？遭受核武器打击和每年纪念被核武器打击，是否强化了日本“拥核”的愿望？

加藤嘉一答：

据我观察，日本每年纪念被原子弹轰炸的活动，主要让日本国民和社会持续地加深、加强对和平与反战的渴望和执着，至于它有没有加剧日本人的“反美”情绪，我想倒没有。和平不需要反美，反战也不需要反美，这应该是大多数日本人的潜意识。当然，其中一个重要的原因是，日本人在每年的8月举行纪念活动的时候，也没有强调美国人对日本做了什么，而更多从人类普遍意义上的和平与反战的角度，采用纪念的方式，突出和平的主题，防止战争悲剧的重演。因此，这样的纪念活动，就不会加剧仇恨。

70 年被美国控制——日本为何没有“仇美、反美潮”

刘明福问：

美国控制日本 70 年，日本为什么没有大规模仇美、反美情绪？日本为什么不恨美国？战后 70 年来，日本人对美国是越来越恨，还是越来越亲？日美关系是越来越远还是越来越近、越来越紧？表现是什么？原因是什么？

加藤嘉一答：

我在上面讨论过日本人不得不“不仇美”的三个层次的原因。至于战后 70 年的此刻，日本人对美国越来越恨还是越来越亲，我的感觉是维持现状，没看到一个明显的变化趋势。若发生变化，它的动机应该是来自日美关系本身的结构性变化，抑或是一些突发性的事件。

至于日美关系越来越远还是越来越近的问题，我在上面也讨论过，我的感觉是大致维持现状，但偏越来越近，原因还是那句话：中国崛起。美国和日本都不具备一个清晰的战略，单独地应对位于太平洋这一侧的中国之历史性崛起。在仍然看不清“中华民族的伟大复兴”这一中国梦的真实与方向的情况下，我看，日美关系只好越来越近，这既不是道德问题，也不是理论命题，而是现实课题，是双方共同的根本性战略利益问题。

日本感恩美国——美国 160 年驾驭日本的艺术

刘明福问：

从1853年美国黑船事件到2016年这160多年来，美国在与日本的关系中，在战略上始终处于主动地位的艺术是什么？

160 多年来，美国击败日本、改造日本、控制日本、驯服日本、利用日本、激活日本的手段和效果是什么？

美国在科技、经济、军事、文化等方面始终领先日本的诀窍是什么？

160 多年来，日本向美国学习了哪些东西？

请系统概括一下美国 160 多年来成功驾驭日本的秘密、艺术、权术。

加藤嘉一答：

刘老师抱歉，我不具备系统概括这个问题的知识和能力。不过，从我个人的感觉来说，美国始终拿权力、意图、战略等说话、行动，这些才是他们对日本采取的手段。

至于日本从外界学习了什么，我认为，东方的中国，西方的英国和德国等，都曾经是日本的学习对象。不少日本人认为，文化是从中国学习的，制度是从英德等吸收的。我突然发现，美国并不是日本主动去谋求学习什么的对象。美国的许多领域，日本人是尊敬和佩服的，但并不把它视为学习的对象和目标。

为什么？其理由，一个是与美国相对短暂的历史有关，另一个是美国对日本国家建设的直接性和彻底性有关。不要说学到了什么，美国早就渗透到日本国家建设的每一个部分了，不管这是好还是坏，善还是恶，现实摆在我们的面前和眼前。在这个意义上，不少日本人对美国持有“无可奈何”四个字的态度。

公投入美——建立“日美国”

刘明福问：

有人说，今天的日本已经没有爱国主义，没有独立主义，而只有“亲美主义”。

日本在二战后 70 年来，是否已经高度“美国化”？

日本从明治维新开始“欧洲化”，到二战结束前，整整 77 年。

日本从 1945 年战败后被美国军事占领，开始“美国化”，到 2016 年，整整 70 年。

最近 70 年的“日本现代化”，就是“日本美国化”。日本国是否已经变成了一个“日美国”——就是一个高度美国化的日本？

如果在日本举行公民投票，全民公决日本加入美国，成为美国的一个“东方洲”，结果会是如何？

加藤嘉一答：

刘老师，关于“美国化”三个字，恐怕几乎没有一个日本人会接受的。美国对日本内政和外交的影响力、渗透力、指导力是一回事，这些都客观存在，而且将继续存在下去，但这并不意味着日本是一个美国化了的地方。您将来有机会访问日本，参观日本就会一目了然，日本和美国的社会环境、民族性格等，是完全不一样的。

假如在日本举行您所提的公投，一定会被否决。没有一个日本人是发自内心地想成为美国人的，而且这一身份也不需要，日本人对日本护照很自豪，很感恩。反过来看，我发现中国有不少人愿意成为身份意义上的“美国人”，那么多有钱人，精英们，纷纷加入美国国籍，从人才建设的角度，美国是从中坐收渔利的，对中国来说则是人才流失，这是令人深思的问题。在日本，除了婚姻、工作等特殊情况以外，没有人愿意加入美国籍的。

日本怪异——对中美两国的不同态度

日本反省战争罪行——对中美两国有何区别

刘明福问：

日本侵略中国有滔天罪行。日本进攻美国有严重战争罪行。你认为日本在中美两国面前对战争罪行的反省有何不同？你认为中美两国对日本关于战争罪行的反省，在态度上有什么不同？原因是什么？

加藤嘉一答：

在日本，我们讨论“那场战争”的时候，一般都把它称之为“第二次世界大战”和“太平洋战争”，日本人知道我们侵略了中国，袭击了美国。在中国和美国面前，日本都是加害者和战败国。这是不争的事实。从反省的角度说，我认为，日本人更多从“我们为什么发动了那场错误的战争”的角度，尤其在每年的8月15日这一终战纪念日那天进行全民讨论与反思，而不故意分开跟中国怎么着，跟美国怎么着，更多的是带有整体性的反思。

二战结束之后，尤其是20世纪80年代以来，中国与日本之间的历史认识问题浮到水面上来，而且两国之间的外交关系也时常因历史认识问题而陷入恶化和僵局，日本普通老百姓也经常有机会听到“中国人要日本人反省历史”，看到中国人主张“日本人不反省历史”，“日本人不了解历史”，“日本人篡改历史”等。所以，我想，对于当代日本人来说，反思与中国之间的战争的机会和场合是非常多的。

反过来看，虽然美国的领导人在一些场合敦促日本领导人正视历史，拥有正确的历史观，但一般不会把历史认识问题作为建立外交关系的前提，甚至政治化。所以，在大多数日本人的印象中，若说到历史问题，一般联想中国，以及韩国。

日本对美国的爱与恨——美国对日本的爱与恨

刘明福问：

日本人在哪些方面佩服美国、尊敬美国、学习美国？日本人在哪些方面害怕美国、怨恨美国、抵制美国？

美国在哪些方面满意和喜欢日本？在哪些方面支持和利用日本？在哪些方面警惕和限制日本？在哪些方面打击和制裁日本？

加藤嘉一答：

我个人认为，日本人在国家建设，尤其自由、民主、法治等制度和价值观方面无疑是尊敬和佩服美国的，但究竟从中能够学习什么，不会想太多，毕竟两国的历史和国情不同。日本人自身的民族性格和社会环境也告诉我们，“我们不可能完全学会美国那样的做法，但能吸收的尽量吸收，做不到的暂时放一放”，大家大概抱有这样的心态。另外，科技和教育无疑是美国最强大的两个领域，这方面，日本人也非常佩服美国，而且认为难以达到美国那样的高度和境界。日本人也认为，美国的移民政策做得相当精彩，它能够为美国经济社会的可持续、多元化发展奠定牢固的基础，对此，日本人表示尊敬，甚至仰慕，但内心认为，“那是美国，只有美国才能做得到，我们肯定做不到”。

从相对负面，或保持距离和警惕的角度来说，我想，比如美国的英雄主义、个人主义、过于“发达”的金融体系、容忍贫富差距的国民性等，在日本人看来，是“不符合日本的国情和民族性格的”。日本人更讲究“和”精神、团队精神、集体精神。而且，我们认为应该全民一起成长，而不要少数人在多数人的牺牲下变得富裕。其实，在我看来，日本人的国民心态是很符合“社会主义”的，某种意义上比中国人（从国民心态来说）适合很多，与美国人的“资本主义”心态有着相当大的一段距离。这是我的看法。

日本人比中国人更“社会主义”吗

刘明福问：

你说“日本人的国民心态是很符合‘社会主义’的，某种意义上比中国人（从国民心态来说）适合很多”。

在美国，有人说，“今天的中国，比美国的资本主义更加资本主义”，这显然是对中国的丑化。

而在日本，加藤嘉一说，“今天的日本，比中国的社会主义更加社会主义”，这是否是在美化日本？

请你把中国的社会主义和日本的社会主义做一个对比。日本作为一个资本主义国家，他的社会主义传统和社会主义因素表现在哪些方面？今天日本国民的社会主义心态主要有什么表现？你认为日本这个国家在哪些方面比中国的社会主义更加社会主义？

请你把所谓“中国的资本主义”和“日本的资本主义”做一个对比，中国比日本“更资本主义”在哪里？

你对社会主义在日本的历史、现实、未来，有什么看法？

加藤嘉一答：

首先我想从国家属性的角度明确一下，日本是资本主义国家，中国是社会主义国家，这一点是毫无疑问，没有讨论的余地的。相信，如果把它说得相反，两国的领导人和老百姓都不会同意，会站起来抗议的。

有趣的是，在日本和中国，都或多或少存在“其实我们是社会主义国家”，“其实我们是资本主义国家”来形容自己的人群，而且两者这样描述自己时的心态有自嘲和自傲的双重心态。

有些日本人一方面认为日本社会实现了相当程度的“共同富裕”，贫富差距和社会不公正很稀少，这是值得骄傲的。另一方面认为日本社会的包容度和爆发力不够大，不允许另类的存在，对富人不公平，不容忍“差距”所带来的活力和弹性，这是值得担忧的。部分日本人以描述“我们才是社会主义国家”来嘲讽自己。

有些中国人一方面认为中国社会实质上是很自由的，在“民间”层面，人、物、钱、信息等流动和流通是相当自由的，中国社会实质上也是很多样化的，比好多资本主义国家还自由和流动。另一方面认为不管这些自由和流动多么地渗透和扩大，中国还是社会主义国家，是中国共产党领导的，党的领导和指挥凌驾于一切的，是处于迈向“共产主义”的社会主义初期阶段的国家。

日本主义、中国主义、美国主义——加藤的体验和对比

刘明福问：

加藤，你虽然年纪轻轻，可是经历丰富。你这 30 年，有三个人生：日本人生、中国人生、美国人生。你对“日本主义”（包括日本更适合社会主义的那些因素）有体验；你对“中国主义”（包括中国特色的资本主义因素）有感受；你对“美国主义”（包括美国那些比日本更不好的资本主义因素）有对比。你是否可以对“日本主义”、“中国主义”、“美国主义”这三种主义进行一个综合比较，看看这三种主义的优势和局限是什么？竞争力和发展潜力是什么？他们各自的突出矛盾和最大隐患是什么？

加藤嘉一答：

综合地看，我还是愿意去关注制度的本质，以及其背后的价值观的趋向。美国还是美国，它是一个名副其实的资本主义社会，背后有着充分发挥和应用资本主义的规则、规矩、规范等，比如它的司法独立、言论自由、三权分立，以及每一个美国人作为有想法和立场的公民这一公民社会等。没有这些背景，资本主义是难以正常运行的。如韦伯论证的，“资本主义的发展要求每一个公民的禁欲”，资本主义绝不意味着膨胀，更多强调自律和规范。制度和价值观才是运用资本主义的两大核心要素。

从这一“美国主义”来看，作为资本主义的日本还差得远了。日本至今实现了三权分立、言论自由、公民社会等基本制度要素，它无疑促进着资本主义社会的正常运行。不过，由于日本人本身具有的国民性格和其社会特征，资本主义的发展也遭遇了一些局限，这一点最集中体现在流动性的严重不足和经济社会的多样性发展。战后日本的政党政治只实现过一次真正的政党交替，也间接地说明日本社会流动性和多样化的不足和欠缺。关于这一点，日本接下来需要用制度建设和全民运动的方式，逐步地推动和改善。

至于中国，从资本主义的角度看，它更多表现出来的是膨胀，中国人往往很自豪地提出的“中国自由”也不是建立在规范和自律的前提上的。所以，我同意中国领导人强调制度建设和依法治国。我也相信，真正有说服力和持续性的制度是不分主义的，我由衷希望看到社会主义国家可以做到比西方资本主义国家更加透彻和丰富的自由、民主、人权、法治，而且被全世界所能认同和欣赏。从“中国主义”的角度看，中国人往往强调中国特色，但想一想，如今的中国体制和价值观所拥有的哪些是进口的，哪些是纯国产的？可以发现，中国的这些基本都是拿来主义的。比如，共产党、共产主义、社会主义这些均不来自中国。当然，中国的社会特征和民族性格等因素至今仍然充满中国特色，是自古以来所积累和酝酿的产物。接下来，我更多关注中国在制度和价值观建设的层面如何培养出属于自己的维度和因素。

我的立场是坚定的，美国主义、中国主义、日本主义，三者都要带着谦卑的态度相互学习。毕竟，历史还没有终结。

世界不是只有白种人——“颜色革命”行不通

刘明福问：

今天的世界大国，很难说谁是纯粹的社会主义，谁是纯粹的资本主义。在资本主义、社会主义这两大主义的两面大的旗帜下，更多的是“中国主义”、“美国主义”、“日本主义”、“欧洲主义”，也就是我们中国所讲的“国情”、“特色”。

世界人种不是一个颜色，有亚洲的黄种人，有非洲的黑种人，有欧洲和美洲的白种人，等等。如果硬是要搞“颜色革命”，把地球人都变成“白种人”，那不是灾难是什么？在政治制度和意识形态问题上，全世界 200 多个国家和地区，他们的国情、区情、社会情况不同，怎么能够通过“颜色革命”，让 200 多个国家和地区都采用“美国制度”、变成“美国颜色”呢？

所以，美国在全世界搞“颜色革命”，用“美国主义”来改变别的国家的颜色，在不同文明的国家全盘复制和拷贝“美国主义”，把一些地区搞得鸡飞狗跳，一片片地区混乱，一场场灾难降临，一群群难民逃奔。国际文明法庭应该“审判美国”，判决美国“摧残人类文明罪”。

加藤，你怎么看这个问题？

加藤嘉一答：

我同意您的观点，如今既没有纯粹的资本主义，也没有纯粹的社会主义，许多是混合在一起的，而且大部分国家的社会主义是处于发展的路上，远远没有到及格和终点。

我在这里跟您分享在华盛顿生活的感受吧。如今美国人对您所指出的“美国主义”，就是通过“颜色革命”使得世界美国化，退一步说，让美国标准和价值观渗透到全世界的每一个角落的做法，越来越持有谨慎甚至警惕的态度，主张美国再也不要当世界警察了，也不要故意普及美国制度和价值观了。关键是做好美国国内的制度建设和价值观的坚持，只要做好这些，其他国家会自然地被吸引，主动要求分享给大家。所以，接下来应该把更多精力花在国内建设，而不要在海外浪费时间和精力。

从经验主义的角度出发，美国在中东地区的几次“国家建设”没有成功，欧洲的发达国家，亚洲的发展中国家，很多政治体和经济体以这样那样的方式和场合告诉美国：美国的做法和标准不是唯一可取和正确的路径，英国、韩国、澳大利亚、以色列等美国在各地区的盟国纷纷加入中国所主导的亚投行，就是典型的例子。

日本对中国的爱与恨——日本优胜中国的是什么

刘明福问：

日本人在哪些方面佩服和尊敬中国？日本人在哪些方面不服气中国、看不起中国？日本在哪些方面怀疑、警惕、埋怨、仇恨中国？日本人认为日本优胜于中国的东西有哪些？

加藤嘉一答：

日本人学习中国的古代史比较多和深，从小在学校学习中国古代的历史、人物、思想等。日本人佩服和尊敬中国的东西，主要是古代时候诞生和发扬的文化、思想等，这一点其实跟中国人佩服和尊敬自己的角度和方面差不太多吧。在我看来，许多中国人的自信心来自古代到中世纪，而非近现代以后。

正因为日本人对中国“礼仪之邦”非常崇拜和尊敬，看到一些当代中国人的举措和行为之后，难免产生“看不起”，甚至“失落”的情绪。比如，有不少人在路上随便吐痰，乱扔抽完了的烟，不排队，大声说话等不尊重公共秩序和空间的做法，在日本人看来很不符合礼仪之邦的地位。这一点很重要，日本人对一些中国人的看不起，是由这种想象与现实之间的落差所造成的。

关于日本人对中国的警惕，我在上面已经论述过，主要来自中国的硬发展，警惕的不仅是日本人，包括美国人和东南亚国家等，没有一个周边国家是不警惕的。那么大的国家这么快速地发展，不警惕才是对中国的不尊重，警惕是因为您很重要，强大得很快。

关于日本优胜于中国的东西，大多数日本人认为，日本的社会和国民建设，包括秩序、规则、素质、卫生、法律等方面整体来说，是优胜于中国的。

最后，我经常遇到中国朋友向我提问说：“你们日本人恨不恨中国人？”对于这个问题，我的回答是一贯的：日本人有什么理由仇恨中国人？没有。警惕、怀疑、恐惧等都有，但没有仇恨。

中国魅力——世界向中国学习什么

刘明福问：

改革开放 30 多年，是中国向世界学习的 30 多年。中国以世界为师，中国是全世界最好的学生。

现在，中国崛起，中国在经济总量上已经成为全世界第二大经济体，不久之后，中国在经济总量上超越美国，是指日可待的事情。

你认为今天的中国、未来的中国，最能吸引全世界的有魅力的东西有哪些？最能够向世界输出的东西是什么？全世界应该向中国学习和模仿的东西有哪些？

同时，你认为中国在全世界最不受欢迎和被讨厌、被反感、被反对、被抵制的东西有哪些？

你认为，今天的中国，都有哪些“中国病”？未来的中国，要高度警惕和努力防治哪些“中国病”？

加藤嘉一答：

我完全同意您的想法。如今，对于我们国际社会来说，与其天天这样那样地指责中国这个不好那个不好，不如从向中国学习的角度，多关注中国所拥有的优点，这才是真正务实的态度。

我个人觉得，外界应该向当代中国学习的有两点。

首先是中国人，看看那些在美国大学活生生、充满竞争力的中国学生，很有向心力和行动力，特别值得我们认真虚心学习。看看马云、马化腾等企业家，很有个性和野心，有战略有目标，在国际媒体上纷纷占领版面，尤其日本人特别有必要好好向中国新兴的、具有国际化视野和战略的企业家们学习，建立人脉。

其次是中国共产党的治国理政经验。中国共产党的治理方式，不是在世界任何国家社会都能适用的，我从不认为中国共产党的治理模式和经验具有“普世价值”，它更多的是只能在中国适用的中国制造。不过，这并不意味着我们没有必要学习，比如，如何看待和对待政府和市场的关系；如何处理城市与农村的关系；如何在决策的过程中吸收党内外的建言献策等。

我个人认为，世界各国最应该学习中国共产党的一点是：中国共产党如何学习外国的经验。因为，中共的学习能力和学习经验本身就是我们该学习的地方。有机会的话，我特别想撰写一本书：《中国共产党如何学习外国经验》。

第 6 章

“日本梦”必须过“五观”

实现“日本梦”，既要把什么是“日本梦”搞清楚，更要把如何实现“日本梦”搞清楚，把实现“日本梦”不可回避、必须面对的“日本问题”搞清楚。这些“日本问题”，包括日本的“历史观”、日本的“中国观”、日本的“美国观”、日本的“日本观”、日本的“亚洲观”、日本的“世界观”。

日本的“历史观”——日本在历史问题上为什么不向德国学习

同是二战战犯，为何今天“德国可靠可爱，日本可疑可怕”

刘明福问：

在西方大国中，现在与中国建立新型大国关系的模范，是英国。而在反思侵略战争历史中，德国则是日本的榜样。日本树立正确的历史观，德国是一个很好的参照系，德国是日本的一面镜子。

第二次世界大战，全球有两个大魔鬼：一是德国法西斯；二是日本军国主义。同样是二战大魔鬼，今天的德国，就像一个纯真的青春美女，得到全世界的喜爱。而今天的日本，却给人以邪气未除、旧病复发的感觉，世界舆论和感受是“德国可靠可爱，日本可疑可怕”，“拥抱德国，警惕日本”的局面。这到底是怪世界观众的眼力不好，是怪德国的表现太好，还是怪日本的表现太差？

加藤嘉一答：

日本人在反思历史，纪念历史等方面确实有着许多应该向德国人学习的地方。我始终认为，无论如何，日本人反省历史需要全民性和彻底性。

不过，我对于中国人总是拿出当年的德国来比较今日的日本的提法，是有所保留的。当年，德国人是要把整个犹太人这一民族谋杀掉，日本人是侵略了中国，屠杀了中国人，但没有意图把整个的中华民族谋杀掉，在这个意义上，日本和德国是不同的。我并没有说日本不坏，只是说两者之间存在性质和动机上的不同。

另外，欧洲和亚洲也不同。欧洲的历史是战争史，二战结束之际，欧洲人对反战的渴望达到了高峰，这也促使了欧洲的历史性和解。反过来看，亚洲的历史相对来说是和平的，这导致对反战的渴望度没有那么强烈和彻底，这也是不容忽视的背景。

我展开讲两句。在许多日本人看来，德国与日本同为侵略国、战败国，但两者的行为是缺乏可比性的。德国人试图屠杀犹太人整个民族，日本人却没有试图屠杀整个中华民族。至于后来、近年以来的“日本人应该在历史认识问题上学习德国”、“欧洲的和平与法德和解分不开，亚洲也要学欧洲，日本人首先要学习德国”等呼声，不少日本人在潜意识中认为，德国与日本、法国与中国、当年与今天之间缺乏可比性。况且，日本政府确实是道过歉的，如果说“日本从来不道歉，日本人从不反省历史”，我也认为这一说法不属实。“村山谈话”怎么解释？如果日本没有道过歉，1972年周恩来会签字与日本邦交正常化吗？总之，中国方面也不能笼统地进行主张。至于日本人该学习德国，要具体一点提出哪方面要学习，而不要全方位地肯定德国，否定日本。这样做，中国会失去在日本有良心的公民。毕竟，日本政府、大多数政治家和老百姓是带着歉意、反省的心态爱好和平的。

反思二战历史、认罪侵华战争，日本国内有几派

刘明福问：

反省二战历史、认罪侵华战争，这两个方面有联系，也有区别。对于日本来说，彻底反省二战历史难度大，彻底认罪侵华战争更难。在彻底反省和认罪上，日本与中国、朝鲜、韩国、俄罗斯、东南亚等国家的要求有差距，可能只有美国是满意的。

加藤，日本认罪，为什么只有美国满意，给高分，而其他国家都不满意呢？

在彻底认罪侵华战争，给中国人民一个满意的悔罪态度和表现上，日本国内有什么分歧和争论？例如主张“下跪派”——像西德前总理波兰特在华沙犹太人被屠杀纪念碑前下跪谢罪一样；例如“含糊不清派”——用似是而非的话语搪塞；例如“轻描淡写派”，“三分认错、七分辩护”等。

在历史观问题上，体现了日本怎样的国家性格？与日本的现实利益考量和未来国家追求的关系是什么？

加藤嘉一答：

我认为，日本大多数的老百姓在如何面对当年那场战争的问题上持有反省、谦虚的态度，而且认为，日本政府应该坚持这样的态度和立场，并对个别政治家的言行表示反对和抵触。

至于只有美国对日本的态度和立场是满意的，关于这一点，我作为日本

人的后代，不方便说太多，因为人家满不满意不应该是日本人来宣传的，而应该由其他国家各自或共同感受。我个人认为，中国、朝鲜、韩国、东南亚等国家的立场并非一致，笼统地谈“这些国家都不满意”是不严谨的。比如，我去过东南亚国家，包括新加坡、马来西亚、越南、老挝、缅甸等，我从未跟当地的朋友们，包括知识分子和老百姓产生过围绕历史问题的纠纷和争论，他们更多谈论自己如何看待日本汽车、家电等产品，以及二战后的交往史（日本也向东南亚各国提供了大量的政府开发援助）。

总之，我坚定地认为，日本围绕如何看待二战史的问题上持有反省、谦卑的态度和立场，否则无法在亚洲地区生存下去，发展下去，这是底线问题，相信许多日本人也清楚这一点。

日本历史观——美国因素是什么

刘明福问：

现在，日本问题，撇开美国因素，是看不清楚的。日本历史观问题上的美国因素是什么？今天，日本与周边国家之间在历史观方面的分歧与斗争，与美国现实的亚洲战略是什么关系？

加藤嘉一答：

这是很好的问题，也是很有历史性和挑战性的问题。我想从两个方面作出回应。

首先，由于大多数日本人认为那场战争首先是输给美国，就是我们首先是败给美国的，这种意识太浓厚，而且随着美国战后对日本的占领和控制，越来越多的日本人觉得“我们就是败给美国的，是美国彻底摧毁了日本”，那么，这一点在我看来阻碍着日本人认真去思考“我们跟中国之间发生了什么，在二战的格局上，我们跟中国之间的关系是什么”。虽然所有日本人都知道日本是战败国，中国是战胜国，但尤其在中国人民很关心的“日本人如何反省侵华战争”的问题上，始终有一种思维上的欠缺，我认为这一点与美国因素息息相关。

其次，近年以来，尤其我在2012年至2015年在美国访学期间感受到，美国在日本如何看待和对待历史认识问题上，越来越持有“不放过”的立场。比如，2013年年底安倍晋三首相参拜靖国神社时，美国政府表示了“失望”。一方面是因为考虑到对华关系，美国不希望自己的盟国在历史问题上跟中国产生摩擦，这样给中国提供合理的“借口”，因为美国在历史问题上是无法站在日本那边的。另一方面，美国也不希望看到日本和韩国这两个自己的盟国之间产生摩擦，因为这样会促使中韩两国在对日历史问题上加强联系，导致东北亚的权力格局发生结构性变化，这是美国不愿意看到的。我相信，日本政府如今对美国的立场也已经拥有比较清晰的认识，即从不破坏日美同盟的角度去谨慎对待历史问题。

日本的“中国观”——日本和中国的根本矛盾是什么

日本不同时代的“中国观”

刘明福问：

日本如何看待古代的中国？

日本如何看待近代的中国？

日本如何认识新中国的毛泽东时代和邓小平时代？

日本如何感受和评判习近平时代的中国？

日本对于未来的中国有什么疑虑、恐惧和期盼？

加藤嘉一答：

您提的问题很多，也很大。在这里，我只是大概的表达我的整体看法。

对于古代的中国，日本人只有崇拜之心；

对于近代的中国，日本人毕竟侵略了中国，愧疚之心是主要的；

对于毛泽东时代，毕竟人家是“打败”了日本之后成立新中国的，心情有些复杂，晚年的“文化大革命”，印象很深刻；

对于邓小平时代，日本人普遍很看好，日本也以政府开发援助、大量投资等形式参与了中国的改革开放；

对于习近平时代，日本人普遍觉得习近平主席有自己的一套做法和，包括反腐败斗争、“一带一路”等，对内对外都有比较大的构想和动作；

而对于未来的中国，日本人肯定希望中国能够和平发展，而不要盲目崛起。

至于疑虑，日本人与其他国家政府和民众一样担心中国发展了以后怎么办，积累了权力和实力怎么用，会不会像历史上几乎所有的大国一样采取扩张主义。

日本不同阶层的“中国观”

刘明福问：

在日本社会，不仅老中青三代人的“中国观”会有“代差”，而且不同行业、不同集团的人们，例如政治家、企业家、思想文化界、军界、普通百姓等，他们的“中国观”也会有“行业差”。能介绍一下日本不同阶层和集团在“中国观”方面的具体情况吗？

加藤嘉一答：

在对待中国的问题上，“日本人绝不是铁板一块”，日本社会的不同阶层对中国的认知与立场，存在很大差异。日本人的“中国观”有整体性的特征，但整体又由不同个体组成，对于个体的分析不可或缺。

日本人如何看待中国，对中国存有怎样的疑虑甚至恐惧？我在这里尝试按照政治家、企业家、知识分子、年轻人、普通百姓五大群体，“分类讨论”这个问题。

这些年，日本人或多或少体会到了中国崛起，并感到担忧。这种担忧既是害怕被中国赶超，也是联想到历史上的“万邦来朝”，怕成为中国的势力范围。在我看来，这是贯通五个群体的共同意识。至于具体担忧什么，怎么担忧，五者之间存在差异。忽视这些差异，就很难真正理解当代日本人的“中国观”。

政治家毕竟是国民的代表，必须照顾全体社会的利益，他们对中国的态度与政策必然是多元的。但整体而言，他们一方面强调中国快速的发展与庞大的市场对日本经济是一种催化剂，应该加强经济上的相互依存，鼓励日本企业到中国市场赚钱；另一方面也强调，无论从历史上中国曾成为过超级大国的先例看，还是从中国至今贯彻社会主义的意识形态看，中国的崛起将是扩张性的，日本国民必须对此保持清醒和警惕，提前为未来的风险做准备。

企业家看重现实利益，他们看待中国，偏向理性，较少情绪化。2005 年北京、上海、沈阳、成都等地发生大规模反日游行，自中国改革开放以来始终把中国视为重要市场的日本企业家，纷纷向时任首相小泉纯一郎和其他政界要人施压。企业界的口号是：“请政治不要打扰经济，你们什么也别做了！”

目前，日本企业家仍高度重视中国市场，但从 2015 年至今，在与日本企业家们的交流中，我深深地感到，他们对中国市场正渐渐失去信心与耐心。小泉时代的日中关系可以用“政冷经热”形容，当下的日中关系越来越有“政冷经也冷”的味道。日中关系因日本与中国仍然存在某些争议，但始终探索其解决方案的相关岛屿“国有化”而更加恶化，一些日本企业家日益担忧日本在中国的经济存在将成为政治关系的牺牲品。除了“反日”这一政治因素之外，人口红利消失、知识产权保护缺失、市场化改革滞后等中国的自身问题，也加剧了日本企业对中国经济前景的悲观。尤其自“雷曼危机”以来，中国人力成本不断攀升，越来越多的企业将生产基地转移到越南、泰国、印尼等东南亚国家。在缅甸出现的民主化趋势，也正在加强日本企业家对“东盟”地区的信心。最近，在商社、制造业、广告公司等不同行业从事亚洲业务的几名年轻企业家，纷纷对我表示，“日本企业家有个传统，他们只能在对自己友好的亲日国家做生意。在这个意义上，东南亚各国是绝佳的选择，中国则是相对落后的”。

知识分子群体主要由学者与媒体人构成，他们对中国的担忧与政治家有重叠之处，但往往更情绪化，用中国官方批评日本的说法，就是“不负责任”。2005 年下半年，我给日本某媒体撰文谈中国问题，编辑告诉我说，“写得过于理性和中立，这样没人愿意读你文章，请你写得煽情一些”。

近两年，一些日本经济学家建议日本谋求在经济上独立于中国，以规避中国在政治与经济两个方面的战略风险。大和综合研究所首席经济学家熊谷亮丸出了一本书《越过中国》，主旨是日本不需指责中国，而可以“越过”中国。他认为中国经济 2015 年前后可能陷入崩溃，日本应该推进“中国 +1”，即加强与泰国、印尼、印度、越南、缅甸等东南亚国家的经济联系。熊谷写道，“作为最坏的可能性，根据我的估算，日中关系恶化顶多把日本的 GDP 降低 0.2% 左右，影响极小”。

熊谷亮丸的“中国观”，在日本有不小市场，越来越多的日本学者认识到中国对日本构成了多重的风险：政治体制、意识形态、军备升级、经济竞争、环境食品安全等。过去，日本知识分子讨论“中国威胁论”，前提是“我们需要面对，关键是怎么面对”。但是现在不少关心日本经济未来的有识之士，开始从“如何规避风险”的角度讨论中国，而得出的结论往往是“规避论”，即撤离中国。他们自认为这样主张是出于“责任感”，是认真考虑日本未来的市场战略，并权衡利益的结果。这类主张对企业家们围绕如何应对中国风险的思考之影响也很大。

年轻人，主要是指大学生与刚走向社会的毕业生（大约30岁以下），这个群体将决定日中关系的未来。如今，在日本大学最有人气的第二外语早已从德语变成汉语，越来越多的学生随着中国影响力与中文重要性的提升，把留学与关注的对象从欧美转移到中国，依我观察，这一趋势还将持续。

日本年轻人接触中国同龄人后，真切地感到中国崛起的压力。我在上学期间，参与创办过北京大学与东京大学之间的互访交流项目“京论坛”上，一名东大学生在北大未名湖畔对我说:“没想到北大学生的英语表达能力与信息消化能力如此厉害。”这一感受绝不是个案，日本年轻人在与充满竞争力的中国学生交流后，很多人都对自己和日本的未来感到担忧。

我认为这种担忧是积极的，因为中国年轻人的竞争力可以形成良性的压力，“刺激”日本年轻人，促使他们更加努力面对自己的生活、学习与工作。虽然年轻人中也存在对中国的恐惧与担忧，从而产生狭隘民族主义情绪的情况，但与政治家、知识分子、普通百姓等相比，他们基本能够把“中国年轻人的崛起”视为“必要的外压”，从而鼓舞自己，甚至追求与中国青年共同进步。

最后是在人口中占大多数的普通百姓。据我这些年的观察，日本普通百姓的“中国观”，影响最大的就如前所述的民生因素，包括像毒饺子事件、三鹿奶粉、“纸肉馅”事件等食品安全问题。这些事件使得日本老百姓觉得“中国社会在食品安全这样影响生命的问题上没有道德底线。政府不保护，百姓不重视，媒体不报道，学者不思考。这个社会，究竟怎么回事？”基于这样的感受，日本百姓不断对中国社会产生质疑，甚至恐惧。毕竟，日本百姓也每天食用来自中国的食品；日本与中国的天空是连在一起的，中国的环境污染也必然影响日本的空气。

在我看来，从影响日本百姓“中国观”的角度说，仅次于民生因素的，是发生在中国的反日游行。毕竟，那些出现暴力行为的电视画面，在日本百姓对中国社会产生恐惧的心态变迁过程中，产生了重要的影响。

第三大影响是领土领海争端。这个问题归根到底容易吸引百姓眼球：政治家高度重视，媒体天天报道，不少百姓难免产生“我们会不会被中国吞并”的恐惧。毕竟，熟悉古代史的日本人，知道日本向中国朝贡的历史。

总而言之，日本政治家、企业家、知识分子、年轻人、普通百姓这五个群体的“中国观”，有共性也有差异，群体之间互相影响。日中关系今天陷入的困境与此息息相关。

日本军人集团的“中国观”

刘明福问：

在近代世界大国中，没有一支军队是像日本军队那样，曾经对国家的目标和性质，发生了如此巨大的影响。二战后的日本军事力量对国家的影响经历了怎样的过程？今天的日本军事集团的强军梦是什么？日本军人群体的“中国观”是什么？你所了解到的日本民众、日本军人对中国军事力量的主要观感是什么？

加藤嘉一答：

首先，在日本，我们不用“军队”这个词汇，因为相当敏感，也不切实际，我们一般称为“自卫队”，意思是专守防卫的，不主动攻击他国的“军队”。战后，日本自卫队是在文官统治的框架之内配合“重经济，轻安保”的战略路线，自卫队战后至今没有杀过一个人，一个自卫队员也没有被杀过。自卫队是日本战后和平路线的重要体现者，自卫队的这一角色恰恰证明了日本在二战前后发生了翻天覆地的变化。

当然，日本自卫队的人，跟其他政府部门的人，以及广泛的老百姓相比，更加具有“希望国家重视军事的作用，国家不应该忽略以军事力量来解决问题的思路”这样的想法。毕竟是军人嘛，各国的军人在这方面都有共性。不过，无论如何，他们只能在日本的文官统治的框架内行动，就像中国人民解放军只能在中国共产党所制定的战略框架内行动一样。所以，在日本，原则上不会发生自卫队凌驾于国家政治之上的军事态势。

在我印象中，日本自卫队员的“中国观”，首先是警惕。中国那么快速地崛起，在台海、东海、南海等地区不断加强军事部署，日本自卫队，尤其是海上自卫队，越来越采取警惕和防备的措施。不过，这是军队的职能和军人的天性，很正常。他们是理性分析中国解放军的力量和战略，当然，在此过程中与美国军队保持战略一致是前提。

至于日本民众对中国军事力量的认知，我想大家没什么具体和立体的印象，顶多是看到中国的潜艇在有关海域巡逻，中国在东海设定了防空识别区等信息后，感到恐惧和害怕。这样那样的信息，无疑使得日本民众对中国军事力量产生不信任感和不透明感。不过，我相信，他们那样的感知跟中国民众看到关于日本安保政策的各种信息之后产生的情绪化的反应，是类似的，很正常。

日本在东海、南海、台海问题上的“中国观”

刘明福问：

东海问题，是中日两国这几年激烈过招的一个热点问题，是中日关系中的一个“大地雷”。日本国内对中国和日本在东海问题上的争议，主要有哪些舆论和思潮？你的“东海新思维”是什么？你如何预测东海问题的未来和结局？

加藤嘉一答：

日本大多数老百姓知道日本在东海跟中国有着摩擦和矛盾，但至于怎么解决，相信大多数人没什么想法，可能觉得不希望被一些激烈的摩擦卷进去吧。总体的感觉应该是随着中国的崛起，其在东海的政策和态势也必将变得更加具有扩张性，并认为日本政府应该对此采取应有的措施，以便维护国家的正当权益。

知识分子对东海问题的警惕度肯定更高，他们非常警惕中国的有关政策和态势，有人主张日本必须加强防备的能力和措施。不过，涉及日本与中国仍然存在某些争议，但始终探索其解决方案的相关岛屿的问题，不少人倾向于暂时不要碰，碰也解决不了，此刻应该好好发展两国在其他领域的关系。

我个人认为，日本和中国在2008年6月就东海油气田的共同开发问题达成了协议，之前一个月，胡锦涛总书记对日本进行国事访问期间，与日本首相福田康夫共同主张“使得东海成为和平、友好、合作之海”。那么，两国应该本着这一精神首先好好落实当年成功达成的协议，一步步地积累共同事业和成功合作的经验，在此过程中逐步酝酿信任机制，扩大两国之间敏感领域的合作范式。至于日本与中国仍然存在某些争议，但始终探索其解决方案的相关岛屿的问题，2014年11月安倍首相访华会见习近平主席之前，两国政府围绕东海问题达成了四点共识，我觉得，其中的加强两国之间海上联络机制，从管控危机的角度日益变得重要。经过这几年对日中关系的观察，我由衷认为应重视沟通渠道和管控机制的重要性和迫切性。

总之，我这个思考谈不上新思维，只是认为，从目前的角度说，首先加强联络机制，通过频繁多渠道的对话管控危机。其次，本着两国领导人和政府已经达成的共识和协议，推进能够推进的合作领域，通过不断的互动与碰撞，逐步酝酿信任机制。

刘明福问：

在东海问题上，日本这几年不断出招，制造危机。而在南海问题上，日本也不远万里，虎视眈眈，摩拳擦掌，赤膊上阵，煽风点火，激化矛盾。日本的南海利益、南海动机、南海战略是什么？

加藤嘉一答：

南海的和平与稳定，涉及日本在亚太地区的重要利益，日本必将反对一切不利于维护南海和平与稳定的动作。凭我感觉，日本对南海的战略与中国共产党在应对世界各地的敏感问题时往往提出的“政治解决”有些相似。比如，朝鲜问题、伊朗问题、乌克兰问题、叙利亚问题等。

其实，每当日本的知识分子听到中国政府主张“政治解决”，动不动就想到“这是回避责任吧？明明是自己在那里有着特殊的利益，却用政治解决来把自己的战略，甚至野心模糊化，表现得自己是客观中立似的”。

我认为，南海问题对日本来说也是类似的。

日本在南海地区有没有特殊的战略利益？答案肯定是有。日本是亚洲国家，南海的和平与稳定，对日本来说比美国更加迫切和直接；南海的动静直接或间接地影响东海的局势，因为其成因归根结底是中国的历史性崛起所导致的权力格局的变化；美国这一最大盟国如此关注南海问题，日本不能不关注，并在现有的宪法和政策选项之内给予相当程度的配合。这些一起构成南海对日本来说的战略利益。不过，换个角度说，也仅此而已。日本也只能做到这些，给予重大关切，提倡政治解决。日本不可能成为解决南海问题过程当中的关键国家，连配角都不是。至于日本国内民众如何看待日本政府对南海问题的关切和参与，我已经在上面讨论过了，相当敏感，若处理不好，足以把一个政权垮掉。

刘明福问：

其实，今天的日本配合美国遏制中国，是“三海联动”、“三海进攻”——“闹了东海，再闹南海；闹了南海，再闹台海”，台湾民进党上台，日本必定又会策划“台独”势力“大闹台海”。台海问题在美国、日本、“台独”势力三位一体的作用下，必然再度发酵。

日本曾经占领中国台湾50年，之后又影响台湾70年，形成一批“台独”、“台奸”。今天的日本政治家和日本民众，他们的“台湾情结”是什么？他们的“台湾观”是什么？台湾地区政治家们的“台湾战略”是什么？今天的日本对于台湾地区的影响力是什么？

加藤嘉一答：

2016年台湾地区大选，我有现场的观察。从民进党大胜之后的台湾地区跟日本的关系而言，日本，尤其是安倍晋三首相，一定会进一步去巩固对台关系，无论是双边之间的民间交流还是涉及安全保障和地区合作的战略关系，蔡英文时代的台湾地区跟日本的关系将得到一种巩固。日本众多政治家认为，具有自由民主体制的台湾地区，对日本以及对日美同盟的作用，就其在亚太地区制衡中国大陆崛起的国际政治角度来说，意味着重要的战略力量。

据我观察，台湾地区的政治家也相当明白这一点。他们认为，光靠自己面对大陆的崛起是做不到的，一定需要日美，尤其是美国的强大后盾，才能够把台湾“保护”好。无论是台湾地区、日本还是美国，他们的政治体制、价值观是一致的，这一点将使他们能够紧密合作。不过，我不认为蔡英文时代的民进党“敢”挑战既有的格局和秩序，台海还是维持现状为主，这也是日美都支持的，日美不希望台湾地区单方面改变现有的格局和秩序。何况，如今日美与之建立外交关系的是中华人民共和国，20世纪70年代，两国均跟“中华民国”断绝了外交关系。

日本想“第三次打断中国现代化”吗

刘明福问：

在近代历史上，日本为了称霸东亚，曾经两次用战争打断中国的现代化进程。

第一次是 19 世纪 90 年代，日本通过发动甲午战争，用日本在明治维新中建设起来的军事力量，打断了中国洋务运动的进程，使中国第一次现代化建设的成果毁于一旦。

第二次是 20 世纪 30 年代，在国民党政权统一全国后，中国迎来了一个现代化发展的黄金时期，日本又通过一场全面侵华战争，第二次打断了中国的现代化进程。

现在，日本通过解禁集体自卫权，成为进攻型国家，还要修改《和平宪法》，成为新军国主义国家。中国人强烈感到，日本正在向新军国主义道路奔跑，日本将通过日美同盟，试图第三次打断中国现代化进程，破坏中华民族实现伟大复兴的中国梦。

在你看来，日本和中国在 21 世纪的根本矛盾是什么？是不是“一山不容二虎”、“一洲（亚洲）不容两强”？是不是围绕“亚洲首强”的博弈？

日本和中国的根本矛盾只有一个，而日中两国围绕这样一个根本矛盾，其具体矛盾则表现在多个方面。你认为影响日中关系的带有全局性的重要矛盾和问题有哪些？

加藤嘉一答：

我不认为今天的日本有意图和能力阻碍中国现代化的进程。请回顾一下中国改革开放的历史，日本是对中国援助最多的国家，日本在华企业有两万家以上，雇用着上千万的中国员工。从这些事实也可以看出，日本人是支持中国现代化，并把其视为发展日本经济、实现亚洲世纪的机遇的。

至于影响日中关系全局的矛盾和问题，我想，根本性的矛盾还是如何有效处理史无前例的东亚“两强”时代的问题。在东亚地区，强大的日本和强大的中国是从未共存过的，虽然现在的趋势是中国快速崛起和日本逐渐衰落，但两强时代的特征远没有消除，它是权力分配的过程，利益分配的过程，势力分配的过程。这些分配的过程也时刻产生扩散化的现象，扩散到台湾海峡、朝鲜半岛、东南亚等，形成地缘政治上的矛盾。两强格局也不时导致结构性矛盾，而在我看来，领土和历史这两个往往被认为“最重要，最敏感的问题”，也不过是结构性矛盾里的表象而已。在结构性矛盾不断发酵的背后，也有一个美国因素，使得其结构和矛盾变得更加复杂和深远。

日本的“美国观”——日本对美国深藏不露的秘密是什么

感受美国——日本经历了哪几个阶段

刘明福问：

从 1853 年至今，日本在对美国的观感和认识上，经历了哪几个阶段？

日本对美国当前在世界的表现、地位、作用，有什么评价？

日本对美国未来的发展、前途、在世界的地位和作用，有什么预测、担忧和期望？

加藤嘉一答：

1853 年“黑船”的来临，对日本意味着“突袭”。现在回过头来看是正面的，毕竟迫使日本打开了国门。明治维新期间，美国并不是日本使劲学习和吸收的对象，美国真正在国际政治上开始强大，发挥领导力是一战以后嘛。

二战没什么可说的，日本挑战它的地位，先袭击，后被轰炸，然后是被改造，接着是日美安保体系。我个人觉得，对于这一系列的过程，日本人的认知除了一时疯狂和失控之外，大致是顺势而为，多数情况是被迫和倒逼的。

对于当前的美国，如前所述，毕竟，没有美日同盟，就没有今天的日本，欣赏、喜欢等情感恐怕谈不上，但对于美国的存在和作用是给予肯定和尊重的。而且，日本也把美国因素视为自己来自外界的生命线和命运线。未来，日本希望美国能够在世界和平与繁荣的议题上起到积极的、建设性的作用，而不要再犯伊拉克战争那样的错误，扮演一个破坏性的角色。不少日本人认为（虽然不声张），作为同盟国，那场战争是一次伤痛，因为，日本内心是不愿意被美国的战争卷进去的。另外，日本也希望美国能够跟中国这唯一的竞争对手建立一个良好稳定的关系，两个大国一起扮演世界格局稳定器的角色，日本也能够参与其过程，从中获益。最后，其实，日本对于人权、民主、自由等价值观的因素看得没有美国那么重，那么，我个人认为，美国也不需要通过武力的手段勉强普及自己的价值观和政治模式。推广人类普世价值没有问题，也应该好好做，但美国也需要学会根据不同地区、民族、宗教的特征，尊重不同的发展模式和生存理念。美国也应该抱着更加多元化和包容性的心态，看待自己以外的模式、体制、观念。

面对美国——日本最爱、最怕、最恨、最忧、最盼的是什么

刘明福问：

日本人的美国观，其实也是复杂多元的。“美国魅力”也好，“美国魔力”也好，总是逃避不了“日本眼力”。日本人看美国，也会有不同的感觉。

你是否可以谈谈日本人对美国，最崇尚美国的东西是什么？最害怕美国的东西是什么？最不满美国的东西是什么？最忧患美国的东西是什么？最期

盼美国的东西是什么？

加藤嘉一答：

我在上面应该也讨论过，就简单地提出个人观察吧。日本人总体来说，最崇尚美国的应该是自由价值观，期盼美国能够继续保护日本。最害怕、最不满的是美国对日本各方面的综合控制力。日本人最忧患美国的应该是这样一个观念：美国会不会像20世纪70年代的“尼克松冲击”一样，突然跨越日本，直接跟中国打交道，从而最终使日本孤立化。

日本的“日本观”——日本有自知之明吗

“日本人”如何评价“日本国”

刘明福问：

一个国家，就像一个人一样，会自我感觉、自我评价、自我定位、自我欣赏。不论是“自馁”、“自卑”，还是“自信”、“自豪”、“自傲”，国人对国家的感觉，总是十分重要，是一种“软实力”。

日本人对于自己的国家从古到今，大体是如何感受、如何定位？也可以说，“日本人”如何评价“日本国”？日本人对于古代日本、近代日本、二战后的日本、今天的日本，如何评价？

加藤嘉一答：

我个人觉得，日本人对古代到中世纪的历史，是抱着好奇、学习、怀旧、敬爱等相对积极的心态，加以回顾和看待的。而且，无论是平安时代、镰仓时代、室町时代，还是江户时代，日本人对于古代到中世纪所积累、培养的文化传统是敬重，认为值得认真保留下去的。包括日本在古代时期与中国的交往过程中所学习和吸收的思想和文化产品，至今在京都、奈良等古都，都能深刻感受到历史留下来的烙印与美味。

对于日本近现代的历史，无疑是最为复杂的。明治维新给日本带来了翻天覆地的变革的机会，从此，日本也谋求把祖国国际化，文明开化和富国强兵，实现现代化。但后来的扩张主义导致二战的战败。我感觉 19 世纪下半期开始的不到一百年的时间之流逝是相当“迅速”的，就是坐上过山车很快过去了的感觉。当时的日本人也来不及反思和回顾，就是往前冲，连自己都控制不住。那么，对于这段历史，日本人是抱有自豪和荣誉的一面，也有自卑和挫败的一面，形成比较鲜明的两个极端。

至于二战结束之后，总体的感觉还是“很不容易”，以及“比较幸运”。美国给战败国的我们“主动”保留了天皇制，提供了核保护伞，让我们集中发展经济，日本从战败国成为了第一个亚洲现代化国家。对于二战后的战后奇迹阶段，日本人还是感到骄傲的。

但冷战解体的几乎同一时间，日本的泡沫经济崩溃，随后是陷入了长期的迷茫期和空白期，日本人也不知道如何走出这一困境，走到哪里，凭什么，靠什么。我觉得，当前的日本人始终搞不清自己何去何从，甚至自己是谁，是基于历史上所承受的代价的。从明治维新到战败，再到战后的高速增长，这一百多年的时间里，日本人从来没有停止过，往外扩张也好，被外国占领也好，总是忙来忙去，不断被内因和外因影响，不断主动地或者被迫地调整改变自己，根本没有精力和时间冷静下来，审视自己的所在地和方向感对不对、好不好。我的看法是，如今的日本就是正承受着这一历史性代价。

加藤嘉一如何给日本国写“鉴定”

刘明福问：

日本这个国家，有时候很安静，就像文质彬彬的天使，有时候很凶残，是亚太地区最大的刽子手，就是一个杀人狂，比魔鬼还魔鬼。

日本这个国家，是亚洲一个谜，是世界一个谜。日本国的历史档案极度复杂和矛盾，给日本国写“鉴定”，很难。

你认为日本国的本性是什么？日本的最大特点是什么？从历史到现在，日本的优点有哪些，缺点有哪些，罪行有哪些？日本对世界的贡献有哪些？日本对世界的破坏有哪些？

加藤嘉一答：

我认为，日本国的本性里有内向型封闭的一面，也有对自己所吸收、加工过的文化与性格执着不放的一面，这两者基本属于日本人的保守主义，谈不上优点或缺点，反正是在我看来的跨越时空的民族特征和谋生方法。

至于贡献和罪行，我在这里站在亚洲主义的立场谈一点吧。贡献来说，日本在亚洲领先其他邻国“挑战”了西方在国际政治上的地位和权力，也领先其他邻国实现了现代化建设。罪行来说，“挑战”的结果是扩张和侵略，没有控制住自己的野心与欲望。日本这一经验让亚洲发生了一次扩张——侵略——破坏的负面案例，也可以说在历史上给亚洲的和平主义带来了一次污点。不过，公正而言，日本战后本着对战前的反省和《和平宪法》，走上了和平发展的道路。这也是历史不可分割的一部分。日本所作出的贡献和所犯下的罪行，日本的检讨和反省，都要全面地看待和评价。

日本正在开始“第三次疯狂”吗？

刘明福问：

从19世纪下半叶至今，在160多年的时间里，日本这个国家，是时而清醒安静，时而暴躁疯狂。日本有两次影响世界的清醒和安静——明治维新几十年和二战后的几十年，也有两次祸害世界的暴躁和疯狂——1894～1895年甲午侵略战争和1931～1945年的侵华战争。

在两次疯狂中，日本搞扩张主义、军国主义、征服主义，疯狂了半个世纪之久，这个阶段的“大日本”，成为亚洲和全球的“大灾星”、“大魔鬼”、“大凶手”，给亚洲和世界带来巨大灾难，也给日本人民造成了灾难。

现在，日本又开始了第三次暴躁和疯狂。进入21世纪后，日本又开始蠢蠢欲动。安倍上台后，采取一连串改变日本基本国策、恶化中日关系、加剧亚太地区紧张局势、严重影响世界格局的战略行动，大有复活日本军国主义、再走侵略扩张老路的势头。今天的日本，已经成为亚太地区不稳定、不安定的一个重要的策源地，成为危害亚太和平的一个重要角色。

你怎么看待日本前两次暴躁和疯狂？怎样预测日本第三次暴躁和疯狂的性质与结局？

加藤嘉一答：

两次疯狂，可以说是日本或多或少失去了理性，丧失了自己，采取了扩张主义的结果，必须认真反思和教训。但愿今天其他国家，尤其亚洲各国，包括今天的中国能够把当年的日本作为反面教材，不要犯与当年的日本同样的错误。

至于您提出的第三次暴躁与疯狂，我认为，无论是性质还是结局，会与以往截然不同。我在上面也论述了很多，日本的基本国策没有变化，日本在国际社会上扮演更加积极的角色，用安倍首相的话来说“积极和平主义”是可能的，除了经济上，政治上，甚至军事上都会有。但这一系列的态势导致日本军国主义的复活的可能性，可以说几乎为零。国际社会不允许，国内民众更不允许。

写一本新书：《德国和日本》

刘明福问：

20世纪的德国祸害了世界，但是21世纪的德国融入了世界，并且赢得了世界的赞扬。德国能够把曾经的敌人和对手，变成了朋友和伙伴，变成了欧洲大联盟中的一家人。这样的国家和民族，是具有光明未来的。

20世纪的日本祸害了世界，但是21世纪的日本依然没有在心理和感情上融入世界，更使曾经的对手和敌人特别是曾经被日本祸害过的国家，仍然对其充满怀疑和警惕，不知道哪一天又要面对日本的侵犯和进攻，要再演“大刀，向鬼子们的头上砍去”的场面。

在亚洲，人们议论“中日必有一战”，而在欧洲，就没有“德国和哪个国家终有一战”的舆论。一个让邻居感到不放心，让世界感到要提防的国家，让曾经的被侵略国家感到要再准备和这个侵略者打一仗的国家，这个国家还能够具有光明的未来吗？

我建议你写一本书，题目是《德国和日本》，就是比较日本战略文化与德国战略文化，比较日本精英与德国精英，比较日本历史传统与德国历史传统，比较日本在亚洲的作用和德国在欧洲的作用，比较日本国民性与德国国民性，解析和揭示“日本梦”的未来应该采取的正确方向。你感觉这个课题如何？

加藤嘉一答：

我认为，这个课题是值得去做的。日本和德国之间，哪些需要好好比较、对比，哪些是缺乏可比性的，需要认真研究，表达一下。若有客观机会和主观精力，我一定会认真尝试一下。

中国，误解误判了日本吗

刘明福问：

你认为外界、世界对日本这个国家的印象和形象，在感觉和评价上，有什么误解、误判吗？你认为中国误解、误判了日本吗？你认为中国对今天的日本，都有哪些误解和误判？如何消除这些误解和误判？

加藤嘉一答：

我认为，世界上大多数国家对日本没什么致命和严重的误解和误判，我平时走进不同的国家，大家很信任日本人，也很尊重日本人，对此我很感恩，也很自豪。说明，日本人在战后所作出的努力和所付出的心血不是白费的。

至于中国人对日本有没有误解，我不知道是否可称为误解，但我始终认为，今天的中国人对日本的和平势力和氛围是低估的。百闻不如一见，希望中国朋友们，尤其对日本感到仇恨的朋友们，到日本亲自体验一下其社会氛围和国民性，今天的日本人是不允许国家政府重新回到军国主义的，这是不可能的事情。和平和反战一定能够成为中日之间的共鸣和共识。

日本的“亚洲观”——日本要在亚洲充当什么角色

近代以来，亚洲命运的四个阶段

刘明福问：

我觉得，近代以来，欧洲对于亚洲有两次先进：

第一次先进，是表现在产业革命上，欧洲在人类生产力的发展和突破上，走在了亚洲的前面。

第二次先进，是欧洲在大国关系和区域一体化发展上，走在了亚洲的前面。欧盟的建立和欧元的诞生，实现了大国关系的革命性变化。欧盟是在朝着建设“欧洲命运共同体”的方向前进。

习近平主席提出，要建设“亚洲命运共同体”、“亚太命运共同体”、“人类命运共同体”。就是要努力把亚洲团结起来，把亚洲联合起来，把亚洲融合起来，把全球团结起来。

21 世纪的亚洲和 21 世纪的欧洲，在朝着不同的方向走去——欧洲是在整合，而亚洲则是在分裂。21 世纪的亚洲，正在向 20 世纪的欧洲那种四分五裂、战乱不断的方向滑去，这是很危险的。

现在，在美国霸权主义和日本军国主义的共同作用下，以遏制和包围中国为目标的一场“亚洲危机”正在向我们逼来。

回顾近代亚洲的历史，多灾多难。

先是 19 世纪“欧洲人打亚洲人”，欧洲列强侵略亚洲，把亚洲变成欧洲的殖民地、半殖民地。

接着就是 20 世纪“亚洲人打亚洲人”，在第二次世界大战中，亚洲的日本侵略中国，占领东南亚，搞“大东亚共荣圈”。亚洲人打亚洲人的损失，比“欧洲人打亚洲人”的损失还要大。

第三阶段，就是“美洲人打亚洲人”、“美洲人控制亚洲人”。例如，朝鲜战争，越南战争，就是美洲人打亚洲人。而美国在二战后70年来，在冷战后20多年来，一直通过与亚洲一些国家结成同盟，以同盟的方式，通过控制亚洲一些国家，保留在亚洲的影响力和控制力，亚洲被美国控制。这几年，所谓美国“重返亚洲”的舆论，是一种误导，因为美国从二战结束后，一直就没有离开亚洲。所谓“亚太再平衡”战略，其实就是“亚太再突出战略”，就是美国对亚太的螺丝钉“再拧紧战略”，就是对“亚洲控制再加强战略”。

21世纪，美国对亚洲的控制，不利于亚洲的发展和进步。

从19世纪“欧洲人打亚洲人”、20世纪上半叶“亚洲人打亚洲人”、20世纪下半叶“美洲人打亚洲人”，到21世纪上半叶，亚洲人不能继续为美国人分而治之。“亚洲人要团结亚洲人”，亚洲人要成为独立的亚洲人，亚洲人要掌握亚洲的命运。应对美国的所谓“亚太再平衡战略”，其实质，就是终结美国对亚洲的霸权战略，终结美国的亚洲霸权，实现亚洲的独立和自主。就是要坚决抵制和彻底完结美国对亚洲国家“主权”的控制和对亚洲地区“洲权”、“区权”的剥夺。让亚洲国家在国际社会享有充分的国家主权，让亚洲地区在全球享有充分的“洲权”、“区权”。要像维护“人权”一样，维护和实现国家的“主权”、各洲的“洲权”、地区的“区权”。

加藤嘉一答：

虽然我不同意您把今天的日本描述为“军国主义”，但您表达的“亚洲人的亚洲”观，我是表示认同和理解的。在我的心里面，“亚洲主义”四个字还是很活生生的。亚洲人应该好好认真培养自己的问题由自己来解决的智慧和能力。美国始终不放亚洲，作为地区以外的国家要主导本地区的秩序和规则，为什么人家能够做到这一点？亚洲人首先要学会反省自己，人家可以做到，本质上是因为我们亚洲人自身的能力有缺陷和不足，否则人家是做不到的。

不过，21世纪也是一个开放、包容、民主的时代，亚洲主义也必须立足于开放主义。假如美国能够充分尊重亚洲的特性、文化、秩序、价值观等，我们亚洲人也应该欢迎美国的参与和存在。而且，无论是中国人还是日本人，我们也务必积累实力，培养能力。

日本150年的亚洲战略——四种形态

刘明福问：

一个国家的公民，要有爱国主义。一个地区的国家要有“爱区主义”，亚洲地区的国家要有“爱洲主义”，就是热爱亚洲、团结亚洲、和平亚洲、振兴亚洲。但是，纵观近代以来日本与亚洲的关系，可以看出，日本缺乏“爱洲主义”，日本作为一个亚洲国家，却缺乏对亚洲的感情和责任担当，日本是“亚洲国家攻击亚洲国家”的最坏的样板，日本也是联合区域外国家美国遏制包围亚洲国家中国的最坏样板。

最近150年来，日本与亚洲的关系经历了四个阶段：

第一阶段——“脱亚入欧”。从明治维新开始，日本是“脱亚入欧”，改变“洲籍”，努力成为西方世界一员。这一战略是成功的。日本经过30年奋斗，成为亚洲第一个西方式发达国家，成为西方世界俱乐部的一员。

第二阶段——“排欧霸亚”。从日本发动侵华战争开始，到第二次世界大战结束，日本的亚洲大战略是“排欧霸亚”，就是排斥和用武力赶走欧洲列强，要建立“大东亚共荣圈”，要独霸亚洲，特别是独霸东亚。

第三阶段——“脱亚入美”。从第二次世界大战以后，经历近50年冷战，日本的战略是“脱亚入美”，就是加入美国阵营，在美国控制之下，成为美国在亚洲的一号盟国，成为美国与苏联争夺世界霸权的前沿国家。

第四阶段——“联美遏中”。从21世纪初期特别是从21世纪第二个10年开始，随着中国经济总量超越日本，中国成为世界第二大经济体，而且将在不远的将来成为世界第一大经济体，日本在亚洲又采取了“联美遏中”的战略，就是联盟美国、遏制和包围中国，成为美国在亚洲遏制中国的马前卒、先锋队。

今天，日本在亚洲，在亚太地区，扮演了一个很坏的角色。亚洲的日本，已经迷失了自己。看看今天的欧洲，德国、法国、英国这些当年的战争对手之间，不仅在历史上有深仇大恨，而且也有现实矛盾和分歧，但是他们都在欧洲联盟中保持自己的正当角色，发挥自己的积极作用。而今天亚洲的日本，到底是欧洲的德国、还是欧洲的法国？还是欧洲的英国？

今天的日本，既不是“黄皮白心”（黄种人的面孔、白种人的心脏），也不是“黄皮黄心”（亚洲人的面孔、亚洲人的心脏），而是“黄皮黑心”，成为亚洲的分裂者，被称为“亚奸”——与美国霸权结合、出卖亚洲利益的奸细。

你对于近代以来，日本与亚洲关系的演变如何看待和评价？你对于日本“亲欧”、“亲美”而“疏亚”、“乱亚”的战略，如何解读？

加藤嘉一答：

我提出过，日本近代以来侵略了亚洲不少国家和人民，这是惨痛的历史，日本人只有诚恳地面对历史，才能走向未来。

您说日本“疏亚”、“乱亚”，但比如看看尤其20世纪80年代以后的日本与东南亚国家之间的关系，我们跟东南亚各国建立了福田赳夫首相提出的“心连心”的联系，也提供了政府开发援助，日本大量的产品和品牌，那里的老百姓也很喜欢。我去过几乎所有的东南亚国家，我从来没有听说过，也没有接触过他们讲日本的坏话，还对我们特别友好，他们也非常欣赏日本的产品、文化以及日本人的礼节等。日本在东南亚的经验证明，只要双方之间能够诚恳地交流，互相尊重和帮助，我们是可以超越历史恩怨的。

建设“新型亚洲”——日本要有新思维

刘明福问：

日本与亚洲的关系——日本是要做亚洲的主人吗？日本是害怕中国成为亚洲的主人吗？日本是要与中国分治亚洲吗？日本是要帮助美国继续主导和控制亚洲、让美国永远做亚洲的主人吗？日本为什么不愿意让21世纪的亚洲也以欧洲联盟为榜样，让日本和中国也像欧洲的德国和法国一样，在亚洲建立新型大国关系？日本为什么不能与中国携手推进亚洲的合作、团结、稳定、崛起，让亚洲在全球化浪潮中推进“地区化”呢？日本为什么一定要与中国对着干、一定要分裂亚洲呢？

加藤嘉一答：

在我看来，日本人主导亚洲，害怕中国人主导亚洲，与中国一起分治亚洲，让美国人主导亚洲等，都不符合现实的需求。从根本上来说，亚洲不是谁的，亚洲是大家的，只要能够尊重该地区的制度、文化、发展、价值观等，地球上的任何国家、机构、个人都能够共同参与亚洲事宜，一起促进亚洲地区的和平与繁荣。在这个意义上，亚洲需要地区主义，同时要超越地区主义。

日本不可能不与中国合作，日本愿意，也需要与中国合作，而且我也认同一个说法：中日不合作，亚洲会完蛋。在这个意义上，日本与中国是承担着历史性的地区性的责任与任务的。两国都要认清这一点，要学会克制自己，尊重对方。

日本的“世界观”——日本的“理想世界”是什么

日本有“东方英国”心态吗？

刘明福问：

日本，有一种“东方英国”的心态。日本精英感到，大英帝国，就是从英伦三岛起家。作为一个强大的欧洲的边缘国家的英国，能够崛起为一个超级大国，能够建立一个大英帝国，而处于落后脆弱的亚洲边缘的日本列岛，一个强大的日本，为什么就不能建立一个“大日本帝国”？因此，“小日本”就有了“大野心”，日本国家就有了争霸世界、全球为王的战略野心，就开始了“小岛国要霸大世界”的雄心和历程。

你对日本这种“东方英国”心态，怎么看？

加藤嘉一答：

我不认为日本人的心理有着“小岛国要霸大世界”的雄心和历程，二战期间的一些人或许有，但顶多是地区上的，而不是世界规模的。至于您说的“东方英国”的心态，日本可以从英国作为海洋国家的经验中学习一些，借鉴一些，但日本在历史上从来没有大英帝国那样的全球地位，今后也不会。我个人认为，日本和英国可以共同探讨、共享经验的课题是，如何与旁边的欧亚大陆打好交道，既奉献于地区的和平与繁荣，又能够把自己的国家利益最大化。在这个意义上，日本与英国的地缘位置是最为相似的，两国可以从“欧亚主义”的角度认真总结经验，加以思考。

日本“军国主义”的历史与现实

刘明福问：

近代日本是军国主义立国。

日本通过明治维新快速崛起以后，把世界上有头有脸的大国，基本上都打遍了。

日本对邻居中国，两次发动战争，这就是19世纪的甲午战争和20世纪的侵华战争，现在正在准备对中国的第三次战争，就是结盟美国，遏制、包围和打断中国复兴进程的战争。

日本对邻国俄罗斯有两次军事进攻，第一次是1905年的日俄战争，第二次是1939年的诺门坎战争。

日本在第二次世界大战中，先是北上进攻苏联，受挫后转为南下，进攻和占领东南亚。1941年12月，日本以建立“大东亚共荣圈”为名，发动了太平洋战争，仅用半年时间，日军就在东南亚打败英国、荷兰、美国等西方殖民者的军队，攻陷缅甸、马来亚、新加坡、荷属东印度（印尼）和菲律宾等地。加上战前已实际控制的泰国与法属印度支那，日本成功占领了面积386万平方公里、人口1.5亿的东南亚。

日本对——强大的美国也是毫不手软，就是一个字——“打！”日本1941年偷袭珍珠港，发动了对美国的军事进攻，在太平洋战场和美国交战近四年。所以，日本是跨太平洋作战，日本的战争范围，大于德国。

可以说，日本是军国主义立国，也是军国主义亡国。在经过百年军事疯狂以后，日本在二战后安静了几十年，为什么在21世纪又开始“疯”起来了，在军事上“狂”起来了？

说日本正在复活军国主义，说日本正在朝向军国主义老路走去，你对这样一种国际舆论如何认识和评价？

加藤嘉一答：

如前所述，我不认为日本正在复活军国主义，也不认为，日本正在复活军国主义是国际舆论。例如，日本的安倍政权通过安保法案，美国不用说，连德国也公开表示欢迎。西方各国在内，世界上大多数国家欢迎战后一个人都没有杀过的日本自卫队能够在国际纠纷和有关问题上发挥更大的作用和责任。

日本期盼一个什么样的未来世界

刘明福问：

当今时代，美国人的世界观很清楚，美国人的世界梦就是一个霸权梦，他们就是要继续保卫自己的世界霸权，就是要维护一个“霸权世界”，用奥巴马的话来说，就是美国要再领导世界 100 年。

中国人的世界观也很清楚，就是要建设新型大国关系，打造新型“无霸世界”，就是要建设“和平世界”、“和谐世界”，构建“人类命运共同体”。

而日本的世界观是什么？日本期盼和致力于建设一个什么样的未来世界？日本认为应该如何有效建设这个未来世界？

加藤嘉一答：

如果说有日本的世界观，我想，就自身的战略而言，日本应该在世界议题上发挥符合自己综合国力的作用和责任，而今天的日本决策层自觉是不足够的，应该发挥更多；就世界的格局而言，我想，日本希望与美国在内的西方各国、中国在内的东方各国一起携手实现和平世界，各国应该拿出自身的优势和长处，合理分工，有机协调，共同创造美好的地球村，日本人希望做到这一点，也有决心做到这一点。

第 7 章
创新日本战略智慧

日本战略与日本命运

百年日本——三次战略转型

刘明福问：

韬光养晦，是中国古代政治家胸怀大志、积累实力、等待时机、建功立业的大战略。中国在 20 世纪 90 年代初苏联解体、世界格局大变化后，邓小平提出“韬光养晦”。最近 20 年，全世界都在猜测中国的韬光养晦。

其实，对韬光养晦理解深刻、执行坚决、实践成功的最好榜样，不是中国，而是日本。日本早在二战战败后，从 1945 年开始，就悄悄实行起韬光养晦，埋头本国事务，专心经济建设，积累经济实力，为未来大有作为进行准备。当邓小平在中国提出韬光养晦的时候，日本早已经韬光养晦 40 多年了。

但是，韬光养晦是隐藏、是准备、是积累，最后是要有所作为，是要一鸣惊人、一飞冲天的。也就是中国古典文学名著《三国演义》中所讲的“龙非池中物，乘雷欲上天”。日本，不是亚洲一条虫，日本是亚洲一只虎，日本是全球一只虎。区区日本列岛，是日本虎的家乡，却不是日本虎驰骋的舞台。日本虎的眼睛注视的是亚洲和太平洋，是整个地球。今天的日本，已经70 年韬光养晦，有点不耐烦了，日本虎开始发出“虎啸”之吼，急于要成为“下山虎”，要展现猛虎下山之气势了。日本韬光养晦的时代结束了，日本在国际舞台“有所作为”的时代开始了。日本要猛虎下山、蛟龙下海了，日本要在政治上搅动亚太、影响世界了。

今天的日本正在发生百年未有之大变动、大转型。日本这个国家，近代以来有三次战略大转型。

第一次战略转型——1868 年开始的明治维新，日本在“脱亚入欧”战略的指引下，实现了由分裂的封建领主国家到统一的君主立宪国家的战略转型，亚洲第一个君主立宪国家诞生了。但是脱亚入欧后的日本迅速走上了对外战争、侵略扩张的军国主义道路。这整整持续了 70 多年。

第二次战略转型——日本在 1945 年战败后，在美国的占领和改造之下，实现了由军国主义国家到西方式民主国家的转型，成为一个在美国控制之下的和平国家。日本社会进步、经济发展，创造了战后奇迹。在国际社会呈现一种比较正面的形象。这又持续了 70 年。

第三次战略转型——日本进入 21 世纪，特别是最近几年，开始蠢蠢欲动，从加紧与美国的联盟，积极配合美国遏制包围中国的“亚太再平衡战略”，进行分裂亚洲的种种动作，从在钓鱼岛问题上频频出招、激化和恶化中日关系，从不顾一切解禁集体自卫权、修改宪法，追求急遽改变日本现状，实际是在重塑日本的亚太角色和世界角色。如此下去，日本将迅速向一个“可疑的日本”、“危险的日本”、“战争的日本”、“邪恶的日本”发展。这不仅引起世界舆论的哗然，也导致日本国内的分裂，形成日本国民激烈反对的声浪。但是安倍政权不为所动，日本民族到了最危险的时候。

你如何看待日本国家性质的这三次转变？你对日本国家性质的第三次转

变，有何分析和预言？

加藤嘉一答：

我接受您提出的日本第一次和第二次转型的看法，如前所述，第一次和第二次转型的动机有被迫的一面，也有主动的一面。但关于第三次转型，我是不同意的，理由已经在上面讲过，日本的和平势力和当前的国际环境不允许日本再次走向失控，变成可打仗的危险国家的。至于对华关系，毕竟是前所未有的两强时代，日本也从未面临过，需要一个磨合的过程和探索的时间。不过，有一点值得思考，我同意您说的，日本确实正在面临第三次转型，但到底转到哪里去这个问题，在日本社会是缺乏一个清晰的定位和充分的讨论的，我认为这是一个严重的问题，日本人应该主动、积极地面对，解决好第三次转型这一客观情况所带来的挑战。

21 世纪日本战略演变——四步走

刘明福问：

梦想决定战略，战略实现梦想。21 世纪的日本大战略，不是一成不变的，而是会呈现阶段性特征，我们可以预测日本未来大战略的四个阶段，这就是：联美反中；反中脱美；并驾中美；超越中美。

日本这个国家，绝不是等闲之辈。毛泽东说，一个人，看他的过去，就可以知道他的现在，看他的现在就可以知道他的将来。一个国家又何尝不是如此。对于日本，看他的过去和现在，预测他的将来，我的预感是，21 世纪的日本大战略，在一些日本精英的心目中，有一个隐而不宣的“四步走”战略：

第一步：联美反中——这是 21 世纪日本大战略第一阶段。日本对中国不服气，这是近代以来，在日本精英内心深处根深蒂固的一个心态。现在看到中国高速崛起，越来越把日本甩在后面，日本更是高度不服气，心理高度嫉妒，心态失衡，从妒忌到焦躁、狂躁。所谓美国对亚太再平衡，其实首先是日本要对亚洲再平衡，而再平衡首先是心态再平衡。对中国的高度妒忌，促使日本要与美国高度联合、合作，以遏制和包围中国。所以，联美反中，就成为日本发泄妒忌、平衡心态的最好的“出气战略”，是日本对中国的平衡战略。

第二步：反中脱美——这是 21 世纪日本大战略第二阶段。必须指出，二战后，日本与美国结盟，半是自觉自愿，半是被迫为之。当今世界，日本唯一“服气”的国家就是美国，日本唯一接受领导和指挥的国家，就是美国。但是，日本对美国的服气，是被“打”服的，日本是被美国的原子弹打服的，日本服气的是美国的原子弹。日本在二战以后一直是在美国的管理之下，在美国的控制之下，在美国的改造之下，在美国的领导和指挥之下，也在美国的利用和役使之下。曾经称霸亚洲的日本，曾经挑战世界、挑战美国的日本，不可能长期屈居于美国之下。日本已经被美国控制 70 年了，日本在 21 世纪还甘心被美国控制 70 年吗？今天的日本和美国的关系，实际上就是现代宗主国和现代殖民地国家的关系。今天的霸权美国，对日本实行的是“半独立半殖民地”政策，今天的日本，就是一个“半殖民地半民主”国家。在当今世界大国中，像日本这样不能自主，还要看另外一个大国美国脸色和颜色行事、要听从另一个大国美国指挥棒旋转的大国，也只有日本这独此一家。这是日本的窝囊和耻辱。而美国居然把今天美国和日本这种霸权国家和仆从国家的关系，说成是国家关系和解的榜样。这样的畸形状况不可能持续。今天的日本必将从“联美反中”，逐渐过渡到“反中脱美”，就是利用“反中”的砝码，迫使美国放松对日本控制的缰绳，逐步实现“脱美”的目标。所以，从长远和本质看，日本“反中”是半真半假，有一半是真实的：日本不反中，就难解胸中的妒忌，就怎么也不舒服；日本不反中，美国就不高兴。而日本反中的另一半是招牌，是烟幕，是以“反中”掩盖“脱美”，日本是“公开反中”，“暗中脱美”，“反中”和“脱美”两手抓，日本“反中”最有利于日本“脱美”。日本将在“联美反中”的过程中，实现“反中脱美”。利用“反中”实现“脱美”，成为日本走向独立梦的“好战略”、“巧战略”。

第三步：并驾中美——这是21世纪日本大战略第三阶段。今天的世界，不仅有“巨型超级大国”，例如美国，也有“微型超级大国”，例如以色列、新加坡。日本在国土面积上与中国、美国、俄罗斯比较，是小国，但是，日本的陆地国土和海洋国土加在一起，可不是小国。日本论综合国力就是世界大国。可以说，日本一旦脱离美国控制，成为真正独立自主国家，那么，在亚太地区，中国、美国、日本三足鼎立的战略格局就形成，日本大战略就进入“并驾中美”阶段，亚太地区就出现中、美、日“三国演义”时代。

第四步：超越中美——这是21世纪日本大战略第四阶段，这是日本大战略的最高境界。现在的人们包括普通日本人，对日本大战略会有这样一个阶段，会感到吃惊和离谱。未来的日本也可能永远走不到这一步，但是这样一个梦想和愿景，既是在日本曾经发生过的历史事实，也是一些日本精英始终挥之不去的梦想。

日本对中国曾经有两次超越，日本不会放弃对中国的第三次超越。

日本对中国的第一次超越，是在明治维新成功之后，主要是在军事上的成功，在军事上超越中国，导致日本扩张主义猖獗，用军事征服祸害亚洲。

日本对中国的第二次超越，是在二战以后40年，日本创造的经济奇迹。日本在经济上不仅超越中国，而且直追美国。这样的一个日本，怎么会甘于中国之后呢？从明治维新的1868年到2010年这140多年的时间里，日本在亚洲国家的发展中，都是领先中国。21世纪的日本决不会甘于中国之后。日本不会放弃对于中国的第三次超越，最近几年日本的战略动作频频，就是为未来第三次超越中国进行布局和准备。

你不认为日本有第三次超越中国的雄心、能力、潜力吗？

日本对美国有两次挑战，将会有第三次挑战。日本对美国的第一次挑战，是军事挑战，就是太平洋战争直接进攻美国，用四年的战争与美国对决。结果是日本的失败。日本对美国的第二次挑战，是经济挑战，日本在二战后 40 年的经济发展中，抓住朝鲜战争的机遇和美苏冷战的机遇，利用美国的支持，追赶美国的经济。在经济发展上创造了奇迹的日本，开始藐视美国的领导地位，不满美国的控制，喊出“日本第一”的誓言，发出“日本可以说‘不’”的抗议。后来受到美国货币战争的打压，经济长期低迷。21 世纪，随着中国的崛起，日本失去世界第二的位置，美国也将失去世界第一的位置。中国的崛起，加剧美国霸权的衰落和终结，实际上，也为日本摆脱美国控制、走上独立自主发展道路、追赶和超越美国，提供了最好的时机、环境和条件。可以说，正是中国的崛起，创造和提供了日本“翻身”千载难逢的良机。

你不认为日本在 21 世纪具有挑战美国的雄心、实力和潜力吗？

加藤嘉一答：

谢谢刘老师用心分析 21 世纪日本大战略的“四步走”。作为一个日本人，在我可预见的未来和可想象的空间里，只有第一步是比较接近现实的，日本确实正在以日美同盟作为框架应对中国崛起，但这绝不是反中，日本是反不了中国的。因为，整体而言，日本是从中国崛起受益的。日本是欢迎中国的发展的。

至于您提出的第二、三、四步，我认为，日本根本没有能力和雄心这么做，我不否认没有人这么想，日本国内也有一些“打败中国”之类的煽动性书籍和文章，但它们绝不是日本舆论的主流。主流还是同时处理好与美国、中国的关系。而且，究竟日本未来应该如何走下去，抱着什么样的战略目标和定位，我在前面我的“日本梦”里描述过，我个人认为，只有那条路是可行的。只有放弃了盲目成为大国，才能成为真正的强国。历史上的失败和教训一定能够给日本人带来多一点的理性和少一点的盲目性。

日本正常要三化—— 脱美化、无核化、中立化

刘明福问：

由于今天的日本是一个“非正常国家”，所以“日本梦”要实现的第一个目标，就是把日本变成一个“正常国家”。日本“正常国家”化，就是要建设一个“三化国家”—— 脱美化、无核化、中立化。一个成为“三化国家”的日本，将使“日本安全、世界放心”。

脱美化——将结束美国对日本的控制，改变日本的仆从国地位。我们这个星球上，将出现一个“脱离美国、融入世界”的独立自主的新日本。

无核化——将使日本作为一个“拥有核能力”而“不拥有核武器”的国家，在世界上树立起自己的和平形象，取得世界的信任，让全球的人们对日本放心。

中立化——将使日本彻底改变传统的“联盟思维”、“阵营思维”，改变在世界大国竞争中“选边站”的传统立场和政策，使日本不是成为加剧分裂和对抗的因素与力量，而是成为增进理解、促进团结的缓冲力量、协调力量，发挥桥梁和纽带作用，为解决大国冲突和世界矛盾作贡献。

这样的一个日本，将是一个脱胎换骨的“新型日本”，将是一个告别军国主义、扩张主义的“文明日本”，将是一个可爱、可亲、可信的“魅力日本”。

加藤，你对建设一个“三化”日本，有何看法？

加藤嘉一答：

其实，我在上面已经有论述。无核化肯定是日本要坚持下去的基本目标；脱美化和中立化在战略抉择意义上是密不可分的，而且，只有脱美，才能中立。不过，在可预见的未来，我是看不到日本完全脱美的可能性，因此，放弃联盟也是比较遥远的。如果您说，如果实现不了“三化”，日本就无法成为“正常国家”，就无法实现“日本梦”，我也接受，这也是现实。

但如前所述，我不认为这“三化”等于“日本梦”，日本人可以追求更加贴近现实生活的简单梦。比如，新加坡和瑞士，我觉得那两个主权民族国家实现自己的梦想相当理想，很有高度和境界，因为它们知道自己是谁。在实现梦想的道路上，我始终认为日本应该学习像它们那样的真正“强国”，而不是虚胖的“大国”。

从“制造大国”到“智慧大国”

透视“日本病”——日本的最大对手是日本

刘明福问：

一个国家再发达、再先进，也有自己的毛病和弊病。当今世界，不同的国家，患有不同的“病”。中国有“中国病”，美国有“美国病”，日本有“日本病”。革命，是用激烈的办法治病；改革，则是用温和的办法治病。一个国家的“病”，就是这个国家积累的矛盾和问题，就是这个国家不能有效应对挑战、不能开拓创新，而导致的困局甚至出现危局。

你认为“日本病”主要有哪些？在政治、经济、军事、科技、文化、外交、教育、社会、人口等方面，都有些什么表现？“日本病”的病情在如何恶化？“日本病”的根源是什么？“日本病”的危害是什么？对于有效医治日本病，你有哪些良方和建议？

加藤嘉一答：

在我看来，如今最大的“日本病”，是活在当下的日本人，经过了失落的20年的日本人，到现在为止仍然没有找到一个未来的发展方向和模式。每一个日本人都在认真工作，勤奋生活，但日本社会缺乏一个方向感，这使得日本人不得不在迷失中奋斗，这是比较不幸的。我也不认为日本舆论缺乏这方面的讨论，日本人也天天讨论，媒体也天天提出问题，就是搞不出方向感来，我也觉得有些奇怪，甚至很好奇。

可能日本战后没有战略地过日子的时间太长了，原来的战略框架都是由美国来提供，日本人拼命工作就好了。但如今，光靠拼命和勤奋是远远不够的，更多需要冷静下来思考和审视未来。我相信，美国实力的相对衰退，中国国力的快速崛起，以及2020年的东京第二次奥运会等，都是能够迫使日本人从战略的维度思考发展方向的重要压力。不过，日本人也可以慢慢来，不要仓促和着急，要深知一个道理：欲速则不达。

实现日本“思想独立”——创造“新日本主义”

刘明福问：

日本是一个善于吸收和学习的民族，但是缺乏创造性，日本的学习性超过了创新性。

古代日本在学习中国上，至今被传为一段历史佳话。唐朝时代的日本学习中国，是一次全国性的影响深远的“唐化”、“儒化”、“汉化”。

近代日本学习欧洲，也取得了很大的成功，是一次深刻的“欧化”。

二战后日本不仅以美国为主人，更以美国为师傅，这使日本又实现了一次与美国文化接轨的高度“美化”。

日本千年以来的三次大进化，就是古代日本的“中国化”，近代日本的“欧洲化”，二战以后日本的“美国化”。

日本三次对外部世界的大学习，形成了日本善于学习和吸收的好传统，培养了日本开放强国的优势。但是，日本在文化创造上，日本在对世界的文化贡献上，没有创造出一套像中华文化、欧美文化那样的能够广泛影响世界、在人类社会具有持久魅力的独立形态的“大文化”。

尤其值得警惕的是，日本由于在二战后长期接受美国军事管制、政治控制、思想改造，虽然在消除法西斯主义毒素方面，取得成绩，但是由于美国“霸权主义”的长期灌输，日本人的头脑中装满的是美国人的思想。与日本依附于美国的国家地位相适应的，是日本这个国家在思想文化上对美国的依附，是日本在思想文化上不能独立和自主，特别是在战略文化和战略智慧上，缺乏独立的思考和创造。日本人在思想文化特别是在战略思想文化上，处于“思想殖民地”、“文化殖民地”状态，被美国思想和文化牢牢主导和控制。结果就出现了“日本人、美国脑”、“日本人、美国魂”的现象。这是日本的悲哀和不幸。

过去 70 年，美国对日本的思想改造和思想控制，由三个部分组成：

一是在战后，改变日本的军国主义思想，这具有进步意义。

二是在冷战开始后，强化日本的冷战主义思想。

三是在冷战后，向日本灌输“美日同盟、遏制中国”的霸权主义思想。

所以，现在，日本的战略思想和战略文化，已经被美国转变基因，成为美国思想和美国文化的“转基因”产品。而日本思想文化界缺乏对于大思想和大文化的思考和创新能力，缺乏对美国思想文化产品的超越力，缺乏对日本特色战略大智慧、大文化的创造力。

实现正常的“日本梦”，必须实现日本的“思想独立梦”、“文化自主梦”。但是在实现日本思想和文化独立自主的过程中，必须防止新老军国主义的回潮和滋生，需要创立能够为日本正确引路、能够为亚太和世界造福的“新日本主义”。

加藤，你如何看待日本的文化体系特别是日本战略思想与战略文化体系的特征和演变？你如何评价今天日本战略文化的现状？你如何预测未来日本战略文化的发展和走向？

加藤嘉一答：

我认为，日本确实没有一个培育大思想、大战略、大文化等的土壤，过去没有，现在没有，未来，也很难有。我不认为这不是一个问题，它确实是一个问题，在百家争鸣的环境下解放思想，赤裸裸地探索祖国未来发展的方向是需要战略和思想的。在这个意义上，国内外人士经常批评日本人缺乏战略思维，日本不出思想家等，这是符合日本现实的，也是笼罩日本历史和社会的一个问题。

不过，历史发展到今天，我也不觉得，战略越大越好，思想越大越好，文化越大越好，而最重要的是它是否符合自己的发展阶段和民族性格，是否真正地奉献于一个社会的发展需求和在那里生活的老百姓的生活需求。战略也好，思想也好，文化也好，这些终究要服务的对象无非是普通老百姓的日常生活。我坚决认为，牺牲百姓生活的思想、战略、文化是没有意义和价值的。

在这个意义上，21 世纪的日本，不需要盲目追求“大”，也没有必要过多地在乎我们正在使用的文化、思想、战略是哪来的，国产的还是外来的并不重要，重要的是它是否实际上符合本国百姓的生活需求。

那么，我想，从日本的国家性质和社会环境以及生活需求的角度看，战略、思想、文化等还是通过日本人比较擅长的产品、品牌、服务、社会秩序、公共空间、环保、素质等领域深深地体现即可。老百姓过得有尊严，有秩序，有自由，有节奏，有幸福感，有满足感，有成就感，有安全感等等，这些才是最重要的，一切干扰这些百姓生活需求的战略、思想、文化都是多余的，不需要的，甚至值得排除的。

防止两个“必有”——中日必有一战、中美必有一战

刘明福问：

19 世纪下半叶，在中日两国都有这样的预测和舆论：“中日必有一战。”后来，中国和日本果然一战——甲午战争。

20 世纪上半叶，在中日两国又有一种预测和舆论：“中日必有一战。”后来，中国和日本果然又有一战——中国进行了 14 年的抗日战争。

21 世纪上半叶，中国崛起，对弈美日同盟，“中日必有一战”的呼声再起。这一次，“必有一战”的预言真的能够应验吗？

加藤，关于“中日必有一战”的问题，在日本国内都有哪些议论、舆论和判断？你本人如何看待这个敏感问题？

你在美国上学研究数年，就你的观察，美国国内对“中日必有一战”的问题，有哪些预测和评论？

在中国梦、美国梦、“日本梦”三梦对弈的今天，与“中日必有一战”的预测和舆论同样热门的是“中美必有一战”。关于这个问题，在日本国内有什么思潮和舆论？在美国又有什么思潮和舆论？你本人如何看待和预测这个问题？

加藤嘉一答：

首先，随着东海局势的紧张和领土问题的升级，日本国内舆论有不少“中国正在试图剥夺争议岛屿”，“中国一定进攻日本领土”等煽动性言论，而且这些言论有着一定的大众市场。这些言论也有时延伸到您提的“中日必有一战”之类的。但这些对决策层的影响是相当有限的，有些鹰派政治家不时作出对华警惕和质疑的言论，但立足点和出发点是稳定发展对华关系。那么，煽动性舆论和政治家决策之间是存在着较大的鸿沟的。

我个人认为，“中日必有一战”之说法，既不符合中日两国决策层的意图

和战略，也不符合中日两国主流民意和有识之士们的意愿和目标，我也不认为中日之间真的必有一战。这一说法的唯一好处在于，让两国政府和民间更加迫切、有力地携手，共同地呼吁“为了避免悲剧的再次发生，两国应该想方设法做好危机管理，共同维护和平稳定的双边关系和周边环境”。

我在美国访学三年期间，如前所述，我感到美国很担心中日之间围绕领土问题的摩擦升级为政治关系的恶化，甚至军事关系的冲突，但没有听到过“中日必有一战”的说法。我猜测，假如中日真的陷入非打不可的阶段，美国应该介入中间，尽量扮演调停的角色。假如无法调停，打仗不可避免的情况下，美国应该本着自己的亚太战略，应用日美同盟，去处理对华关系和政策。当然，这样做的代价太大，是中美关系的根本性破坏，美国肯定不愿意看到这一局面。

至于“中美必有一战”的说法，在日本人的潜意识里面还是存在的。日本人深知中国和美国才是21世纪最大的竞争对手，中美两国也把对方视为假想敌。日本人实际上是不想被中美对抗卷进去的，因为，假如两国要打仗，不管在什么地方，日本作为美国的盟国能袖手旁观、无所作为吗？日本人实在不愿意看到这一点。

但同时，日本又有没有办法和途径，来主动缓解中美之间的矛盾关系，调停中美之间潜在的竞争关系？至少目前来看似乎是没有的，日本人如何在中美潜在的战略竞合关系面前扮演有效、有用、有功的角色，从而把自己的国家利益最大化，没有足够长远的眼光和战略的思维。而在我看来，这是典型的日本病。是民族性格导致的，是历史进程导致的，也是国家性质导致的。

第二篇

中国梦、中国谜

——“一梦激起千层浪”

◆ 21 世纪的“中国观”◆

13 亿人的中国梦，是人类历史上最伟大的“梦工程”。

到 2049 年实现中国梦，新中国开始了 30 年向“梦之巅”的冲刺。

中国梦从哪里来？中国梦向哪里去？中国梦、梦什么？

从 20 世纪毛泽东率领红军史诗般的万里长征，到 21 世纪习近平引领中华民族踏上实现中国梦的伟大征程，今后 30 年，波澜壮阔的中国，将给世界带来何种翻天覆地的变化？

中国梦，中国谜，中国梦的谜底在哪里？全世界在观察，地球人在思考。

第 8 章

中国梦，激励中国人，震撼全世界

中国梦响彻世界——全球五种心态

加藤嘉一问：

习近平总书记 2012 年底提出中国梦，提倡中华民族的伟大复兴。世界各国特别是美国、日本等国家对中国梦的内心感受和政治反应不同，对中国梦的政策和对策不同。一方面看不清中国梦将使得当代中国走向什么样的地位和处境，另一方面很关注中国梦的提倡者——习近平总书记正在想什么，即将要做什么。在国际社会和主权国家在复杂和微妙的心态下密切关注，紧密跟踪中国梦的情况下，您如何看待全球对中国梦的不同感受和不同反应？

刘明福答：

中国共产党成立至今 90 多年，给我印象最深刻的是三个人：一是毛泽东，他领导的“中国革命”惊天动地；二是邓小平，他指导的“改革开放”改天换地；三是习近平，他提出的“中国梦”将引导中国复兴和世界进步，为人类社会开辟新天地。

习近平提出“中国梦”，一梦激起千层浪，不仅在国内反响热烈，而且在国际上反应强烈。从国际舆论看，不同国家对中国梦的不同心态，主要有五种，包括：赞中国家；猜中国家；妒中国家；恐中国家；遏中国家。

1. 赞中国家——由衷赞扬中国梦的国家

中国梦提出后，世界多数国家是抱着一种理解、支持、赞扬、欢迎的态度。这主要是世界发展中国家。他们感到，中国的发展是他们的榜样，中国的发展给他们带来了希望，中国的发展能够帮助他们的发展，中国的发展给他们带来了信心。他们希望也相信能够从中国的发展中受益。这是一种健康、正常、阳光的心态。

2. 猜中国家——猜测中国的国家

中国改革开放30年，富国强军的步伐加快。习近平时代的中国，更是站在世界经济总量亚军国家的新起点上。历史上，一个国家往往是强大就扩张，强大就霸权，中国是否也会走这样的历史老路？习近平时代的中国，更加奋发有为，中国韬光养晦30年，现在提出“中国梦”，高调宣布实现民族伟大复兴，是否要放弃韬光养晦，是否要与美国争霸，是否要对世界重新洗牌？如何重新认识中国、如何适应一个“梦时代”的中国？一些国家对提出“中国梦”之后的中国，有所猜测甚至有些猜忌，这也属正常心态，不足为奇，更不足为怪。

3. 妒中国家——妒忌中国的国家

妒忌中国的典型代表是日本。日本在古代，是中国的学生，虚心向中国学习了很多好的东西。日本在近代，要做中国的主人，在50年的时间里，向中国发动了两场大的战争，这就是1894 ~ 1895年的甲午战争、1931 ~ 1945年的侵华战争。日本先后两次用战争打断了中国的现代化进程。进入21世纪以来，中国的高速崛起，更是令日本一些人震撼。2000 年中国经济总量世界第七，是日本的 1/4，2010 年中国经济总量超越日本，成为仅次于美国的世界第二大经济体。2015 年中国的经济总量已经是日本的两倍。最近 150 年来，“小日本”看不起“大中国”，“小日本”要吞并“大中国”。二战结束后，日本又一直是全球经济发展的优等生。现在不仅在地理上是中国的边缘地区，在经济发展上也被中国大大超越，日本精英难免醋意大发，心理不平衡难以排解，对中国崛起的妒忌无处发泄。日本一些精英在“中国梦”面前的狂躁，就暴露无遗。

4. 恐中国家——恐惧中国的国家

这个“恐中国家”的概念，有什么深奥的含义呢？主要有两个含义：

一是指中国周边一些国家，一方面，在地理距离上，与中国近，在经济发展上与中国联系紧；另一方面，在心理距离和意识形态上，与美国近，在国家安全上依靠美国。由于中国快速崛起、迅速强大，这些国家成为“两难国家”——“站队”问题，就是在中国和美国之间的选择和站队问题，就是与中美两国之间的距离平衡问题。其实，解决这个问题并不难。同样是中国的周边邻国，为什么韩国就不恐惧中国？为什么韩国与中国的关系能够正常和良好发展？“韩国现象”就回答了恐中国家的问题。

二是指中国周边一些与中国存有领土和领海争议的国家，特别是那些非法侵占了属于中国的岛、礁的国家，是指那些挑战了中国海洋主权的周边国家。典型代表是东南亚菲律宾这样的国家。菲律宾领导人依仗美国和日本的背后支持和怂恿，与中国叫板，挑衅和挑战中国的海洋主权，在中国南海制造事端。中国梦，是中国的富强之梦，面对中国的迅速强大，面对中国领导人捍卫国家主权的坚定决心，侵犯中国主权的国家自然感到恐惧、胆怯、害怕。“菲律宾现象”，是一种狐假虎威现象，是一种“弱小挑衅强大”、“非法侵犯合法”、“狂妄掩盖胆怯”的畸形状态。

5. 遏中国家——遏制中国崛起的国家

当今世界，遏制中国的国家就是美国。美国具有遏制中国的强烈意图，美国也有遏制中国的强大力量。美国对中国的遏制，是从新中国成立以来就开始了的。美国对新中国的遏制有四个阶段：

第一阶段，是从朝鲜战争到1972年中美关系解冻，主要是“战争遏制”，是“硬遏制”，突出表现是朝鲜战争和越南战争。

第二阶段，是从1972年中、美《上海公报》签订到1991年苏联解体、冷战结束，主要是“利用+遏制”，既利用中国制衡苏联，又不放弃和放松对中国的遏制，通过支持中国“自由化”势力和采取制裁等措施，遏制中国。

第三阶段，是从1991年到2010年，对中国采取接触加遏制、合作加遏制、在接触和合作中遏制中国的战略。

第四阶段是从2010年开始，把战略重点转移到亚太，把中国作为美国全球战略的主要对手，策划和组织包围遏制中国的全球联盟。

目前，美国战略界主张对中国强硬的声音突出，“全球一盘棋、中美大博弈”的局面日益清晰。“中美终须一战”的议论不绝于耳。21世纪的中美博弈，既要防止冷战重演，更要警惕战争危险。

中华民族伟大复兴——“复兴”两字涵义深

“共产主义”为什么变成了“复兴主义”？

加藤嘉一问：

刘老师，我想请教一个一直很关注的问题。习近平总书记提出“中国梦”，其定义是中华民族的伟大复兴。我个人比较相信，习近平总书记在脑海里想象的、复兴的目的地肯定是1840年之前，甚至很有可能是汉唐时代。

如今中国的执政党——中国共产党的成立是1921年，共产主义的诞生则是19世纪。我想知道，中国共产党和中国梦之间究竟是什么样的关系？共产主义和中华民族的伟大复兴之间又是什么样的关系？

我觉得这个问题很重要。

从跟您的面对面交流中，我深刻认识到，您肯定是认为只有中国共产党才能拯救中国，而习近平总书记是当年打了天下的中国共产党的“儿子”，他提出“中国梦”，肯定跟中国共产党有着千丝万缕的联系。

刘明福答：

习近平主席提出中华民族伟大复兴，其实是共产主义理想的“中国化”和“时代化”。是一种“以古喻今”的形象表述，是一种“以古励今”的战略思维。而这样一种思维和表述，也只有像中国这样一个同时兼有在古代长期雄踞世界文明顶峰、在今天具有千载难逢的腾飞崛起的宝贵战略机遇，在未来具有持续发展的巨大潜力和无与伦比的光明前景的国家，才能够以这样的方式和这样的概念提出这样的战略目标。

基辛格曾经说过，起码在过去的两千年里，中国都是全世界最发达的国家，是世界的一号国家。只是最近200年才落后了。实现中华民族的伟大复兴，就是要中国人不忘自己曾经创造过长期领先世界的辉煌，对自己再度创造领先世界的奇迹和造福世界的能力充满信心。而且讲中华民族伟大复兴，比使用政治教科书上“共产主义”的目标概念，更具有民族色彩，也更具有形象性和现实感。能够增强回望祖先辉煌的历史自豪感，能够增强整个民族团结奋进的亲和力和凝聚力。

古代兴旺发达的中国，是一个强大而不霸权的中国，是一个强大而不侵略的中国，是一个高度文明而不搞“文明的冲突”、“文明的对抗”、“文明的侵略”的国家。古代中国用陆地和海上两条“丝绸之路”来实行文明的交流，来促进文明的包容和文明的融合。古代中国，没有殖民主义、霸权主义的历史记载，没有军国主义的侵略、屠杀、扩张罪行。实现伟大复兴，就是向世界昭告：再度崛起的中国，将传承古代中国的伟大传统，强而不霸，造福世界。而世界人民对古代中国几千年强大而爱好和平的文明形象记忆犹新，一讲“伟大复兴”，人们视野中就出现那个屹立在世界东方几千年的“可亲可爱的大中国”。这十分有利于消除国际社会一些人鼓吹的“中国威胁论”，消除对中国崛起的恐惧感、忧虑感，增强对中国的信任感、放心感、亲切感。

实现中华民族伟大复兴，“复兴”的概念和目标具有深刻的历史底蕴和传统基因。但是“复兴”不是“复制”，实现“伟大复兴”不是实现“伟大复制”。“复兴”的本质是“创造”，“复兴”的关键是“创新”，实现伟大复兴，是在继承和发扬中国古代优秀文明传统的基础上，再度进行创新和创造。实现伟大复兴之后的中华文明，不仅将超越自己，创造出中华文明的一个新的巅峰阶段，而且将超越西方文明，创造出人类文明的一个新阶段。

伟大复兴的历史参照系，就是要再现“汉唐盛世”

加藤嘉一问：

中国梦被定义为“中华民族的伟大复兴”。据我了解，中国人通常对古代时期的辉煌历史感到自豪。如前所述，习近平总书记提倡中国梦，无论是国家领导人还是普通老百姓，都会自然而然地回想过去的辉煌，尤其是中华民族遭遇“百年耻辱”之前的历史。中国梦是要复兴到什么时代？汉朝、唐朝，还是？

刘明福答：

中国古代灿烂辉煌，中国近代救国救亡。孙中山提出“振兴中华”，中国共产党人提出“民族复兴”，都是要重振中华民族领先世界的雄风。习近平主席提出实现中华民族伟大复兴的中国梦，这“复兴”的含义，当然就不是第一次“兴”，而是在古代几千年“兴”的基础上，再度兴起，再度辉煌。在当今世界所有大国中，能够在几千年领先世界的基础上，提出再度复兴并且实践中正在创造复兴奇迹的国家，只有中国。所以，放眼今天的世界，正在实现伟大复兴的国家，中国是唯一。

实现中华民族的伟大复兴，这个复兴，当然首先是有一个历史的参照系。这个参照系不局限于中国的某一个或者某几个特殊的朝代，而是以中国整个灿烂的古代辉煌为整体的。但是，古代中国最强盛、最辉煌的几个朝代，自然是思考民族复兴最激动人心的时代，是奋斗中国梦最具有标志意义的时代，这样的英雄时代，自然是最具有参照意义的标志性时代。“汉唐盛世”作为古代中国的巅峰时代，自然是民族复兴整个历史参照系中最闪光芒的时代。

“汉唐盛世”，是中华民族的富裕、强大之世，是在经济、文化上开放、交流、包容之世，是友谊东亚、协和万邦之世。那时以中国为中心的东亚朝贡秩序，在开放包容、文化经济交流、文明和平程度上，是优于罗马帝国的疆域征服模式的，是优于后来大英帝国的全球殖民模式的，也是优于美国主导的世界霸权模式的。而实现中华民族伟大复兴的中国梦，不是复制中国古代的朝贡体系梦，不是复制大英帝国殖民梦，不是要搞日本“大东亚共荣圈”的占领梦，也不是要在 21 世纪复制和拷贝美国模式的世界霸权梦。中国梦要实现的不仅是中华民族的富强，而且是地球民族、人类民族、世界民族的和平与发展，安定与幸福。所谓“复兴”，虽然要缅怀辉煌的历史，却不是面向过去的回归和复制，而是面向未来的创新和创造。实现中华民族伟大复兴的实质，是中华民族面向未来、面向世界，创新创造，富强自己，造福世界。

伟大复兴的现实参照系，就是要奋力“赶超美国”

加藤嘉一问：

您在2010年1月出版的《中国梦》一书中，提出了四句话：“冲刺世界第一，决赛冠军国家，创造中国时代，打造无霸世界。”而且在《中国梦》一书的封面上醒目地写着这样一行字：“这是美国总统奥巴马和国务卿希拉里不得不看的一本书。”可以看出，您对中国梦的论述，是紧紧盯着美国这个当今世界的一号国家。在您看来，实现伟大复兴中国梦的现实参照系，是否就是要奋力“赶超美国”？习近平提出中国梦，提出两个一百年的奋斗目标，中国梦是否就是一个“赶超美国梦”？中国梦的目标，是不是2021年在经济上超越美国、2049年在军事上超越美国？

刘明福答：

中国在世界第一的位置上有数千年，西方国家在世界第一的位置上不过数百年，美国在世界第一位置上的时间是一百多年。实现中华民族伟大复兴的中国梦，既有一个历史的参照系，有一个中国自己纵向视野的参照系，也有一个横向的参照系，有一个面向当今世界首强国家的现实参照系。

回顾中国近代以来，立志振兴中华民族的伟大人物，无一不是把世界最富强的国家，作为追赶和超越的目标。

世界第一，是中国的百年梦想。孙中山、毛泽东、邓小平、习近平，都是“世界第一”主义者，都是追赶和超越世界首强者。

孙中山在“中国在地球上为一最贫弱之国”的时代，就要求“诸君立志”，把中国建设成为“世界第一富强之国”，并且号召当时中国四万万人都要有这项志愿。孙中山强调，中华民族“是世界最优秀的民族”，中国不仅要和英国、美国并驾齐驱，还要驾于它们之上。孙中山在1894年《上李鸿章书》中就提出中国“必能驾欧洲而上之”。后来多次讲到，要建设一个超越欧美的

“世界第一富强之国”，使“地球上人类最光荣之伟绩，由中国人建树之”，使地球上人类最大之幸福，由中国人保障之；不止维持一族一国之利益，并维持全世界全人类之利益。

在毛泽东看来，赶上美国，超过美国，是中国的职责。毛泽东在 1955 年提出：我们的目标是要赶上美国，并且要超过美国，中国只有超过美国，才能对人类作出大贡献。毛泽东在 1956 年强调：超过美国，不仅有可能，而且完全有必要，完全应该。如果不是这样，那我们中华民族就对不起全世界各民族，我们对人类的贡献就不大。在毛泽东看来，中国如果不能超过美国，那就要从地球上“开除你的球籍！”

邓小平通过改革开放发展中国，通过韬光养晦壮大中国，通过融入世界来领先世界和改变世界，通过接轨世界来引领世界和塑造世界。邓小平提出建立国际政治新秩序和国际经济新秩序，就充分体现了他追求世界性大作为的战略气概。邓小平的目标，是干“影响世界”的伟大事业。

习近平提出到新中国成立 100 周年的时候，实现民族复兴的伟大目标。

从孙中山到习近平，实现中华民族伟大复兴，就是追赶和超越世界最富强的国家。21 世纪的中国梦，就是一个“超越美国”的梦。而对于美国的超越，不仅是经济总量的超越，而且是军事力量的超越，是综合国力的超越，是世界影响力的超越，是对世界和平和人类进步所作贡献的超越。至于中国的经济总量超越美国的具体年份，这个并不重要，关键是中国具有经济超越美国的能力和潜力。至于中国军事力量何时能够超越美国，这也难以评说。关键是中国越强大，对世界和平就越有利；中国最强大，对世界和平就最有利。中国军力目前落后美国20年，需要加快强军步伐，尽快追赶和超越美国，为制衡世界霸权、维护全球和平，发挥好中国作用。

中国梦，绝不是一个世界“亚军梦”

加藤嘉一问：

习近平主席在美国加州安纳伯格庄园与美国总统奥巴马会晤时提出：太平洋足够大，完全能够容纳中美两个大国，中国梦与美国梦是相通的。刘老师，您在《中国梦》一书中提出，中国梦是一个“世界冠军国家梦”。现在的冠军国家是美国，美国能允许中国当冠军吗？这个世界能够有两个冠军吗？美国能够允许中国梦和美国梦平起平坐甚至允许中国梦超越美国梦吗？习近平时代、中国梦、中美关系，这三者之间是个什么关系？

刘明福答：

习近平时代，从2012年开始。而2010年，中国经济总量就已经超越日本，中国成为全球第二大经济体，成为全球经济总量的世界“亚军国家”。2012年习近平主席提出实现中华民族伟大复兴的“中国梦”，提出2021年中国共产党建党100周年实现全面建成小康社会的目标和2049年新中国成立100周年实现中华民族伟大复兴的中国梦，这个“中国梦”绝不是一个“世界亚军梦”，中国梦就是一个“世界冠军梦”。

中华民族在历史上，就是一个“冠军民族”，中国古代长期是一个世界冠军国家。一直到18世纪末，中国在世界制造业总产量所占的份额仍然超过整个欧洲5个百分点，大约相当于英国的8倍，是俄国的6倍，是日本的9倍。中国经济总量占世界1/3。1800年，全世界有9亿人口，中国有3亿人，占世界人口的1/3；中国的粮食产量也占世界的1/3，是世界首位；1800年，中国的工业产值，占世界的33.3%，而整个欧洲只占28.1%；18世纪全世界超过50万人口的大城市有10个，中国占了6个：北京、南京、扬州、苏州、杭州、广州。18世纪的法国启蒙思想家伏尔泰称赞中国是“举世最优美、最古老、最广大、人口最多而治理最好的国家”。法国百科全书的主编狄德罗在该书《中国》条目中，盛赞“中国民族，其历史之悠久，文化、艺术、智慧、政治、哲学的趣味，无不在所有民族之上”。21 世纪的中国，如果局限和满足于“亚军国家”，那怎么能算是“伟大复兴”呢？

所以，中国梦，既不是一个“世界亚军梦”，也不是一个与美国平起平坐的“对等梦”、“并列冠军梦”。实现中华民族伟大复兴，中国就是要再度成为世界冠军，就是不当世界“霸权国家”，要做世界“冠军国家”、功勋国家。

现在，全世界有 200 多个国家和地区。在人类社会加速进步、世界各国竞争发展的战略竞赛中，就类似于 200 多个运动员在 21 世纪进行一场“奥林匹克”运动竞赛，哪一个“运动员”能够追赶和超越前面的老冠军，而成为新冠军，创造出影响世界、造福人类的新奇迹、新纪录，这是人类社会充满活力、全球发展增加动力的好事情。如果一个原来跑在前面的冠军运动员，给追赶和超越自己的运动员戴上“挑战者”的帽子，进行舆论审判，进行遏制和阻挡，甚至不惜把竞争变成拳打脚踢的战争，那就是霸权和强权行为。

习近平时代，是中国人民向“中国梦”冲刺的时代，是中国梦和美国梦“决赛”的时代。中国这个选手坚守的“决赛”规则是，中国要和美国建立新型大国关系，中国要和美国进行你追我赶的“田径赛”，而不是进行你输我赢的“拳击赛”（冷战），更不是进行你死我活的“决斗赛”（战争）。而美国的选择是什么呢？这个问题，建议你去问一问美国总统。

中国梦成功实现——对世界的四大贡献

加藤嘉一问：

中国现在是世界第二经济大国，未来肯定要追去成为世界第一经济大国，甚至世界第一军事大国。这一未来目标跟中国提倡和推进中国梦的过程至少是离不开的。而且，我在前面也跟您提过，中国奔往未来战略目标的过程同时也是中国向往过去辉煌历史的过程。您认为，今后几十年，中国梦的奋斗和中国梦的实现，最终将会给中国和世界带来什么历史性的格局？

刘明福答：

奋斗和实现中国梦的过程，是一个创新、创造、创业的过程。在这个过程中，会有中国梦和美国梦的博弈，中国提出建立新型大国关系，为解决中美矛盾开拓出一条正确道路。而如何处理好中国梦与亚太地区利益相关国家的梦想之间的关系，如何处理好中国梦与全球各个地区和国家梦想之间的关系，中国提出了建立“地区利益和命运共同体”、建立“人类利益和命运共同体”的大思维，这是国际关系和世界政治的重大创新和突破。按照新型大国关系和命运共同体的新型国际价值观，中国梦与美国梦、中国梦与世界梦，将在联合、结合、融合中，实现合作、互利、共赢。中国梦的成功奋斗和胜利实现，将给世界提供四大发明、为人类贡献四大成果：一是会有一个新型中国——“冠军中国”出现；二是会有一个新型美国——“非霸美国”出现；三是会有一个新型世界——“无霸世界”出现；四是会有一个新型文明——“人类命运共同体”出现。

1. 中国梦成功实现，将涌现一个“世界第一”的新中国

旧中国，是一个半封建半殖民地的贫穷落后的中国。以毛泽东为领袖的共产党人，开天辟地，缔造了独立自主的新中国；以邓小平为领袖的共产党人，解放思想，锻造了改革开放的新中国；以习近平为领袖的共产党人，继往开来，打造民族复兴的新中国。2049 年的新中国，是实现中华民族伟大复兴的新中国，是全面超越美国的“世界冠军”国家。这样一个“冠军中国”，将比当年的英国和今天的美国，能够更好地引领世界、造福人类。

2. 中国梦成功实现，将催生一个“不搞霸权”的新美国

如果说，美国的独立宣言作为美国的建国宣言，为世界贡献了一个不同于君主制的新型共和制国家，是属于第一次“新”；如果说美国在第二次世界大战以后，成为全球的一号国家，是一个不同于大英殖民帝国的新型霸权国家，是它的第二次“新”；那么，当美国 21 世纪在与中国的战略博弈中，转型成为一个正常的“非霸权国家”，就将是美国脱胎换骨的一次升华，是美国国家生命历程中的第三次“新”。从此，一个非霸权的“新美国”诞生了。

3. 中国梦成功实现，将构建一个“告别霸权”的新世界

自从人类在近代历史上真正形成“世界”以来，这个新形成的世界，也是新了三次，经历了三个阶段。

第一次是世界的“欧洲阶段”。新世界新在欧洲，新世界发端于欧洲，新世界的核心位于欧洲。这是一个由殖民主义联结起来的新世界。它代替了分散孤立和封闭的旧世界。

第二次是世界的“美洲阶段”。新世界新在美洲，美国的霸权主义取代了英国的殖民主义，美国以霸权主义控制世界。美国模式的霸权主义世界比较英国模式的殖民主义世界，是一个新型的世界，是一个相对文明的新世界。

第三次是世界的“亚洲阶段”。随着中国成为世界的冠军国家，这个世界就变成了一个彻底告别霸权的新世界——“无霸世界”。

4. 中国梦成功实现，将创造一个“大国竞争”的新文明

这个新文明，就是实现从大国竞争你死我活的战争“角斗赛”、你输我赢的冷战“拳击赛”，进化到你追我赶的发展“田径赛”。大国关系将彻底告别“两战”——战争、冷战，始终运转在不冲突、不对抗、合作共赢的轨道上。

中国梦不是“霸权梦”，更不是“复仇梦”

加藤嘉一问：

在日本，有人担心中国崛起之后的“霸权性”、复兴之后的“扩张性”，更担心中国将来某一天对日本的“复仇性”，认为中国强大以后，特别是当中国比美国还要强大的时候，可能重走战前日本的道路。您认为一些日本人的这种担心有道理吗？中国梦如何能够让世界放心？如何能够让美国放心？如何能够让日本放心？

刘明福答：

从 1894 ~ 1895 年的甲午战争到 1931 ~ 1945 年的侵华战争，日本对中国是有血债的，但是，中国对日本并没有采取“血债要用血来还”的政策。在 2049 年中国梦实现以后，当中国成为世界最强大国家，也不会占领日本、打进东京、杀死 30 万日本人。

中国是和平崛起，崛起后会维护世界和平。中国没有殖民主义历史，没有军国主义基因，没有法西斯主义传统，中国也没有世界霸权主义追求。日本从丰臣秀吉开始，有点力量就蠢蠢欲动，就出海侵略、出岛杀人。日本从明治维新以后，就开始杀遍四邻。杀得最多的是中国人。14 年抗日战争，中国就伤亡人员 3500 万。而中国对日本，连战争赔款的要求都放弃了。在 1972 年 9 月 29 日签署的中日联合声明中，“中华人民共和国政府宣布：为了中日两国人民的友好，放弃对日本国的战争赔偿要求”。

中国梦是一个善良梦，是一个文明梦，是让全世界受益和放心的梦，中国梦不会给世界带来噩梦。要知道中国梦是个什么样的梦想，关键是要知道中国是一个什么样的国家。而要知道“中国是谁”，关键要知道“中国不是谁”。

1. 中国是谁？——中国不是第二个日本

近代以来，日本是亚洲的另类。这个另类有四个特点：

一是先发制人。在中日甲午战争中，日本军队不宣而战、突然攻击。这是日本背信弃义的惯用做法。以后的日俄战争、九一八事变、卢沟桥事变、珍珠港事件，日本都是如此。而李鸿章直到甲午战争爆发前5天，还致电告诫当时驻守朝鲜的清朝军队将领叶志超："日虽竭力预备战守，我不先与开仗，彼谅不动手。此万国公例，谁先开战，谁即理诎。切记勿忘！你勿性急。"（金冲及:《20世纪中国史纲》第一卷，社会科学文献出版社，2009年9月第1版第5页）中日两个国家，性格差别是如此之大。

二是战争崛起。从明治维新以后，日本是东、南、西、北打一圈：中国、俄国、美国、东南亚，通打。

三是亚洲公敌。近代世界以来，在亚洲国家中，只有一个国家是欺负亚洲国家的，这就是日本。对亚洲国家伤害最大的国家，杀害亚洲人最多的国家，对亚洲破坏最大的国家，不是欧美国家，而是日本这个亚洲国家。日本是亚洲公敌。

四是世界公敌。日本对东、西方国家通打，日本对英国、美国、沙俄（后来的苏联），都有战争记录。

五是拒不认罪。德国和日本都是犯有严重战争罪的国家，但是，德国认罪态度好，日本缺乏对战争罪行的反思，右翼势力蠢蠢欲动，成为亚洲和平与稳定的破坏力量。

中国不是第二个日本，中国不会战争崛起，不会与亚洲国家为敌，不会发动太平洋战争，对美国突然袭击。

2. 中国是谁？——中国不是第二个德国

中国没有扩张的野心。美国有些人总是将崛起的中国与两次世界大战中的德国类比，把今天的中美关系与两次世界大战前的英、德关系类比。其实，中国的国家性格，早在中国明代来到中国的意大利传教士利马窦，就有深刻的观察和正确的论断。利马窦说："在一个几乎可以说其疆域广阔无边、人口不计其数、物产多种多样且极其丰富的王国里，尽管他们拥有装备精良、可轻而易举地征服邻近国家的陆军和海军，但不论国王还是他的人民，竟然都从未想到去进行一场侵略战争。他们完全满足于自己所拥有的东西，并不热望征服。在这方面，他们截然不同于欧洲人。欧洲人时常对自己的政府不满，垂涎其他人所享有的东西。现在，西方诸国家似乎已经被称霸世界的念头折腾得筋疲力尽，他们甚至不能像中国人在长达数千年的时间里所做的那样，保持其祖先留下的遗产。"(《环球时报》2008 年 7 月 15 日 11 版《中国愤青是怎么来的》) 利马窦的这段对"中国性格"的经典评论，在今天依然具有很强的说服力。

3. 中国是谁？——中国不是第二个苏联

这包括四个含义：

一是中国没有在苏联解体之后接着就垮台。中国不败，这一点让美国一些人失望，也让日本一些人失望。这是由于中国特色社会主义不同于苏联模式社会主义，它具有强大的生命力，在全世界具有亲和力。

二是中国不争霸、不称霸。中国梦不是争霸梦，中国梦不是称霸梦。这是中美竞争与美苏竞争的本质不同。

三是中国不与美国搞冷战，不组织阵营，不搞世界革命，不搞军备竞赛。中国的崛起，不会为美国增添一个新的冷战对手。

四是中国在与美国的竞争中，不会重蹈苏联失败的命运。中国必然超越美国。多年来，美国一直用"中国是第二个苏联"的心理看中国。基辛格在《论中国》中说："1992 年 9 月，比尔 · 克林顿在竞选造势期间，对中国的政治体制提出质疑，认为'中国不能永远抗拒民主变革的力量'，他宣称，'总有一天它会步前苏联和东欧国家的后尘。而美国必须尽其所能加快这一进程’。1993 年就任美国总统后，克林顿将‘扩展民主’定为外交政策的主旨，并且在 1993 年 9 月举行的联合国大会上宣称，美国的目标是‘扩大、巩固以自由市场为基础的民主国家阵营’，‘拓展奉行自由制度的国家的圈子’，直到人类建成‘一个由相互合作、和平共处的欣欣向荣的民主国家构成的世界’。”（基辛格:《论中国》，中信出版社，2012 年 10 月第 1 版第 452 页）美国把崛起的中国看成是第二个苏联，是蓄意误判，是有意丑化，是一种赌咒。

4. 中国是谁？——中国不是第二个美国

中国不会像当年的苏联那样争霸世界，中国也不会像今天的美国那样称霸世界。这包括四个含义：

一是中国不会像美国在二战后那样，按照意识形态分裂世界；

二是中国不会像美国与苏联在冷战中那样，在大国关系中，通过冷战，争霸世界；

三是中国不会像美国在冷战后那样一超独霸，称霸世界；

四是中国在超越美国之后，不会像美国那样，将新兴国家看成是对自己的威胁和挑战，不会对可能超越自己的国家进行遏制，千方百计不让别人崛起。中国坚持以“仁德”服天下，而绝不以“霸权”待天下。

从中国对待日本人、美国人和印度人的三个案例，就可以看出中国的境界。

抗日战争胜利后，中国放弃日本战争赔款；对日本战犯进行教育、改造和最后释放的政策；抚养日本侵略者丢下的遗孤，表现了以德报怨的胸怀和文化。

在抗美援朝战争中，中国对敌军战俘实行人道主义政策，得到全世界包括当时敌对国家在内的公认和赞扬。美军战俘说：“我们深深感到中国是世界上最文明的国家。”他们的亲属写信赞扬中国军队的优待俘虏政策“正像母亲的心一样”。

在对印度军队自卫反击作战中，中国收复了被印度军队非法侵占的中国领土，在完全有能力继续追击的情况下，断然撤退到原来的实际控制线，表示中国的和平诚意，并且释放全部战俘，把缴获的大批武器装备主动交还印度方面。这些在世界战争的历史上都是没有先例的。

5. 中国是谁？——中国也不是 30 多年前的中国

今天的中国，不是僵化封闭的中国，而是改革开放的中国；不是“世界革命”的中国，而是在国内建设小康社会、在国际建设和谐世界的中国。所以，美国和日本不能用老眼光看中国，而是要用 21 世纪的新眼光看中国。

有了以上五个“不是谁”，就不难理解“中国是谁”的问题。这样一个中国，不是一个可怕的中国，而是一个可信、可亲、可爱、可敬的中国。如此一个文明的中国，美国、日本有什么可担心的呢？

正因为中国是全球大国中“不侵略、不扩张、不争霸、不称霸”的文明大国的典范，正因为中国梦是一个复兴中国、造福地区、贡献世界的共赢之梦，是一个和平、友善、美丽、光明之梦，所以在 21 世纪，中国梦是世界之机，中国梦是全球之利，中国梦是人类之福。中国梦可喜、可贺，而不是可疑、可怕。一些国家，对中国梦心态失衡、情绪失调、对策诡谲，暴露了他们战略思维的落后和价值观念的阴暗。

第 9 章

中国梦战略内涵、奋斗阶段

中国梦，梦什么：六大内涵

加藤嘉一问：

中国梦，这三个字简单明了，听起来顺耳，说起来顺口，谁也不会感到深奥。但是，细细琢磨，却不那么简单。不仅一些外国人对中国梦云里雾里想不清楚、说不明白，就是许多中国人自己，也讲不准、说不全，解释起来，有很大的局限性和主观性，这也限制了中国梦的说服力和影响力。刘老师，您是否能够从专家的角度，对中国梦有一个全面诠释，能够对中国梦的内涵有一个系统的解读？

刘明福答：

中国梦是社会主义目标的中国化，是共产主义理想在中国的阶段化，中国梦是中国共产党人共产主义的理想主义与中国社会主义初级阶段之现实主义的统一与结合。中国梦既是一个大目标，同时用中国梦来激励“中国志”，用中国梦来凝聚“中国心”，也是习近平治国理政的一个大战略。而且是“习近平民族复兴大战略”体系中的核心战略。

什么是中国梦？习近平主席2013年3月23日在莫斯科国际关系学院的演讲中指出：“实现中华民族伟大复兴，是近代以来中国人民最伟大的梦想，我们称之为中国梦，基本内涵是实现国家富强、民族振兴、人民幸福。”而中国梦的具体内涵又是很丰富的。根据习近平主席关于中国梦的一系列论述，我认为中国梦的涵义，可以有几种表述：

什么是中国梦？用一句话来表述：实现中华民族伟大复兴，就是中国梦。

什么是中国梦？用三句话来表达：国家富强，民族复兴、人民幸福，就是中国梦。

什么是中国梦？用四句话来表达：国家富强，民族复兴，人民幸福，世界和平，就是中国梦。

什么是中国梦？我认为用六句话来表达，就比较全面和具体。这六句话是：中国梦是“和谐世界梦”；中国梦是“腾飞兴国梦”；中国梦是“强军兴军梦”；中国梦是“和平统一梦”；中国梦是“生态文明梦”；中国梦是“幸福人生梦”。这六个方面的具体目标和内容，就基本构筑和支撑起一个中国梦的体系。

加藤嘉一问：

中国梦的六个方面，您能进行一些具体的描绘吗？这能够加深人们对中国梦的具体感和立体感。

刘明福答：

我对中国梦六个方面的认识，也是初步的。在这里，与你交流、与大家分享，可以把这个问题的思考引向深入。

1. 中国梦是“和谐世界梦”

中国梦的第一个具体涵义，就是中国梦，梦世界——中国梦是一个“和谐世界梦”。

中国今天已经是世界第二大经济体，中国的国际地位和中国的时代责任，决定了中国梦不能只是“梦”中国，而且也要“梦”世界；中国梦不仅梦想建设一个什么样的中国，而且梦寐以求的是有一个和平繁荣的世界。

中国梦，梦的是世界和平。习近平 2013 年 1 月 28 日在十八届中央政治局第三次集体学习时的讲话指出：“中华民族是爱好和平的民族。消除战争，实现和平，是近代以后中国人民最迫切、最深厚的愿望。”“中国人民怕的就是动荡，求的就是稳定，盼的就是天下太平。”2013 年 3 月 25 日习近平在坦桑尼亚尼雷尔国际会议中心的演讲中指出：“13 亿中国人民正致力于实现中华民族伟大复兴的中国梦”，“我们还要同国际社会一道，推动实现持久和平、共同繁荣的世界梦”。习近平 2013 年 3 月 19 日在接受金砖国家媒体联合采访时的答问中强调，我们希望，“各国能够齐心协力推动建设持久和平、共同繁荣的和谐世界”。

中国梦与世界各国人民追求的梦想是相通的。习近平 2013 年 5 月在接受拉美三国媒体联合采访时的答问中说：“实现中国梦给世界带来的是和平，不是动荡；是机遇，不是威胁。”2013 年 6 月 7 日，习近平在同美国总统奥巴马共同会见记者时的讲话中说：“我明确告诉奥巴马总统，中国将坚定不移走和平发展道路，坚定不移深化改革、扩大开放，努力实现中华民族伟大复兴的中国梦，努力促进人类和平与发展的崇高事业。中国要实现国家富强、民族复兴、人民幸福，是和平、发展、合作、共赢的梦，与包括美国梦在内的世界各国人民的美好梦想相通。”习近平 2013 年 11 月 2 日在会见 21 世纪理事会北京会议外方代表时的谈话中强调：“中国梦与中国人民追求美好生活的梦想是相连的，也是与各国人民追求和平与发展的美好梦想相通的。”

实现中华民族伟大复兴的中国梦，是中国的一件大事，也是世界的一件好事。中国梦不是一个称霸世界的梦，中国梦不是一个霸权梦。中国梦是一个伟大民族、伟大国家的进取之梦；中国梦是一个有利世界、造福全球的梦；中国梦是与这个星球上各个国家和地区人民追求和平、发展、幸福的美好梦想比翼群飞的家国梦。

2. 中国梦是“腾飞兴国梦”

习近平主席 2013 年 5 月在接受拉美三国媒体联合采访时的答问中指出：“中华民族历经磨难，自强不息，从未放弃对美好梦想的向往和追求。实现中华民族伟大复兴的中国梦是近代以来中华民族的夙愿。在新的历史时期，中国梦的本质是国家富强、民族振兴、人民幸福。我们的奋斗目标是，到 2020 年国内生产总值和城乡居民人均收入在 2010 年基础上翻一番，全面建成小康社会。到本世纪中叶，建成富强民主文明和谐的社会主义现代化国家，实现中华民族伟大复兴的中国梦。”

旧中国，是一个半封建、半殖民地国家，国运衰落，面临生存危机。新中国成立以后，人民虽然在政治上获得翻身解放，但是国家一穷二白，人民生活水平和综合国力，与世界发达国家之间差距很大。改革开放开始，邓小平指出，中国的社会主义是一种初级阶段的社会主义，是不成熟、不合格的社会主义。现在，中国的建设和发展虽然取得了巨大成就，经济总量已经成为世界第二，但是今天的中国仍然是一个发展中国家。中国社会发展进步的任务依然艰巨，全面赶超发达国家的道路依然漫长。我们今天讲奋斗中国梦，就是要再经过 30 多年的奋斗，到新中国成立 100 周年时，实现中华民族伟大复兴的大腾飞，把中国建设成为发达国家、先进国家。

3. 中国梦是“兴军强军梦”

中国梦也是强军梦。习近平 2012 年 12 月 10 日在广州战区考察工作时指出：“实现中华民族伟大复兴是中华民族近代以来最伟大的梦想。我想说，这个伟大的梦想，就是强国梦，对于军队来讲，也是强军梦。所以，我们要实现中华民族伟大复兴，一定要继续积极努力，坚持富国和强军相统一，建设巩固国防和强大军队。”

按照强军目标奋斗强军梦。习近平 2013 年 3 月 17 日在第十二届全国人民代表大会第一次会议上的讲话指出:“中国人民解放军全体指战员，中国人民武装警察部队全体官兵，要按照听党指挥、能打胜仗、作风优良的强军目标，提高履行使命能力，坚决捍卫国家主权、安全、发展利益，坚决保卫人民生命财产安全。”

实现强军梦，要牢记中国在强军问题上的历史教训。中国近代历史记录了西方列强凭借坚船利炮对中国的侵略，中国一百年中丧权辱国的惨痛教训，使中国人认识了三个真理: 一是“落后就要挨打”; 二是“枪杆子里面出政权”; 三是“枪杆子里面出主权”。中国梦是一个“和平梦”，但是和平的基石是力量，是勇于拼搏、敢于战斗的意志。现在，美国和日本组织军事同盟，包围、遏制中国，中国如果只有经济崛起，没有军事强大，就会成为《西游记》中的“唐僧肉”，被那些大大小小的妖魔鬼怪抢而食之。

现在中国的军事力量和美国差距太大，中国航空母舰只有美国的 1/10。中国必须军事建设、经济建设两手抓，一手抓“鸡蛋”，一手抓“导弹”; 要少建摩天大楼，多建航空母舰。要把握国际军事竞争的战略主动权，要在“中美军事博弈”中尽快强大起来。

4. 中国梦是“和平统一梦”

中国梦的一个重要战略目标，是国家“统一梦”。

如何实现国家统一？无非是两种途径: 一是“和平统一”; 二是“战争统一”。我们的愿望是和平统一，但是“统一”高于“和平”，当使用和平的手段无法制止分裂、无法实现统一，我们就不能为了和平而放弃统一，就不能为了和平而牺牲统一，也不能为了和平而无限期拖延统一。

武力统一、战争统一，要付出巨大代价，但是，当“台独”势力决心分裂国家的时候，在万不得已、别无选择的情况下，就是要高高举起“中国统一战争”的旗帜，以“横扫‘台独’如卷席”的决心和气势，进行武力统一、战争统一。

20世纪的中国，曾经进行了伟大的“抗日战争”。抗日战争胜利后，中国共产党为成立新中国，领导人民进行了“解放战争”。新中国面对强大的美国军队，又进行了“抗美援朝战争”。21世纪的中国，在实现国家统一、民族复兴的征程中，必须准备打赢一场“中国统一战争”。21世纪的中国统一战争，作为一场反分裂、反“台独”的战争，将是一场正义之战、神圣之战。

在以统一战争坚决打击分裂势力、维护国家统一问题上，美国为中国树立了榜样。美国在崛起过程中，曾经打了一场四年之久的南北战争，这是一场“美国统一战争”。研究美国统一战争，对于准备“中国统一战争”，对于实现“中国统一大业”，是有意义的。

这个问题，你可以参阅我在《中国梦》杂志2016年第三期发表的文章《美国统一战争对中国的启示——“台独”猖獗必将引发“中国统一战争”》。

5. 中国梦是“生态文明梦”

中国共产党十八大第一次把生态文明建设纳入中国特色社会主义事业“五位一体”总体布局，明确要求大力保护生态环境、推进生态文明建设，努力建设美丽中国，实现中华民族永续发展。习近平把引领中国走向生态文明新时代，建设美丽中国，作为实现中华民族伟大复兴的中国梦的重要内容，这就在中国梦与生态梦的关系上有了新的认识和新的境界，使生态文明上升到国家目标和民族追求的战略高度。

2013年7月18日习近平在致生态文明贵阳国际论坛2013年年会的贺信中宣称：“走向生态文明新时代，建设美丽中国，是实现中华民族伟大复兴的中国梦的重要内容。中国将按照尊重自然、顺应自然、保护自然的理念，贯彻节约资源和保护环境的基本国策，更加自觉地推动绿色发展、循环发展、低碳发展，把生态文明建设融入经济建设、政治建设、文化建设、社会建设各方面和全过程，形成节约资源、保护环境的空间格局、产业结构、生产方式、生活方式，为子孙后代留下天蓝、地绿、水清的生产生活环境。”

6. 中国梦是“幸福人生梦”

习近平 2013 年 3 月 17 日在第十二届全国人民代表大会第一次会议上的讲话中指出：“中国梦归根到底是人民的梦，必须紧紧依靠人民来实现，必须不断为人民造福。”他强调：“中国梦是民族的梦，也是每个中国人的梦。只要我们紧密团结，万众一心，为实现共同梦想而奋斗，实现梦想的力量就无比强大，我们每个人为实现自己梦想的努力就拥有广阔的空间。生活在我们伟大祖国和伟大时代的中国人民，共同享有人生出彩的机会，共同享有梦想成真的机会，共同享有同祖国和时代一起成长与进步的机会。有梦想，有机会，有奋斗，一切美好的东西都能够创造出来。”习近平 2013 年 5 月 4 日在同各界优秀青年代表座谈时进一步指出：“中国梦是国家的、民族的，也是每一个中国人的。”“国家好、民族好，大家才会好。只有每个人都为美好梦想而奋斗，才能汇聚起实现中国梦的磅礴力量。”

中国梦，不仅是一个伟大国家——中国的国家梦；不仅是一个伟大民族——中华民族的民族梦；而且是中国 13 亿黎民百姓同享民族复兴红利的美好幸福人生梦。中国梦要体现和落实在 13 亿中国人民和 4 亿个中国家庭的成功与幸福上。

中国梦 200 年历程，六个阶段

古代中国：是世界的一个梦

加藤嘉一问：

一般说来，梦想都是对未来的设想、憧憬和追求。中国梦的核心内涵却是中华民族伟大复兴。这个问题，我们虽然在前面进行了交流，但是，我还是希望您能够再从中国历史的角度，具体感性地透视一下，中国人为什么对“复兴”一词，那么情有独钟？对“伟大复兴”无限向往？

刘明福答：

中国梦，一个重要内容和指标，就是追赶和超越世界发达国家。而在近代以前，学习和追赶中国，是世界许多国家的一个梦。后来，中国落伍了，结果使得学习西方世界、实现伟大复兴，成为中国的一个梦。

中国人对“复兴”的崇拜、对“伟大复兴”的追求，是由于中华民族在历史上超常辉煌，光芒四射，具有宝贵的历史优势。这就产生了三个对比：

一是古代中国与古代世界的对比，中国是千年世界的“No.1”，这使中国人具有“历史的自豪感”；

二是近代中国与近代世界的对比，近代中国严重落伍，成为西方世界侵略、灭亡的对象，这使中国人具有“近代的屈辱感”；

三是今天的中国与今天的世界对比，中国是发展最快、潜力最大的新兴国家，这使中国人具有“崛起的机遇感”。

这三个对比、这三感交汇，激励中国人的“复兴感”油然而生，对民族伟大复兴的向往和追求，就成为凝聚中华儿女斗志、推动中国现代化进程的最强大力量。

中国梦的起点和终点

加藤嘉一问：

中国梦，从何时开始，到何时结束？也就是说，中国梦的起点和终点是在哪里？

刘明福答：

习近平指出，实现中华民族伟大复兴，就是中华民族近代以来最伟大的梦想。习近平的这句话，是一个经典定义，他明确了两个问题：一是阐明了什么是中国梦，中国梦就是“实现中华民族伟大复兴”；二是指明了中国梦的起点，中国梦“就是中华民族近代以来最伟大的梦想”，中国梦是中国“近代以来”的一个梦。而中国的近代历史是从 1840 年鸦片战争开始，所以，中国梦的起点，就是 1840 年，而中国梦胜利实现的终点，就是新中国成立 100 周年的 2049 年。也就是说，中国梦从 1840 年至今，已经奋斗了 170 多年，后面还有 30 多年，就要圆梦了。

加藤嘉一问：

您说中国梦的起点是 1840 年，而“中国梦”这个概念，习近平主席是在 2012 年年底才提出来的。如何看待从 1840 年到 2012 年中国人的奋斗与中国梦的关系？对于从 1840 年到 2049 年中国人为中国梦的奋斗，您能有一个“过程分析”，提供一个大致脉络吗？

刘明福答：

中国领导人明确提出“中国梦”的概念，是在 2012 年。而中国人民奋斗中华民族伟大复兴的实践，则是从 1840 年就开始了。中国人民从 1840 年以来的奋斗，中国近代以来的历史，就是一部民族复兴史，就是一部中国梦的奋斗史。习近平主席用“雄关漫道真如铁”来形容近代以来中国梦艰难曲折的奋斗历程。从 1840 年至今，在这 170 多年“雄关漫道”的漫漫征程里，中国梦的思想和实践，大体经历了六个阶段：

中国梦第一阶段：鸦片战争打出了“中国梦”

1840 年第一次鸦片战争后，中国有少数人先知先觉，开始觉醒，睁眼看世界，有了新的想法。像林则徐、魏源、龚自珍等，他们觉察到中国面临的是数千年未有之大变局，中国遇到的是数千年未有之强敌。他们提出“师夷长技以制夷”，通过学习西方的东西来富强中国。这可以说是中国梦的思想萌芽。但是 1840 年的鸦片战争虽然打开了中国的大门，却难以打醒沉睡的中国统治者。在此后 20 年的时间里，清王朝上至皇帝官绅，下到一般庶民，绝大多数人没有从战争的失败中看到中国和西方力量对比的差距，而是认为中国战败的主要原因是“奸臣误国”（指抚夷派琦善当权）。所以在鸦片战争后，中国并没有出现和形成一批改革派，统治阶层仍然处于昏睡和麻木中，仍然准备继续以冷兵器时代的武器和技术来应付未来的挑战。于是，在浑浑噩噩中，又虚度了 20 年宝贵光阴。

中国梦第二阶段：中国兴起洋务运动

中国梦第二阶段，是一群人开始行动的阶段。

在 1856 ~ 1860 年的第二次鸦片战争中，中国军队吃败仗，最后英法联军占领了中国首都北京，这使中国更多的封建官僚觉醒，中国一帮人搞起了洋务运动——要实现一个“强军梦”。洋务运动就是一个强军运动，它的主要代表人物是曾国藩、李鸿章、张之洞、左宗棠等。洋务运动是“自强运动”。洋务运动从 1861 年到 1895 年，持续了 30 多年。洋务运动的最大军事成果，是北洋水师的建立，但是北洋水师在 1894 年 ~ 1895 年的甲午战争中全军覆没。中国 1861 年开始洋务运动，日本 1868 年进行明治维新。中国洋务运动虽然起步比日本早，但是速度和质量比不上日本的明治维新。中国在甲午战争中的惨败，就是中国现代化运动在速度和质量上落后于日本的结果。这一次的中国梦、强军梦，是被日本人打断的。

中国梦第三阶段：孙中山的中国梦

1840 年鸦片战争以后，在中国最早喊出“振兴中华”这四个大字的，是孙中山。孙中山 1894 年 11 月 24 日在《兴中会章程》中提出：中国“可发奋为雄，无敌于天下”。“是会之设，专为振兴中华。”“振兴中华”的口号由此而来。孙中山认为，中国人一定要有驾乎西洋人和东洋人之上的大志气（西洋人当时主要是英国，东洋人指日本）。中国“必能为世界第一富强之国”，“必能驾美迭欧而为世界之冠”，中华民族“是世界最优秀的民族”，要树立“称雄地球”的理想，要造就“庄严璀璨世界第一之国家”，要成“世界第一强国”。孙中山讲中国梦，就是赶超英国、日本、美国。在孙中山以革命手段奋斗中国梦的时代，也出现了康有为、梁启超为代表的变法维新派，他们做的是“君主立宪梦”，结果遭受惨败。

中国梦第四阶段：毛泽东的中国梦

以毛泽东为核心的中国共产党第一代领导集体，带领中国人民经过长期革命斗争，夺取了胜利，赢得国家独立和人民解放，接着又进行社会主义革命和社会主义建设。毛泽东 1955 年 3 月 21 日在中国共产党全国代表会议上的“开幕词”中，首次提出“要在大约几十年内追上或超过世界上最强大的资本主义国家”。后来又强调：“赶上美国，超过美国”，“我们在整个世界上应该有这个职责”。“不能超过美国，中华民族就对不起全世界各民族”，“我们对人类的贡献就不大”，“那就要从地球上开除你的球籍！”毛泽东当时讲的是五六十年左右实现这个目标。

中国梦第五阶段：邓小平的中国梦

邓小平实现中国现代化的雄心壮志从不隐讳。早在1977年5月24日，邓小平就说："明治维新是新兴资产阶级干的现代化，我们是无产阶级，应该也可能干得比他们好。"1985年4月15日又说："现在我们干的是中国几千年来从未干过的事。这场改革不仅影响中国，而且会影响世界。"邓小平1990年4月7日对外宾谈话说："党的十一届三中全会以后，我们集中力量搞四个现代化，着眼于振兴中华民族。"邓小平的中国梦，是一个改革梦、开放梦，是通过改革开放振兴中华民族。

中国梦第六阶段：习近平的中国梦

2012年11月29日，习近平第一次提出"中国梦"这个概念，而且把中国梦和"实现中华民族伟大复兴"联系在一起，指出实现中华民族伟大复兴，就是近代以来最伟大的中国梦，中国梦就是实现中华民族的伟大复兴。这样，他不但给中国梦在内容上进行了定义，而且也明确了时间段，指出中国梦是一个过程，这个过程就是近代以来，就是从1840年鸦片战争开始，一直到2049年新中国成立100周年时，实现伟大复兴的中国梦。所以，中国梦是中华民族209年的一个大梦，我们已经奋斗了170多年，后面还有30多年，就要圆梦。

当然，实现了中华民族伟大复兴的中国梦以后，仍然要继续前进。习近平2012年12月7日至11日在广东考察时指出："我在参观'复兴之路'展览时讲到，实现中华民族伟大复兴是近代以来中华民族最伟大的梦想。中国梦就是一个理想。当然，共产党人应该有更高的理想，那就是共产主义。"

中国梦的历史方位和未来展望

中国梦进入“战略冲刺期”

加藤嘉一问：

您在上面讲了近代中国奋斗中国梦的六个阶段，进入习近平时代，中国梦今后 30 多年的奋斗，与之前 170 多年的奋斗，具有什么不同的特点？

刘明福答：

习近平时代，与以前时代的奋斗，其最大的特点，就是中国在经过 170 多年的奋斗之后，就是新中国在经过 60 多年的奋斗之后，开始了今后 30 年向成功实现中国梦的终点冲刺。就是说，在习近平时代，实现中国梦，不仅是进入“战略机遇期”，而且是进入“战略决赛期”。

2012 年 11 月 29 日习近平在参观“复兴之路”展览时提出中国梦，并回顾了近代以来中国人民为实现理想而奋斗的艰难历程。他指出：“现在，我们比历史上任何时期都更接近中华民族伟大复兴的目标，比历史上任何时期都更有信心、有能力实现这个目标。”这就明确了中国梦现在是处于什么样的历史方位，是站在一个什么样的历史起点上。

近代以来，中国的国家命运，中国与世界的关系，在四个“世纪初期”，“大落大起”。

19 世纪初期的中国，是落日的辉煌；

20 世纪初期的中国，是图存与救亡；

21 世纪初期的中国，是崛起的冲刺；

22 世纪初期的中国，将为世界领航。

中国人民已经渡过了“大落”的艰难岁月，中华民族已经进入了竞争世界冠军的“战略冲刺期”，中国选手已经站在了“腾飞”、“大起”的冲击出发线。现在，“世纪决赛”的起跑枪声已经响起，没有任何力量能够阻挡21世纪的“中国冲刺”。

这是一个来之不易的时代，是一个必须大有作为也一定能够大有作为的时代。从1840年鸦片战争以来，中华民族面临的战略挑战，归结起来，就是两大课题：一是民族生存问题；二是民族振兴问题。这两个问题紧密联系，“救亡图存”的警钟与“振兴中华”的呐喊，成为近代中国的最强音。中国梦激励中国心。中国梦赢得中国心。中国梦的目标，是到中国共产党建党100周年的2021年建成小康社会，到新中国成立100周年的2049年实现中华民族伟大复兴。中国已经进入了一个加速实现梦想的“梦时代”，在今后的30年将实现向“梦之巅”的登攀和冲刺。

实现中国梦，必须遵循“中国规律”

加藤嘉一问：

到目前为止，全世界最成功和亮丽的国家梦和民族梦，就是美国梦。中国要实现中国梦，最终是否要走“美国路”？中国要实现现代化，是否要更多“美国化”？中国梦的实现和美国梦的实现，有什么不同的特点和规律？

刘明福答：

奋斗“中国梦”的征程，是有客观规律的。实现“中国梦”，要依据中国国情，把握中国特点，遵循中国规律。主要是三条规律。

一是“中国梦”与“中国魂”——实现“中国梦”，要有“中国魂”，这个中国魂，就是马克思主义。马克思主义在中国是“中国化”的，是与时俱进的，马克思主义扎根中国大地，赋予时代特征，成为指引、凝聚和推动亿万中国人奋斗和实现“中国梦”的理论武器和精神力量。我认为现在和今后，中国的现代先进文化体系的基本内容，应当是“一个主旋律、两个大方面”。

就是以马克思主义、毛泽东思想、邓小平理论、习近平民族复兴思想为主旋律；以中国古代优秀传统文化和西方文化中的进步文化为两个大方面。

二是“中国梦”与“中国路”——实现中国梦，要走中国路。道路决定命运，找不到正确的道路，梦想就不会成功。中华民族是幸运的，虽然历经曲折，屡遭挫折，却终于找到了彻底改变民族命运的正确道路。中国共产党从新中国成立到 1978 年的建设与发展事业，经历了 30 年曲折与挫折的探索并付出代价，才找到了中国特色社会主义的正确道路，又用最近 30 多年的成功实践证实了这条道路的正确。只有继续坚持和不断拓展这条正确道路，才能够在实现“中国梦”的道路上继续收获成功。中国特色社会主义必将超越“美国特色资本主义”，这是我们的道路自信。

三是“中国梦”与“中国党”——实现中国梦，要靠共产党。现在的世界政治，是政党政治。执政党是国家的核心。实现“中国梦”，必须坚持中国共产党的领导地位和执政地位。这是中国人百年奋斗的历史结论，是今后推进“中国梦”的根本保证。中国共产党先进卓越的领导力，在当今世界首屈一指的执政力，是中国的核心竞争力。中国共产党的执政能力全球第一。世界银行前行长沃尔芬森在 10 多年前就讲过：“没有哪个领导班子，比中国的更优秀。”中国奇迹，是中国共产党的领导奇迹；中国崛起，是中国共产党领导力和执政力的崛起。中华民族只有在共产党领导下，才能实现伟大复兴，这是一条“中国定律”，也是实现中华民族复兴之梦的根本保证。

2021 年、2049 年的中国，将是什么样子？

加藤嘉一问：

习近平总书记提出“中国梦”，实现中国梦，要分两步走，这就是著名的“两个一百年目标”。中国梦第一步是到 2021 年，当中国共产党成立 100 周年的时候，要全面建成小康社会；中国梦第二步是在新中国成立 100 周年的时候，要把中国建设成为社会主义现代化国家，要实现中华民族的伟大复兴。这两个年头可以说是中华民族实现“中国梦”这一伟大复兴的核心时间轴。您作为一名中国公民和军人，请想象一下，2021年这一相对近期的未来和2049年这一对许多人来说还比较遥远的未来，中国国内社会的状况和在国际社会上的位置，分别会是什么样子？到时候的中国究竟有多强？

刘明福答：

习近平主席提出“中国梦”这样一个大目标，是分两步走的，这就是“两个一百年”。

第一个百年，到2021年全面建成小康社会。小康社会是个什么样子？大致就是第十三个五年规划所规划和设计的样子。

全面建成小康社会，将为中国梦的成功实现，全面夯实基础，全面做好准备。我感到特别重要的是四个方面的基础和准备：

一是准备了无可比拟的领航能力。

中国共产党从1921年～2021年，在100年的领导实践中，充分证明了她不仅是一个伟大的善于领导革命的“革命党”，而且是一个伟大的成功领导建设和发展的“执政党”。中国共产党的执政能力，堪称“世界第一”。不仅日本多党竞争的政党不能与之比较，而且美国轮流执政的两大政党，也根本不能与之比肩。具有这样的世界第一执政党，中国梦的成功实现，就有了坚强的领导力量保障。

二是准备了坚不可摧的群众基础。

全面建成小康社会，最根本的标志是全面消除贫困。而坚决打赢脱贫攻坚战，也是实现社会公平、正义和共同富裕的关键。消灭贫困之后的中国民众将更加众志成城，全面实现小康之后的中国社会，将具有更强的凝聚力，对共产党和社会主义具有更强的向心力。所以，全面建成小康社会，将全面赢得天下人心。

三是准备了不可战胜的军事力量。

强军梦护航中国梦。全面建成小康社会的进程也是全面推进国防和军队建设的过程。在强军目标引领和军事战略方针指导下，解放军加强各方向、各领域军事斗争准备，加强新型作战力量建设，加快推进国防和军队改革，到2020年，基本完成国防和军队改革目标任务，构建起能够打赢信息化战争、有效履行使命任务的中国特色现代军事力量体系。这将使中国具有应对世界霸权国家战争遏制的军事力量。

四是准备了长治久安、持续崛起的法治和创新体制。

实现中国长治久安的根本保证，就是建设社会主义法治国家；保证中国持续崛起的最大动力，是改革创新，是建设创新型国家。2021 年，中国全面深化改革的任务基本完成，中国将进入创新型国家和人才强国的行列。法治型国家和创新型国家的体制机制优势，将使中国的现代化治理能力和水平有一个大的飞跃。

2021 年，一个“三不”中国屹立在世界东方。

可以说，2021 年时的中国，全面建成小康社会的中国，将是一个面对各种内部矛盾和各种外部挑战，坚不可破、牢不可摧的中国。这样一个中国，将是一个“三不”中国，即：美国对中国想和平演变也“演变不了”；美国对中国想包围遏制也“遏制不了”；美国对中国想战争征服也“征服不了”。

2049 年，一个“冠军中国”将导航一个“无霸世界”。

至于你问的 2049 年的中国会是什么样子，中国国内社会的状况和在国际社会上的位置分别是什么样子？到时候的中国究竟有多强？这个问题，我在 2010 年 1 月出版的《中国梦》一书中，有这样四句话：“冲刺世界第一，决赛冠军国家，创造中国时代，建设无霸世界。”我理想中的 2049 年的中国，就是一个世界第一的冠军国家，是一个引领世界进步发展的榜样国家，是一个团结世界、造福世界的文明国家。那时的世界，是一个告别世界霸权的“民主世界”。美国，将是人类世界“最后一个霸权国家”；中国，将是全球“第一个非霸权的世界冠军国家”。2049年时的中国，将在经济力量、军事力量等硬实力方面超越美国，也将在外交、文化等软实力方面超越美国。中国对于美国的全面超越，是成功实现中国梦的基本标志。否则，中国就要像毛泽东早就讲过的那样："被开除球籍！"

中国梦是人类历史上史诗般的“梦工程”

加藤嘉一问：

如何看待和评价中国梦在人类历史上、在世界历史上的地位和影响？

刘明福答：

中国梦作为一个“和谐世界梦”，要建设“人类命运共同体”；中国梦作为“腾飞兴国梦”，要建设“发达中国”；中国梦作为“兴军强军梦”，要建设“强大中国”；中国梦作为“和平统一梦”，要建设“统一中国”；中国梦作为“生态文明梦”，要建设“美丽中国”；中国梦作为“幸福人生梦”，要建设“幸福中国”。这六个方面的具体目标和内容，就构筑和支撑起一个中国梦的光辉体系。

中国梦这样六个方面的具体内容和具体目标，就把中国今后30年发展进步的目标和目的、要解决的主要矛盾和问题，描绘和设计得一清二楚。这样的一个14亿人的中国梦，是造福中国也造福世界的伟大事业，可以说是人类历史上史无前例的伟大工程。欧洲从工业革命以来，整个欧洲梦，加上美国梦，再加上“日本梦”，这些在工业化进程中实现了发达国家梦、实现了现代化梦想的国家群体，至今也就是8亿多人口，占中国总人口的一半多一点。所以，中国梦是人类历史上史诗般的“梦工程”。

第 10 章

中国梦、美国梦，一球两梦的合作与竞争

中国梦与美国梦的区别点、碰撞点、相通点

加藤嘉一问：

以前，全世界最著名的“梦品牌”、“品牌梦”，就是美国梦，现在“中国梦”这个新品牌崛起。中国梦遇上美国梦，是幸会，还是遭遇？中国梦和美国梦这“双梦”比较，有什么相通点和不同点？习近平主席提出“中国梦与美国梦相通”。相通在哪里？究竟如何实现相通？美国“允许”吗？

刘明福答：

中国梦与美国梦的关系，是一个很重要的问题。在 19 世纪和 20 世纪，世界最有魅力的国家梦，是“美国梦”。进入 21 世纪，全球最光辉的国家梦，是“中国梦”。“中国梦”和“美国梦”在 21 世纪，是比翼翱翔，还是对立对抗？是中国梦“战胜”美国梦，还是美国梦“扼杀”中国梦？中国梦与美国梦是否会两败俱伤、同归于尽？

其实，大自然万紫千红，美国梦、中国梦各具风采。美国和中国是两个

伟大国家，美利坚民族和中华民族是两个伟大民族，美国梦和中国梦，也是两个伟大的梦想。这两个伟大梦想的共同点，都是追求和平、追求公平、追求成功、追求幸福。美国梦，从建国到现在，是用200年的时间，建设了一个世界最富有最强大的美国；而中国梦，从1840年鸦片战争开始，到2049年新中国成立100年，用200年的时间，实现中华民族伟大复兴。

1. 中国梦与美国梦的四个“区别点”

中国梦和美国梦的区别，主要有四个。

首先，中国梦的实现，难度要大于美国梦。因为美国梦在今天也就是3亿人的梦，而中国梦今天是13亿人的梦。特别是中国的资源条件和安全环境都无法与美国相比。

其次，中国梦的性质，要先进于美国梦。美国梦有国内部分和国外部分。国内部分好于国外部分。这个问题在1945年以后表现突出，在冷战以后尤其突出。今天的美国在国内来说，是西方模式的民主国家，但是就国际关系来说，是全球的霸权国家。所以今天的美国，其总体的国家性质，是一个半民主、半霸权的国家。在中国梦中没有霸权的目标和内容，中国永远不争霸，也永远不称霸。

其三，中国梦的实现，影响和意义要大于美国梦。因为中国梦是一个发展中国家的梦，中国梦对世界绝大多数发展中国家具有更大的榜样和示范作用。

其四，中国梦的传统，在历史基因上比美国梦悠久。200多年的美国梦，是一个世界最年轻大国的第一度辉煌；中国梦是在中国2000年领先世界的基础上花开二度，要实现中华民族的再度辉煌。就是说，中华民族在200多年的美国梦之前，已经有一个2000年领先世界的辉煌时代，在落伍一段时间以后，要再创造一个辉煌。

中国梦，170多年的沧桑，我在上面讲了6个阶段，也可以再粗一点，分为四个阶段：

第一阶段，是从 1840 年到 1949 年，这一期间，百年奋斗中国梦，是奋斗出一个新中国；

第二阶段，是从 1949 年到 1978 年，这 30 年，是中国政治崛起，成为世界舞台一支重要战略力量，最后是世界大三角格局的一角。

第三阶段，是从 1978 年到现在 30 年，中国经济崛起，成为世界第二，是世界的亚军国家，离世界冠军国家还有最后一个赛程。

第四阶段，就是从现在到新中国成立 100 周年，到 2049 年，再用 30 年，实现中华民族伟大复兴的中国梦。

中国梦，曾经从美国梦中受到启发，美国梦也会从中国梦中受到促进。中国梦和美国梦的相互比较，相互激励，相互竞争与合作，将是 21 世纪特别是今后 30 年，中国和美国这两个伟大国家发展进步的第一动力，也是世界进步发展的第一动力。

2. 中国梦与美国梦的对立“碰撞点”

中国梦与美国梦，“碰撞点”在哪里？

我在上面讲了，美国梦是分阶段的，美国梦从北美殖民地人民的独立“建国梦”；到美国建国之后快速发展的“兴国梦”；一直到第二次世界大战即将胜利前夕，富兰克林·罗斯福总统策划建设战后世界新秩序，以“联合国”的成立为标志而追求的世界“联合梦”；这几个时期的“美国梦”，总体看来，都是兴旺美国国运、推动世界发展的进步之梦、文明之梦、善良之梦、光明之梦。

二战胜利的时刻，也是美国梦的巅峰时刻。遗憾的是，在二战胜利之后不久，就开始了美国和苏联两个国家、两个阵营之间，以争夺世界霸权为主要目标的近半个世纪的冷战，美国梦在国际政治的层面上，就变成了一个“争霸梦”。冷战结束之后，美国梦又变成了一个“独霸梦”，就是美国一个国家对整个世界“一超独霸”。

中国在21世纪的迅速崛起，实现中华民族伟大复兴的中国梦的提出，被一些人看成是对美国梦的挑战，认为中国梦的兴起，将导致美国梦的衰落和终结。其实，中国梦与美国梦的关系，是对立统一关系，这个“对立”关系，就表现在中国“不争霸”、“不称霸”，而美国“要称霸”、“要保霸”。这就是21世纪中国梦与美国梦这两梦之间根本的不同点、最大的不同点。另一方面，中国梦与美国梦这两梦之间，又具有“统一”关系，也就是具有相通点。这种相通点主要表现在四个方面。我在下面具体阐述。

3. 中国梦与美国梦的四个“相通点”

中国梦与美国梦的“碰撞点”，不可回避。而中国梦与美国梦的“相通点”，更具有根本价值和长远意义，是最终决定中美关系前途和未来的。这种“相通点”，主要表现在以下四个关键点上。

一是在国家独立和外交自主上，中国梦与美国梦相通。

美国梦，首先是一个独立建国梦北美殖民地，能够从大英帝国的殖民统治和殖民剥削下独立出来，成为一个新生国家，成为人类历史上第一个先进的民主共和制国家，这是美国梦的第一个伟大胜利。从1775年4月19日打响独立战争第一枪，到1783年9月3日《巴黎和约》签订，美国梦中的建国梦，是通过一场8年的独立战争实现的。而独立后的美国为了实现外交自主，从1812年至1815年，又进行了3年的“英美战争”。

中国梦，首先也是一个国家独立梦，是一个外交自主梦。近代中国，从鸦片战争以后，就在西方列强的侵略和压迫之下，成为一个半封建半殖民地社会。日本的全面侵华战争，更使中国陷于亡国灭种的危机。中国梦的第一个奋斗目标，就是把中国从半封建半殖民地状态解放出来，从日本的侵略和占领中解放出来。中国人民历经14年抗日战争，终于实现国家独立、民族解放。新中国成立以后，为了捍卫国家独立自主地位，又同美国和苏联两个霸权国家进行了长期斗争，包括与美国进行了近 3 年的朝鲜战争。与苏联长期进行的政治、外交和军事斗争。

美国梦，引导北美殖民地人民，用 8 年的独立战争，创立了一个新国家——美国。美国梦又引领新生的美国用 3 年的对英战争，捍卫了自己的独立，赢得了完全的外交自主。

中国梦，引领中国人民，用从 1840 年到 1945 年的百年抗争，用从 1931 年到 1945 年的 14 年抗日战争，实现了救亡图存的历史任务，赢得了中华民族的独立和解放。中国梦又引领新中国用 3 年的抗美援朝战争和后来对美、苏两霸的长期斗争，捍卫了国家的独立自主地位，使中国真正能够独立于世界民族之林。

在国家独立、民族解放、外交自主上，中国梦与美国梦是相通的。

二是在追求国家进步、富强和人民幸福上，中国梦与美国梦相通。

美国，本身就是一个奇迹。美国在地球上的出现是一个奇迹，美国是第一个在全球君主制度时代而不采用君主制度的国家。美国开国无君主、无皇帝、无封建主义制度，在那个时代，真正是人类制度先进的一盏明灯。

美国梦追求国家进步，也追求国家富强和人民幸福。美国在建国一百多年之后，就成为全球经济实力最强的国家，之后又在一百多年的时间里，连续蝉联世界第一。而美国人民的生活水平、幸福指数也在快速提高，在世界大国中始终居于前列。

中国梦在追求社会进步、国家富强和人民幸福上，与美国梦是相通的。新中国在告别了半封建半殖民地的苦难时代以后，没有采用资本主义制度，而是采用了先进的社会主义制度。经过毛泽东时代的艰苦奋斗、邓小平时代的改革开放，到习近平时代全面建成小康社会，经济总量直追美国，中国在国家富强和人民幸福的道路上高速前进。

240 年的美国是世界的一个奇迹，新中国 70 年更是一个奇迹。中国在 5000 年文明积淀的基础上，仅仅在不到 70 年时间就崛起于世界民族之林，并且即将成为世界“冠军国家”，是一个伟大奇迹。21世纪，出现了中国奇迹与美国奇迹争奇斗艳，出现了中国梦与美国梦你追我赶、比翼双飞的局面，这是世界历史上更大的奇迹，将为人类创造更丰硕的文明成果。

三是在制止国家分裂、捍卫国家统一上，中国梦与美国梦相通。

美国梦，是坚决维护和捍卫国家统一的梦。美国南北战争，就是一场“美国统一战争”。当时的英国为了遏制美国，积极支持美国分裂势力。英国秘密向南方提供金钱、武器和其他物资援助，并且把英国海军舰队开入美国海域，向美国政府施加压力。

国家统一高于一切，反对分裂坚定不移。在先后有11个州分裂出去的情况下，美国进行了一场空前的统一战争。这场战争从1861年到1865年，历时4年。北方军死亡的人数是364511人，受伤人数是281881人，死伤的总数是646392人。南方军方面死亡26万人，受伤20万人，伤亡总数46万人。南北双方死亡人数是624000多人，而美国在两次世界大战、朝鲜战争、越南战争这四场战争中的死亡人数总和是616698人，就是说，南北战争死亡军人比上述四场战争的总和还要多出将近1万人。而且在南北战争中南方死亡的平民还有10万人。而当时整个美国的人口是3100万，这样，平均每43个美国人中，就有一个死亡者，每53个美国人中就有一个受伤者。这场战争的代价远远超过了从滑铁卢到1914年间的任何一场欧洲战争。美国统一战争的沉重代价，还表现在国家总统也成为烈士，国务卿也成为伤员。1865年4月14日，在南部同盟缴械投降的第5天，林肯被刺身亡。国务卿西沃德也被刺伤。

美国梦，是一个不惜一切代价，打击分裂势力，捍卫国家统一的梦。中国梦，面临的分裂挑战更为严峻，实现中华民族“复兴大业”，必须实现中国“统一大业”。中华民族具有“不战而屈人之兵”的传统，在实现国家统一的问题上，我们追求的最高境界，是“不战而统”，是和平统一，因为这是中华民族的福祉所在。但是也必须具有打赢一场“中国统一战争”的意志与能力。中国梦和美国梦，都是坚决反对国家分裂、誓死捍卫国家统一的梦，在“反分裂、卫统一”的目标上，中国梦与美国梦是相通的。

四是在建设“亚太命运共同体”和“人类命运共同体”上，中国梦与美国梦相通。

中国领导人提出国际战略新思维，要在中国和美国之间建立“新型大国关系”，也就是要在中国梦和美国梦之间建立“新型大梦关系”。中国领导人提出建设“亚太命运共同体”和“人类命运共同体”，因为只有这样，亚太才有未来，世界才有未来。

为什么要建设“亚太命运共同体”和“人类命运共同体”？因为太平洋足够大，完全能够容得下中美两国；世界足够大，完全能够容得下 200 多个国家和地区。但是，从另一个角度来看，如果中美两国进入冷战状态甚至进入战争状态，斗起来、打起来，那么，太平洋再大，也容不下中美两国，地球再大，也容不下中美两国。

中国梦和美国梦之间有矛盾，但是不能有冲突、有对抗、有战争。21 世纪的中美两国，可以说是热战“打不起”、冷战“斗不起”、现状“拖不起”。中美两国开打热战，没有胜利者，必然是两败俱亡；中美两国开打冷战，没有赢家，必然是两败俱伤；面临气候变化、核武扩散等各种亟待应对的全球性问题，中美两国在国际关系中如果没有新思维、没有新作为，依然是“零和角力”，必然是“两败俱损”。

中美两国只有建立“命运共同体”，建立“梦想共同体”，中美才有未来，亚太才有未来，世界才有未来。中国梦和美国梦最终要相通在这里。

中国梦与美国梦的博弈

美国的最大“挑战者”，是美国

加藤嘉一问：

美国哈佛大学教授约瑟夫·奈曾撰文《纽约时报》提出一个观点，“只有中国才能遏制中国”。他认为，中国用不着由美国来遏制，美国不必要付出大量的精力和巨额的财力去遏制中国的崛起，中国未来发展与否不取决于美国遏不遏制，而取决于中国自身能否解决自己的国内问题。您怎么评价这类看法和说法？

刘明福答：

现在，在中美两国，最有冲击力和震撼力的是两个理论：

第一个理论，是流行在中国的“遏制论”——美国正在并将长期包围、遏制中国。这不仅是一个流行的理论，而且是一个客观存在的事实。

第二个理论，是流行在美国的“挑战论”——崛起的中国正在并且将越来越挑战美国的世界领导地位。这是一个被大肆炒作和鼓吹的理论，是一个令美国政治家寝食不安的理论。但是，这个理论，是一种虚构的舆论定罪，是一个恶意的政治讨伐。

当美国学者说，只有“中国能够遏制中国”时，他只说对了一半。还有不可否认的另一半，那就是美国确实在紧锣密鼓地包围、遏制中国。崛起的中国，处在内忧外患双重夹击之中。“内忧”，是中国自己存在的矛盾和问题；“外患”，则是美国、日本给中国制造出来的麻烦和问题。而且，就连中国的一些内忧，也有美国背后的渗透和插手。

我想表达的一个思想是：只有美国才能够“挑战美国”！

美国号称是“世界领袖”，美国总统说：“美国还要再领导世界100年。”可是，看看冷战后美国领导世界的成绩单，真是为美国这个世界领袖脸红、害臊。最近25年来，美国，为世界解决了什么矛盾和问题？美国又为世界带来了什么福音？在美国领导世界的成绩单上，写满的是金融危机、颜色革命、战争灾难、地区乱局、百万生灵涂炭、千万难民流浪、亚太局势紧张等。台湾作家李敖写书《审判美国》。我在一篇文章中提出“弹劾美国”。21世纪的美国，与华盛顿时代的美国比较，与罗斯福时代的美国比较，早已经“和平演变”。是一超独傲的霸权主义埋葬了美国的伟大，是自我蜕化的衰落淘汰了美国的领导地位。如果华盛顿总统、罗斯福总统重新来到这个世界，他们一定会再用一场革命、一次新政，来打造21世纪的新美国。

所以，真正“挑战”美国世界领导地位的国家，不是中国，而是美国。只有美国能够衰落美国，只有美国能够挑战美国，只有美国能够淘汰美国，当然，也只有美国能够振兴美国。

我建议，美国总统不妨向中国的习近平主席学习，提出一个新的实现美利坚民族伟大复兴的“美国梦”，就是要以华盛顿、林肯、罗斯福等英雄总统为榜样，向美国的自我蜕化、自我衰落、自我淘汰挑战，再度振兴美国、复兴美国。

美国如何挑战了美国？中国如何超越了中国？

加藤嘉一问：

您说，只有美国能够挑战美国，那么今天美国的相对衰落，是美国自我挑战的结果吗？美国为什么会自我挑战？中国的发展和崛起，是否也是一种自我挑战？只是中国的自我挑战加速了中国的进步和发展？

刘明福答：

美国的自我挑战，是错误的理论指导了错误的实践。美国走向自我衰落的理论起点，就是那个“历史终结论”。美国看到苏联模式社会主义的历史终结了，就认为美国模式的资本主义不仅是“世界第一”，而且是“世界唯一”，是人类文明的顶峰和终点了。于是美国就藐视世界，就狂妄自大起来。这就导致“美国精神”的蜕化，导致美国历史的停滞，导致美国国运的衰落。结果就使得美国这 20 多年来，给世界带来的战争比和平多、造成的麻烦比解决的问题多。“美国伟大”的历史终结了，“美国衰落”的历史开始了。

中国的自我挑战，则是解放思想的自我突破，是超越现状的自我跨越。中国在 1978 年就开始告别苏联模式封闭僵化的社会主义，就开始实践改革开放的新型社会主义。在苏联 1991 年解体之后，中国在 1992 年又开始了新一轮改革开放。2012 年习近平提出中国梦，中国更是大踏步前进。在苏联“历史的终结”之后，在美国“历史的停滞”之后，中国却开始了空前的“历史的创新”，开始了全面的“历史的复兴”，开始了对于苏联模式的社会主义和对于美国模式的资本主义的“历史的超越”。所以，不是中国挑战了美国，而是美国挑战了美国，是美国挑战了“不创新就要衰落”的大国兴衰的历史规律。

为什么要警惕“美国军国主义”

加藤嘉一问：

您认为，美国害怕中国挑战其世界领袖地位，所以，就竭力包围、遏制中国。您认为美国对中国的遏制能成功吗？您提出要防止中美竞争中的战争危险，防止美国的军事遏制尤其是战争遏制，美国有那么可怕吗？

刘明福答：

美国的世界霸权地位，美国的全球领导地位，不能通过遏制中国、包围中国来保持。如同马拉松赛场上跑在最前面的那个运动员，要保持自己的领先地位，必须依靠自己的能力和实力，而不是靠阻挡别人的追赶和挑战，靠遏制别人的前进速度，来保持自己的地位。

如何才能成功遏制中国？这是美国 21 世纪最大的难题。面对成功崛起的中国，美国的战略智慧不够用。美国的战略智慧，现在基本是停留在热战和冷战这“两战”上：就是打一场战争，将中国击垮；就是再来一场冷战，将中国拖垮。但是这两战对中国不管用。对中国发动战争，美国能赢吗？中国具有与美国同归于尽的能力，这是对美国战争狂热的最大遏制。再来一场 50 年冷战吗？哈哈，再有 30 年，中国梦就实现了。遏制中国，最近 10 年是对美国最有利的时机，因为现在中国和美国总体实力差距比较大，对美国有利。但是，在习近平时代，美国能赢得了中国吗？ 10 年之后，美国遏制中国，就更是餐桌笑谈了。其实，美国与中国相处，最好的战略，就是“和平相处，良性竞争，合作共赢”。当然，这需要美国解放思想，改革创新，实现转型，由“霸权国家”转型为“正常国家”。

我对建设新型中美关系充满信心，因为是必由之路，其他都是死路一条。值得称赞的一点是，美国这个国家是没有发动过世界大战的国家。希望美国在 21 世纪能够保持这个“不发动世界大战”的好传统。但是美国国内军人干政的倾向严重、对华开战的思潮危险，特别是一些高级将领跑到前台，散布战争主张。我现在既担心日本再走军国主义老路，更担心美国走上军国主义邪路。美国一些对中国主战的高级将领十分危险，如果他们的战争主张是美国决策层的想法，那就更危险。

中国要应对美国和日本的“全面遏制”，要应对美、日的“军事遏制”，尤其要坚决应对美、日的“战争遏制”。

美国为什么赢不了中国?

加藤嘉一问:

刘老师，您曾经跟我讲过，美国正面临“战略危机”。比如，围绕当下的中美关系，中国提出了“新型大国关系”，美国却什么也没提出来。您也跟我讲过，“如果我是美国总统，最起码会提出‘和平遏制论’，保证美国不用战争遏制中国”。那么，您觉得当今以及未来一段时间里，美国最大的危机是什么？美国的战略危机是如何发生的，又向何处去？美国有没有能力和决心克服您提出的这个最大危机？我也想请您谈谈中国最大的危机是什么？另外，在您看来，对于中国和美国这样的大国来说，梦想与危机之间的关系是什么？

刘明福答:

美国危机首先表现为“战略危机”。你看，习近平时代的中国，不论在地区关系、国际关系、中美关系上，都提出了一整套战略思想，形成了中国特色的战略体系。这一套战略体系的根本特点，就是告别了冷战思维，实现了战略创新。而美国呢？从联盟战略，拳头战略，到对中国的遏制战略，还是当年与苏联争霸世界的那一套冷战战略。冷战后，美国硅谷在科技上有突破，但是美国白宫在战略上无创新，拿不出新东西。而“创新型国家”最主要的是国家大战略的创新。美国在大战略上的停滞和守旧，就形成了美国的战略危机。

美国战略危机，暴露了美国“战略智慧”的落后。美国在物质生产上是发达国家，美国在战略智慧的生产上，也曾经创造过辉煌。美国具有全世界最发达的“智库产业”，号称“智库大国”、“智库强国”。但是冷战之后，美国智库为美国、为世界生产和贡献了什么战略产品？最突出的产品，就是“历史终结论”，就是“文明冲突论”，就是“遏制中国论”。而这三大理论，在本质上，都是属于新旧“冷战论”的范畴。

美国的战略智慧，为什么跳不出旧冷战、新冷战的范畴？根子在于美国对于“世界霸权”的坚守和追求。美国长期享受世界霸权的特殊地位和利益，已经把世界霸权地位作为自己国家的核心利益来守护，世界霸权成为美国的最高利益，世界霸权也是美国的最高标准。

所以，美国的战略危机也好，美国的智慧危机也好，归根结底是美国的“霸权危机”。

美国霸权危机面临和需要回答的根本问题是：21 世纪，美国要建设一个什么样的美国，美国要建设一个什么样的世界；21 世纪，世界需要一个什么样的美国，人类需要一个什么样的世界。

21 世纪的世界，不需要一个霸权的美国；21 世纪的人类，不需要一个霸权的世界。

但是美国政治家说，21 世纪的美国，要继续当霸权国家；21 世界的世界，要继续是一个美国说了算的霸权世界。这就导致“霸权的危机”。

21 世纪中国和美国博弈的实质，不是世界霸权的交接，而是世界霸权的终结。“地球围绕美国转”的时代必须结束，“美国围绕地球转”的时代必将出现。

在 20 世纪曾经赢了苏联的美国，为什么在 21 世纪注定赢不了中国？原因很简单：时代变了！ 21 世纪是终结世界霸权的世纪！

中国是 21 世纪的“希望之国”，是赢得未来的“火炬之国”。但是中国也有危机。中国最大的危机是“军事危机”。中美两国现在是“战略决赛期”。中国不仅是处在“战略机遇期”，更是处在“战略冲刺期”。美国是处在“战略焦虑期”、“战略冲动期”、“战略冒险期”。中美两国要防止“竞争”变成“战争”，防止“决赛”变成“决战”。今后 30 年，特别是今后 10 年，中国如何应对美国“军事遏制”，如何防止美国“战争遏制”，是最重大最迫切的战略课题。

关于中国如何应对实现中国梦面临的最大危机——军事危机，习近平主席已经用一场中国军事大革命做出了回答。美国对于如何从美国最大的危机——霸权危机中彻底跳出来，还没有给出答案。

比中国更善于搞社会主义，美国才有竞争力

加藤嘉一问：

社会主义与资本主义的比较与竞争，从十月革命到现在，也有100年的历史了。两种主义从长期的泾渭分明、楚河汉界，到后来相互学习、借鉴、合作。我个人认为，中国改革开放的成功，其中一个重要原因是虚心、认真地学习西方资本主义国家好的东西来丰富自己。不过，回顾美国最近几十年的发展，我没听说向社会主义国家学过什么东西。您如何看待这个问题？

刘明福答：

一些美国人认为，“中国特色社会主义”其实是一种“中国特色资本主义”，他们认为，“比美国更加资本主义的国家是中国”，他们担心中国比美国“更善于搞资本主义”而超过美国。这当然是一种误解。但是，中国特色社会主义的确有一个特征，那就是善于汲取人类文明的一切成果，包括资本主义的文明成果。而美国特色资本主义的危机在于，它只依靠一种主义——资本主义，而排斥其他主义，尤其是排斥社会主义。即使是在资本主义的领域内，它也缺少包容，只奉行资本主义中的自由放任主义，搞绝对自由的市场主义，而排斥有节制、有管理、有计划的资本主义。结果就必然故步自封，丧失活力和竞争力。只靠一种“主义”，难以振兴美国。

在世界历史上，资本主义和资产阶级的出现，是一个创新，它给人类社会带来巨大发展和进步。但是由于从原始资本主义到垄断资本主义，残酷压

迫剥削无产阶级，激化社会矛盾，导致社会危机。怎么办，这个时候，新的创造出来了，马克思和恩格斯创造了社会主义和共产主义，结果从巴黎公社、十月革命，到中国革命，在国际共产主义运动和世界革命中，出现了一大批社会主义国家。马克思的创新，使世界资本主义在社会主义的进攻下节节败退，资产阶级如果不改变、不 Change，就要被革命。不创新，就要灭亡。怎么办，只有一条路，就是改变自己，与时俱进，创新发展资本主义。

于是世界资产阶级开始创新，首先从德国俾斯麦开始搞改革，建立了一套工人生活保障和保险制度，俾斯麦把自己的改革看成是“白色革命”，是用来对付“红色革命”的。结果在马克思的家乡，就没有搞成无产阶级革命，而是由俾斯麦搞了一场“福利革命”。后来“福利国家”、“福利资本主义”风行欧洲。美国 20 世纪 30 年代实行罗斯福新政，也是美国资本主义在大危机面前的大创新。

在美国和苏联两极对抗的情况下，世界资本主义仍然比较谦虚谨慎，不断创新。而苏联模式的社会主义却故步自封、骄傲自大，认为腐朽垂死的资本主义很快就会被打倒，先进的社会主义就等着收获胜利果实。由于苏联社会主义后期几十年不创新，结果丧失凝聚力和竞争力，反而失败在美国资本主义的前面。

苏联模式社会主义失败，美国取得冷战胜利。但是胜利后的美国骄傲自大，故步自封。美国专家写了《历史的终结》一书，说世界历史终结了，美国的制度就是人类历史的顶点，不用再创新发展了。于是，原来比较谦虚谨慎、愿意接受新事物的美国资本主义，就傲慢和狂妄起来，把他们原来的创新精神用于搞歪门邪道，搞金融腐败，结果就陷于衰落、危机、困局。

当美国在冷战后宣布世界历史终结、美国特色资本主义开始高度封闭保守的时候，世界历史，世界社会主义的历史，又从中国开始了。中国特色社会主义在苏联模式的废墟上迅速崛起，美国特色资本主义却陷于二战以来最大困境。当美国在攻击中国特色社会主义是所谓“权贵资本主义”的时候，世界舆论愤怒声讨美国资本主义是“流氓资本主义”、“诈骗资本主义”、“赖皮资本主义”。

所以，社会主义的未来在创新，资本主义的未来也在创新。创新，就要超越自身；创新，就要学习对手。中国改革开放30多年的最大特点，是向美国学习，向资本主义学习；美国要增强竞争力，也必须向中国学习，向社会主义学习。比中国更善于搞社会主义，美国才有竞争力。

中国应对美国——要用“三手”

加藤嘉一问：

中国共产党在中美关系上，提出建立“新型大国关系”的主张，这是充满诚意和创意的。但是，美国对于中国倡导的“新型大国关系”论，是既不“点头”同意，也不“摇头”反对；既不表示赞成，也不表示拒绝。依然是我行我素，按照美国的传统战略思维与中国周旋。在您看来，美国对于中美关系的战略底牌是什么？中美关系的未来走向是什么？中国应对美国的战略选择会有哪些？

刘明福答：

21世纪的中美关系，虽然千头万绪，但是归结起来，无非就是三种关系。与此相适应，中国也必须做好三种准备。

一是“新型大国关系”。就是美国早一点或者迟一点、主动或者被动地与中国建立新型大国关系，这将使美国脱胎换骨，由一个霸权国家转型成为一个非霸权国家，也使世界由霸权世界进化为一个“无霸世界”。

二是“新型冷战关系”，也可以称为“半冷战关系”。就是中国始终坚持与美国搞新型大国关系，而美国却一直坚持冷战思维，使用冷战战略遏制中国。这种新型冷战，不同于旧型冷战的特点，就是两个大国，一个坚持冷战，另一个不和他搞冷战，这就形成“半冷战”。从 2010 年中国经济总量超越日本成为世界亚军国家以后，美国就把中国当成是第二个苏联，开始了对于中国的冷战。有一种说法，说是要防止冷战思维，防止中美关系成为第二场冷战。其实，对于美国来说，针对中国的第二场冷战早就开始了，已经打了五年了。而且，美国现在对中国，比当年对苏联的冷战温度是更低的。美国当年对苏联的冷战颇为谨慎，而对今天的中国倒是更为放肆。比如美国军舰、战机在南海挑衅中国的问题，就不是一般的冷战思维，而是热战冲动了。但是，中国面对美国的冷战思维和冷战战略，始终运用新型大国关系思维和战略来应对。所以，21 世纪以来特别是最近 5 年来的中美关系，实际上是一种“半冷战关系＋贸易关系”。今天的中美关系与当年的美苏关系有两个不同：一是当年美苏双方都是冷战思维和冷战战略，今天美中关系则是一方坚持新型大国关系思维，另一方坚持冷战思维。二是当年美苏之间在政治、军事、经济上都是两个阵营，没有贸易。今天中美两国都在经济全球化中，双方有经济合作和贸易交流。

三是“军事决战关系”。美国的亚太再平衡战略，就是美国设计和推行的一个遏制中国的军事战略，是一个对中国的“决战战略”。美国战略界最焦虑的是保卫美国的世界霸权地位，他们最危险的战略冲动，就是和中国一战。美国的高级将领，屡有狂言，要把中国“炸回石器时代”。我对于中美建立新型大国关系充满期待。面对中国的崛起，希望美国不会出现当年德国的法西斯主义，不会出现当年日本的军国主义。但是，对于在美国出现的对中国的战争主义思潮，必须高度警惕，坚决抵制。美国政府、国会，对于那些主张向中国开战的将领，应该马上撤职。

应对美国，中国要准备三手：一是努力推进新型大国关系；二是坚决反对冷战关系；三是有力防止和有效应对战争关系。

“强军梦”护航中国梦

中国军力超越美国，对世界和平最有利

加藤嘉一问：

刘老师，您在自己的著作中，以及与我的交流中提到一个观点：只有中国强大，世界才能和平，中国崛起对中国、对美国、对世界都是好事。但从历史的长河中回顾守成大国与崛起大国之间的关系，似乎很难避免两者之间国家利益上的冲突和意识形态上的对抗。何况，美国是一个民主主义国家，中国是一个社会主义国家，这一点也必将加剧美国对中国根本性的不信任感。我估计，没有一个美国人尤其战略家，会相信“中国军力超过美国，世界和平才更有保证”这一论断。那么，被基辛格博士描述为“必胜主义者”的刘老师怎么能够说服美国战略家们？

刘明福答：

有一种理论，叫“守成大国与崛起大国之间”难以避免冲突、难以避免战争，而且说这几乎是一条铁律。其实，习近平主席倡导新型大国关系，就是要打破这样一条所谓“铁律”。

20世纪前期发生的两场世界大战，就是崛起大国对于守成大国的挑战，是“铁律”的表现。但是国际关系中的这样一条“铁律”也有“不铁”的一面，就是说，这条“铁律”也在改变。国际关系中改变“铁律”的两大奇迹发生了：第一个奇迹是英国和美国之间在世界霸权地位上的和平交替。第一次动摇了在守成大国和崛起大国之间只能通过对抗和战争交接霸权的“铁律”。第二个奇迹，是美国和苏联之间半个世纪的冷战。今天的人们批判冷战思维，未来的世界要防止冷战再现。但是，从国际关系进化的进程看，美国和苏联

之间的冷战，绝对是国际舞台守成大国和崛起大国之间关系处理上的一个奇迹。这就是始终把对抗和冲突限制在“冷战”的层面，而避免“热战”，不打“大战”。冷战期间的世界远比冷战结束至今的世界要和平得多。

21 世纪，“守成大国”和“崛起大国”，完全有条件创造国际关系上的第三个奇迹——建立中国和美国之间的新型大国关系。就是要创造出比英国和美国之间在国家地位变化上更为和平的转换和过渡，就是要在世界大战、美苏冷战的历史教训的基础上，创造出中美合作共赢的新型大国关系，也就是要创造出“守成大国”和“崛起大国”之间战略关系的第三种类型：从你死我活的“角斗型”（世界大战）、你输我赢的“拳击型”（冷战），到竞争共赢的“田径型”。这是“守成大国”和“崛起大国”的共同进化，是国际社会的福音。

有一种理论，叫“军备竞赛论”。中国一讲“强军梦”，就被攻击为“加剧世界军备竞赛”。其实，美国既是世界军备竞赛的策划者、设计者、推动者，也是世界军备竞赛的领头羊，是世界军备竞赛的冠军。冷战后，发动战争最多的国家是美国，军事力量最强大的国家是美国，向世界各国出售武器最多的国家是美国，军事技术发展最快的国家是美国，军费开支最大的国家是美国。美国在冷战时代，是与苏联进行旗鼓相当的军备竞赛，冷战后的美国，是自己与自己进行军备竞赛。美国把最大的军事力量用来包围遏制中国，中国要安全、要和平，就必须把握国际军事竞争的战略主动权。

中国要和平崛起，就必须军事崛起；中华民族要实现伟大复兴，就必须实现军事复兴。中国军事力量必须尽快追赶和超越美国，否则，中国的安全没有保障，世界的和平没有保障。世界最强大国家，为什么只能是美国？现在，谈到中国将在经济总量上超越美国，人们已经不感到奇怪了。但是讲到中国在军事力量上超越美国，就会一片哗然。其实，中国在军事力量上超越美国，是很正常的事情。不但一定要超越，而且要快马加鞭地超越，也一定能够超越。

中国军事力量为什么要追赶和超越美国？因为美国和中国玩政治、玩经济、玩外交、玩文化，都占不到什么便宜。美国最大的优势是军事，美国要和中国“玩军事”、“玩战争”，中国在军事上不追赶和超越美国，能行吗？

中国军事力量为什么要追赶和超越美国？因为美国遏制中国，不是只依靠美国的力量，而是搞军事联盟，“以群体对付个体”，用群体联盟的力量来包围遏制中国。中国军事力量超越美国，不是为了打美国，而是为了不被美国打。中国越强大，美国越不敢动手，越不敢把“文斗”变成“武斗”，把“竞争”变成“战争”。也就是说，中国越强大，美国就越规矩、越文明，与中国就越友好。

你说，“美国是一个民主主义国家”，这个概念太漂亮了。其实，“美国是一个霸权主义国家”，“美国是一个战争主义国家”。你看看冷战后世界各地的战争，哪一场是中国发动的？哪一场战争是与美国没有关系的？美国能够赢得战争，而不能赢得和平；看看当今世界一些地区的战争和动乱，就可以看出，美国能够发动战争，而不能结束战争；美国能够赢得战场胜利，却不能赢得地区和平；美国能够以军事手段改变一个地区的现状，却不能以和平方式为这个地区创造未来。

中国经济总量追赶和超越美国，已经并且将继续为世界带来繁荣；中国军事力量追赶和超越美国，将为世界带来和平。

邓小平说，中国是维护世界和平的重要力量，中国越强大，对世界和平越有利。

那么按照邓小平的战略思维，中国最强大，对世界和平就最有利。

“台独”猖獗，必将引发“中国统一战争”

加藤嘉一问：

我在中国经常听到这样的说法：“实现中国梦，就一定要解决台湾问题。

当今世界，没有哪一个大国，是仍然处在分裂状态的。”如今，经过 2016 年 1 月份的台湾大选，国民党下去了，民进党则上了执政舞台。台湾问题今后的发展，会出现什么结局？这一新的格局将如何影响实现中国梦的过程？

刘明福答：

“中国梦”是统一梦，“台独梦”是分裂梦，这样的“一国两梦”对峙下去，其最终结果，肯定是“统一梦”粉碎“台独梦”。

中国梦、强军梦，很重要的任务是实现“统一梦”。中国是先崛起、后统一，还是先统一、后崛起？这是可以研究的。但是，可以肯定两点：第一点是，在中国崛起过程中，只要“台独”势力敢于分裂国家，敢于把台湾从中国分裂出去，那么，解放军就必须坚决以武力制止分裂，以军事手段维护和实现国家统一；第二点是，中国梦实现的重要标志，就是中国统一梦的实现，只要统一梦没有实现，那么中国梦就没有实现。2049 年，新中国成立 100 周年，是实现中国梦的最后年度，也是实现统一梦的最后年度。所以，实现中华民族的“伟大复兴”，必然首先实现中国的“伟大统一”。

我在 2016 年创刊的《中国梦》杂志第四期上，发表了一篇文章《美国统一战争对中国的启示——“台独”猖獗必将引发“中国统一战争”》，我在文章中提出了一个“中国统一战争”的概念，强调中国人民在 20 世纪曾经进行了“抗日战争”、“解放战争”、“抗美援朝战争”，在 21 世纪实现统一梦的过程中，必须准备进行一场“中国统一战争”。19 世纪的美国为了制止南北分裂、维护美国统一，打了一场历时四年的“美国统一战争”。美国在制止分裂势力、维护国家统一上，为中国做出了榜样。

解决台湾问题，实现国家统一，无非是两种途径：一是“和平统一”；二是“战争统一”。我们的愿望是和平统一，但是“统一”高于“和平”，当使用和平的手段无法制止分裂、无法实现统一，我们就不能为了和平而放弃统一，就不能为了和平而牺牲统一，也不能为了和平而无限期拖延统一。

武力统一、战争统一，要付出巨大代价，但是，当“台独”势力坐大并且决心分裂国家的时候，在万不得已、别无选择的情况下，就是要高高举起“中国统一战争”的旗帜，以“横扫‘台独‘如卷席”的决心和气势，进行武力统一、战争统一。

所以，解放军要准备打一场“中国统一战争”。

第 11 章
中国共产党是全球“冠军党”

中国共产党是世界政党政治的一个传奇

中国梦，展现共产党人的“中国志”

加藤嘉一问：

一个国家的梦想，反映的是一个国家的追求和志向，展示的是一个民族的奋斗精神。可以说，中国梦反映了习近平总书记实现中华民族伟大复兴的志向和气概。您觉得，习近平提出中国梦，反映了一种怎样的精神境界和战略气概？

刘明福答：

习近平提出中国梦，的确展示了他政治家的战略气概。在当今世界各国中，明确提出“国家梦”，大声向自己的国民和全世界宣布自己的国家梦想的，主要有两个国家，一个是美国人提出的“美国梦”，再一个就是中国领导人提出的“中国梦”。所以，习近平提出“中国梦”之后，中国人振奋，全世界热议，日本人怀疑，美国人妒忌加遏制。中国梦的国际冲击力和时代震撼力，实际上反映了中国新一代领导人习近平的大国领袖魅力，反映了习近平作为大国政治家的国际影响力。

近代以来的人类世界，在封建主义、资本主义、社会主义演进和更替的历史进程中，在马克思主义与其他各种主义的竞争中，马克思主义既是揭示人类社会发展客观规律的“科学主义”，又是展示人类未来美好远景的“理想主义”。马克思和恩格斯科学论证的“社会主义”、“共产主义”，是人类有史以来，最进步、最宏伟、最激励人心的“理想主义”。“社会主义”、“共产主义”，就是马克思和恩格斯提出的“世界梦”、“全球梦”、“人类梦”、“未来梦”。

共产党人，是人类历史上最有理想、最有梦想的一群人。也是为理想和梦想奋斗最具英雄气概和牺牲精神的人。习近平点燃中国梦火炬，中国梦展现“中国志”，这样一种战略气概，实际上也是中国共产党人的战略传统和战略优势。

1935 年 12 月 27 日，年仅 42 岁的毛泽东，在陕北瓦窑堡的一次重要会议上的报告中，有这样一段话：“我们中华民族有同自己的敌人血战到底的气概，有在自力更生的基础上光复旧物的决心，有自立于世界民族之林的能力。”这就是一种气概和志向。立国、救国、强国、兴国，首先需要的是宏图大志。

2012 年 11 月 15 日，习近平在十八届中央政治局常委同中外记者见面时的讲话庄严宣告：“我们中华民族是伟大的民族。在五千多年的文明发展历程中，中华民族为人类文明进步作出了不可磨灭的贡献。”“我们的责任，就是要团结带领全党全国各族人民，接过历史的接力棒，继续为实现中华民族伟大复兴而努力奋斗，使中华民族更加坚强有力地自立于世界民族之林，为人类作出新的更大的贡献。”

从 70 多年前毛泽东在“救国大业”中所表现的“同自己的敌人血战到底”、“自立于世界民族之林”的气概，到 70 多年后习近平在“兴国大业”中宣示的“实现中华民族伟大复兴”、“为人类作出新的更大的贡献”的决心，我们看到的是中华民族仁人志士的一种坚定不移、百折不挠的理想和志向。

“中国志”决定“中国运”。习近平提出中国梦，中国梦抒发中国志，中国梦激励中国志，13 亿人立壮志，民族复兴的中国梦一定能实现。

2012 年 11 月 29 日上午，习近平在参观“复兴之路”展览时，提出了中国梦概念。习近平激情演讲中国梦，他指出：“复兴之路”这个展览，回顾了中华民族的昨天，展示了中华民族的今天，宣示了中华民族的明天，给人以深刻教育和启示。中华民族的昨天，可以说是“雄关漫道真如铁”。近代以后，中华民族遭受的苦难之重、付出的牺牲之大，在世界历史上都是罕见的。但是，中国人民从不屈服，不断奋起抗争，终于掌握了自己的命运，开始了建设自己国家的伟大进程，充分展示了以爱国主义为核心的伟大民族精神。中华民族的今天，正可谓“人间正道是沧桑”。改革开放以来，我们总结历史经验，不断艰辛探索，终于找到了实现中华民族伟大复兴的正确道路，取得了举世瞩目的成就。这条道路就是中国特色社会主义。中华民族的明天，可以说是“长风破浪会有时”。经过鸦片战争以来 170 多年的持续奋斗，中华民族伟大复兴展现出光明的前景。

习近平指出，实现中华民族伟大复兴，就是中华民族近代以来最伟大的梦想。这个梦想，凝聚了几代中国人的夙愿，体现了中华民族和中国人民的整体利益，是每一个中华儿女的共同期盼。历史告诉我们，每个人的前途命运都与国家和民族的前途命运紧密相连。国家好，民族好，大家才会好。实现中华民族伟大复兴是一项光荣而艰巨的事业，需要一代又一代中国人共同为之努力。空谈误国，实干兴邦。我们这一代共产党人一定要承前启后、继往开来，把我们的党建设好，团结全体中华儿女把我们国家建设好，把我们民族发展好，继续朝着中华民族伟大复兴的目标奋勇前进。

习近平提出中国梦，从国家富强、民族复兴、人民幸福的时代高度，诠释其内涵。2013 年 10 月 23 日习近平在同全国总工会新一届领导班子成员集体谈话时说：“中国梦是一种形象的表达，是一个最大公约数，是一种为群众易于接受的表述，核心内涵是中华民族伟大复兴，可以适当拓展，但不能脱离中华民族伟大复兴这个主题，要紧紧扣住这个主题激活和传递正能量。”

正由于中国梦具有如此的内涵和力量，所以，当习近平点燃中国梦的精神火炬后，中国梦的群众和声就迅速响彻大江南北，中国梦的目标使全球中华儿女深受鼓舞，中国梦的豪情壮志紧紧凝聚起 13 亿人的追求与奋斗。

中国共产党是解决问题的能手

加藤嘉一问：

中国的发展，成就巨大。但是中国面临的挑战也很严峻，包括经济下滑、环境污染、腐败问题、资源问题、台湾问题、中美关系、中日关系、南海争端、朝鲜半岛问题等。我知道您是一位重点从大思维、大格局的角度研究大问题和大战略的军人学者，对中国崛起和复兴前景信心百倍。但是我特别想知道，您看到中国今天这样那样令人担忧和兴奋的消息的时候，心里是什么滋味？您对中国实现“中国梦”的旅程是否感到一些担忧，意识到一些不确定性？

刘明福答：

你列举出来的这一长串问题单子，是客观存在的。这些问题可以归结为三类：第一类是历史遗留下来的问题，是过去发展进程中积累下来的问题；第二类是发展和前进中新出现的问题；第三类是由于外部环境、国际因素的干扰和影响而出现或激化、恶化的问题。

什么是发展？什么是进步？发展和进步的实质，就是解决矛盾和问题。一个国家的活力和潜力，一个政党的执政能力，最关键的不在于面临多少矛盾和问题，不在于遇到多大挑战，而是在于应对挑战的魄力和思路，在于解决矛盾和问题的能力如何。

中国共产党是解决矛盾和问题的超级能手，中国共产党是应对挑战、战胜挑战的大英雄——

你看，中国在鸦片战争以后 100 多年里，各种政治力量登场，真正能够解决中国前进和发展大问题的是谁？是中国共产党！1921 年中国共产党成立，到 2049 年实现中国梦，这期间是 128 年，大致是四个 30 年。第一个 30 年，从 1921 年 ~ 1949 年，中国共产党解决了中国 100 多年面临的三大矛盾，推翻了三座大山，这就是帝国主义、封建主义、官僚资本主义，把一个半封建半殖民地的旧中国变成了一个独立自主的新中国。第二个 30 年，是 1949 年 ~ 1978 年，中国共产党领导新中国，捍卫了国家安全，推动了国家发展，新中国由一个一穷二白的落后国家发展成为拥有“两弹、一星、一艇”（原子弹、氢弹、人造卫星、核潜艇）的世界大国，在美国、苏联、中国大三角中发挥纵横捭阖的战略作用，为世界和平作出了大贡献。第三个 30 年，1978 年 ~ 2012 年，中国共产党领导 30 多年改革开放，经济高速发展，创造了世界经济发展奇迹，中国成为经济总量世界第二大国。第四个 30 年，2012 年 ~ 2049 年，实现中华民族伟大复兴的“中国梦”，中国将成为世界冠军国家、领航国家。

你看，从世界近代历史上产生政党制度以来，有哪一个国家的哪一个政党能够像中国共产党那样，在如此长的时间内，为自己的国家解决了如此众多、如此严重的矛盾和问题，在应对挑战和战胜挑战中，创造过如此的精彩和奇迹？

特别是，现在全世界都看到，习近平时代，是中国共产党领导新中国、造福全世界的又一个伟大时代。习近平执政三年的政绩、布局，其国内国际震撼力、影响力，已经昭示了中国未来的光辉前景。

判断一个世界大国的前途和命运，不仅要看其面对的问题、矛盾、挑战，更要看其解决矛盾和问题的战略思维、理论创新，看其大刀阔斧、科学解决问题的素质和能力。今天的中国，其发展的成就比存在的问题多；今天的中国，其面临的机遇比面对的矛盾多；今天的中国，解决问题的办法比困难多；今天的中国，战胜困难的有利条件比不利因素多；今天的中国共产党，应对挑战的创造力，比挑战的破坏力大得多。

问题、矛盾、挑战，有两种性质——

一种是无法解决的矛盾和问题，一种是前进中的矛盾和问题。符合世界共同利益、顺应时代潮流的问题和矛盾，经过努力，是可以解决的。而不符合世界进步潮流的问题，是解决不了的。例如，有的世界霸权国家，要把自己的霸权地位一直持续下去，因此面临“霸权困境”、“霸权衰落”的问题，这样的矛盾和问题，就无法解决，只能通过放弃霸权的办法，或者“无可奈何花落去”——失去霸权，而最终解决。

要看到“问题后面的问题”——

要看到“中国问题后面的美国问题”、“中国问题后面的日本问题”。中国今天面临的诸多问题、矛盾、挑战，看起来是“中国问题”，实际是“美国因素”、“日本因素”。例如，东海问题、南海问题、台海问题，就绝不仅仅是中国问题，而是美国和日本联盟携手，插手其中，浑水摸鱼，把问题复杂化、军事化，甚至战争化。

以上，就是我的“问题观”。我是主张“马克思主义问题观”，而反对“霸权主义问题观”。今天的世界霸权主义国家，擅长制造问题，而不能解决问题。霸权主义，其实就是当今世界最大的“问题”，是产生国际社会诸多问题的“总问题”。21 世纪，全世界要共同努力解决的第一号问题，就是“霸权主义问题”。

复制美国，不能复兴中国

破除对“美国政治体制”的迷信

加藤嘉一问：

作为一个观察中国政治的外国人，我不能不问一个全世界都在关注的问题，也可以说 21 世纪人类社会最大的谜。如今，世界上的多数国家，尤其发达国家，在政治体制上基本都采用民主政治体制，不一定是美国式的，但总体上是围绕三权分立、司法独立、设立由民选的议员组成的立法院，以及军队国家化等体制框架，来运转国家政治。这些国家在经济上则基本采用资本主义体制。中国在成为现代化国家的过程中，如何与这些民主主义政治体制和价值观的国家打交道？如今，社会主义国家剩得不多了，朝鲜、越南、老挝、古巴等，为数不多。中国要成为世界大国，特别是要成为领航世界的国家，无论如何有必要在政治体制和价值观念上吸引其他国家和国际社会。我从 2016 年 1 月习近平总书记访问沙特阿拉伯、埃及、伊朗三个国家时的动态感觉到，如今，中国共产党普及自身的体制与价值观上的立场似乎是“分享治国经验，但不输出模式”。在我看来，中国成为世界大国与在体制和价值观（或意识形态）上争取世界上的朋友密不可分。这既是软实力，也是话语权。请问刘老师，中国如何认识和处理这个问题？中国完全有自信作为一个始终拥抱社会主义的“另类国家”而最终成为“世界第一国”、成为把美国抛在屁股后面的新型超级大国？

刘明福答：

21 世纪的国际政治和人类发展最大的一个谜，不是美国，而是中国。现在，全世界都在思考的问题，不是中国为什么一直不采用西方那一套政治体制，而是中国这一套不同于西方的政治体制为什么比西方效率高、发展快？为什么创造出了令美国羡慕、嫉妒、恐惧的“中国奇迹”？中国的发展，中国的崛起，打破了只有西方政治体制特别是只有美国政治体制才能够发展和发达的神话。西方战略思想界在冷战后，曾经焦急地等待中国垮台，成为第二个苏联。但是后来他们丢掉幻想，越来越担心中国超越美国、成为第二个美国，从而取代美国主导世界。所以，中国是世界一个谜，尤其是美国最大的谜。

你说：如今，世界上的多数国家，尤其发达国家在政治体制上都是采用三权分立的政治体制，而中国体制的社会主义国家是少数，中国体制远远没有西方体制那么普及。其实，当今世界，社会主义国家虽然比资本主义国家少，但是中国政治体制并不孤独。你看，欧美所有发达国家，再加上日本这个亚洲最发达国家，人口总数加在一起，也就是中国人口的一半多一点。一个能够让 13 亿人朝气勃勃地生存、发展、崛起、复兴的体制，是一个多么伟大的体制！一个已经超越欧亚所有发达国家并且正在赶超最后一个自称为全球标本民主国家和发达国家美国的东方大国，其体制提供的是何等巨大的竞争力啊！

要破除对西方政治体制特别是对美国政治体制的迷信。21 世纪以来，美国政治模式遭遇三大挑战：一是来自中国模式的挑战，中国不搞多党制、不搞三权分立，国家成功崛起，说明美国政治模式不是“一制独秀”。二是来自美国自己的挑战，美国的民主体制，不能解决美国的经济危机。美国国内的民主主义，不能制衡美国对外政策的霸权主义，民主主义的美国不能制衡霸权主义的美国。美国的民主也不能制衡美国的战争，不能制衡美国的对外侵略，不能制衡美国的战争主义。三是来自被推行美式民主的地区发生灾难的挑战。在阿富汗、伊拉克、利比亚、叙利亚等国家，在中东地区，美国通过推翻独裁政府，杀死萨达姆、卡扎菲等领导人，向这些国家“空投民主”，用“导弹播种自由”，给他们“送去选票”。结果，这些国家变成了硝烟四起的“战争国家”，变成了长期混战的“恐怖国家”，变成了大批民众流离失所的“难民国家”，变成了历史文物遭受彻底破坏的“野蛮国家”。现在，全世界这样的国家不是一个，而是一批。这些国家都是美国推广美国政治模式推广出来的，是美国在这些国家普及他们的价值观普及出来的。

实现中国梦，靠的是改革创新。但是改革不是把中国改革成为第二个美国。中国如果复制美国那样一套政治模式，那么中国就永远也超越不了美国。中国梦在政治体制上，不是一个复制西方体制特别是复制美国体制的梦，中国梦在政治体制改革和创新上，要实现“两个超越”：一是超越自己；二是超越美国。就是要创造出比自己更好、比美国更好的体制。

要破除美国是全球价值观模范代表的定位。美国价值观是民主、法治、自由、平等、人权吗？其实，美国这个世界最标准的民主国家，正是人类历史上最强大的霸权国家。现在，世界上哪一个国家在美国面前能得到平等？美国高喊法治，可是在这个星球上谁能法治美国？美国推广民主，把一些国家的民生、民安都破坏了，那里的人民连生活、生存的条件都没有了，连生命安全都没有保障了。美国制裁别人，可是谁来制裁美国？这个世界，最大的分裂，是美国的联盟战略制造出来的。这个世界最多的战乱、最大的人道主义灾难，是由美国制造出来的。美国这样一个价值观模范，其实是一个破坏人类价值观的罪犯。

说中国在体制和价值观方面的朋友不多，远远比美国少。这是一种表面现象。其实，环顾世界，美国是没有朋友的，美国有的是“盟友”。“朋友”和“盟友”可不是一个概念。“朋友”是平等的，是不针对第三方的。而“盟友”是结盟联盟的，是结帮拉伙的，是闹分裂的，是针对第三方的。“盟友”群体里有盟主，有老大，是要指挥、控制其他盟友的，盟友是要依附盟主的，双方是一种不平等关系。例如，日本和美国的关系，就不是什么朋友关系，而是盟友关系，日本作为美国的战败国，美国作为二战后日本的占领国，美国从占领日本到控制、指挥、管理、利用日本，日本和美国之间的关系，根本就不是平等、独立、自主的朋友之间的关系。日本是美国的盟友国、依附国。美国让他“起立”，他就不敢“坐下”。

有一种现象更能说明问题，那就是美国的敌人比中国多。环顾世界，你看谁是中国的敌人？中国不结盟，不交盟友，中国也不树敌，不与世界为敌。可是美国就不同了，美国一方面搞一批盟友，另一方面制造一批敌人。美国搞“颜色革命”，制造一批敌人；美国发动战争，制造一批敌人；美国遏制新型大国崛起，要把对方变成敌人。而中国的国际价值观，则是建立“新型大国关系”，建立“新型国际关系”，建立“人类命运共同体”，就是要把世界各国都变成中国平等的朋友和合作的伙伴。这个世界，最友好的国家是中国。

中国的战略思维是“和而不同”、“求同存异”，美国的战略思维是“求同排异”、“聚同伐异”。美国的战略不是朋友战略，而是盟友战略、同伙战略。

21世纪，中国特色社会主义与美国特色资本主义在国际价值观上的一个根本区别，就是中国不搞“世界革命”，中国共产党不向美国和整个世界普及自身的体制与价值观，而美国继续坚持“世界革命”，要向中国和世界普及美国的体制与价值观。现在，人们看到美国世界革命的恶果：它搞乱了一个又一个的国家；它制造了一堆又一堆的难题；它让一批又一批善良无辜的民众，变成了美国世界革命的牺牲品。

21世纪的中国，不会用美国模式复制自己；实现了中国梦的中国，不会用中国模式复制世界；超越了美国的中国，也不会让美国复制中国的体制。万紫千红的世界是最美丽的世界。

最后，我要强调三点：

第一，实现中国梦，必须由中国共产党来领导，而不是靠实行“多党制”来实现“中国梦”。

第二，实现中国梦，必须走中国特色社会主义道路，不能靠美国特色资本主义实现中国梦。

第三，用西方政治体制乱中国、毁中国的陷阱，在中国是搞不成的。遏制中国的国家，要放弃幻想，走与中国建立新型大国关系的正确道路。

“美式民主”，是中国梦的毒药

加藤嘉一问：

刘老师曾经跟我讲过美国的对内民主和对外霸权的问题。您的观点是，对于美国的对外霸权，包括中国在内的国际社会一定要保持清醒和警惕，给予有力的反对和抵制，但是对于美国的对内民主，中国也有研究和借鉴的必要。法国思想家托克维尔曾经论述“美国的民主”是美国梦的核心。请问刘老师，在您看来，中国在实现伟大复兴的进程中将如何学习“民主”这一美国梦的核心因素？中国梦与民主之间的关系，在您看来是什么？

刘明福答：

首先，我想谈谈“民主话语权”的问题。长期以来，美国垄断世界民主话语权，给世界宣传和形成五个印象：其一，美国是世界“标本”民主国家。其二，中国不是民主国家，是“专制”国家。其三，中国要成为民主国家，必须采用美国的政治体制，必须“复制”美式民主。其四，中国梦必须是一个民主梦。实现中国梦、民主梦，就必须移植美国政治体制。最终结果，中国梦就是第二个美国梦。

美国垄断民主的“话语权”，美国把握民主标准的“制定权”，美国把握民主国家的“鉴定权”，美国执掌民主的“审判权”，美国自我创立对民主国家牌照的“发放权”。每个国家是否是民主国家，都要到美国去登记，到美国去审批。

中国自古以来，就有学习世界的传统。古代中国的“一带一路”，就是中国友好世界、学习世界之路。1840 年以来，中国更是学习世界的模范，中国是全世界最好的学生，中国特别是学习西方世界的模范，是学习英、美国家的模范。你看，鸦片战争以后，中国的洋务运动，是学习欧洲国家科学技术特别是学习他们坚船利炮军事技术的运动；之后，中国的维新变法运动，是学习英国君主立宪制度的运动；之后，中国的辛亥革命，推翻封建君主制度，学习的是法国大革命；辛亥革命之后，孙中山又在中国政治体制上学习欧、美国家的民主共和制度，包括总统制、议会制、多党制等，西方是“三权分立”，孙中山是“五权分立”，比西方民主制度还民主；中国共产党领导的中国革命，学习的是西方的马克思主义和北方的列宁主义；新中国成立后，学习苏联的计划经济；改革开放，又学习欧、美国家的市场经济。所以，该学的都学了，今后世界的好东西中国还要继续学。

但是，学习世界，必须与中国实际结合，要遵循中国规律，坚持中国特色，具有中国创造。就是欧、美各国，实现民主的道路、各国民主的特点，也是有区别的。

中国梦，毫无疑问也是一个高度民主梦，是一个中国特色民主梦。高度民主，高在哪里？

一是高在超越自己，要进一步改革创新我们自己原来创立和坚持的民主体制。

二是高在超越英美，就是对英美体制进行学习借鉴而不复制、不移植，创造出比英、美民主体制更科学、更高效、更真实、更得人心的政治体制，创造出比英、美政治体制更有竞争力和活力的体制。

所以，中国梦中的民主梦，就是要创造“双超”民主——超越中国自己现在已有的民主高度，也超越西方民主特别是美国民主模式的局限与弊端，是一种能够使中国具有更大政治活力，也能够为世界民主事业创新发展增加动力、增加范式的新型民主。

法国思想家托克维尔的名著《论美国的民主》，我很欣赏，也曾经认真研读。但是，19 世纪托克维尔时代美国的民主，与 21 世纪今天的美国民主，已经不可同日而语了，已经“名同而实异”了。如果托克维尔活到今天，他一定会再次奔赴北美，再次考察美国的民主。他也一定会出版新书。只不过，这部新书的名字不是赞扬美国的民主，而是《论美国民主的演变》，他会在书中毫不留情地揭露美国民主的演变、异化，揭露 21 世纪美国民主的虚伪、平庸和局限，他会深刻分析今天美国民主的危机、美国民主的腐败、美国民主的低能等，他会让那些“玩民主”的美国政治家、思想家们狼狈不堪、无地自容。

今天，全球治理的一个重大问题，不是在世界各地推广美国模式的民主，而是美国民主首先要反思，21 世纪的美国民主要向 19 世纪托克维尔所赞扬的那种真实的民主回归。其次，美国民主需要改革创新，需要升级换代，例如，美国民主如何向世界学习，美国民主的“形式”如何学习中国民主的“效率”等等，都是美国民主建设和发展的重大课题。在民主问题上，美国不能老是给全世界“当老师”，也要“当学生”。要破除美国民主“标本论”，美国的民主只是全球“民主市场”上多种“民主产品”之一，美国没有权力要求全球都只能采购和使用美国商标的“民主产品”。

这个问题，你几次提到，其实，关键的问题，要害的问题，就是两个：一是不搞三权分立、多党制，中国能解决腐败问题吗？能有真民主吗？二是中国一定要走社会主义道路才能实现中国梦吗？在这个问题上，我的信仰和信念，就是两条：

第一条，中国梦，只能在中国共产党的领导下，才能实现。

第二条，中国梦，只能在中国特色社会主义道路上前进，才能成功。

我要特别强调，“美式民主”，是中国梦的毒药。美国遏制中国，美国要把中国梦变成“中国噩梦”，最快捷、最有效、最管用的办法，就是让中国搞美国模式的大民主。但是，在这个问题上，中国不会上当，美国的阴谋也不会得逞。

美国值得中国学习的经验和汲取的教训

加藤嘉一问：

在坚持和平崛起、实现伟大复兴的过程中，中国如何参照美国历程、学习美国经验，又如何从“美国模式”中汲取应有的教训？

刘明福答：

美国是已经崛起的大国，中国是正在崛起的大国。美国是大国崛起的“教科书”，是中国崛起的“参考书”。中国高度重视美国崛起的经验，也研究美国霸权的教训。

1. 以美国为师——美国三条经验值得中国学习

中国要向美国学习的地方，主要是三点：

一是学习美国反霸权、求自由的独立精神——美国的出生地，是英国的一块殖民地。北美殖民地的人民通过一场历时8年的独立战争，赢得了自由，赢得了独立。一个崭新的美国在北美大陆横空出世。中国面对美国的世界霸权压制，要学习当年美国面对英国的世界霸权统治时所展现的那种反霸精神。

二是学习美国反分裂、保统一的爱国精神——1861年~1865年的美国统一战争，是美国坚决反对国内分裂势力、坚决抵制英国霸权国家的干预插手、誓死维护国家统一的一场伟大的内战。中国在反对“台独”分裂势力、抵制美国和日本插手干预台湾问题的过程中，要学习当年美国在这方面的成功经验。学习“美国统一战争”的榜样，在“台独”决心分裂祖国的时候，坚决打赢“中国统一战争”这场硬仗。

三是学习美国反侵略、卫和平的战斗精神——美国在崛起过程中，不仅与英国殖民主义进行过独立战争和1812 ~ 1815年的反侵略战争，而且美国在二战中的反法西斯战争中，在反对日本军国主义的战争中，是为世界和平事业作出了重大贡献的。当日本军国主义袭击珍珠港后，美国以强有力的军事铁拳，先后在太平洋战场和欧洲战场，沉重打击日本军国主义和德国法西斯主义，并且使用原子弹打击和教训了日本军国主义。和平崛起的中国，在未来的反侵略战争中，就是要学习美国的这种战斗精神。

2. 以美国为戒——美国三条教训值得中国汲取

中国要汲取的美国教训，主要也有三点：

一是汲取美国战胜德日，即“争霸”世界的教训——二战胜利后，美国是全球最强大的国家。这本来是美国走上世界舞台中心、团结世界、造福人类的第一次重大历史机遇。但是美国在战后不是团结世界，而是分裂世界。美国率先设计和发动冷战，与苏联全球对抗，走上了争霸世界的道路，让整个世界陷于半个世纪的冷战恐怖中，让达摩克利斯之剑悬挂在全人类的头顶上，让世界生灵都成为了美苏争夺世界霸权的人质。中国要汲取美国教训，坚持大国崛起不争霸。

二是汲取美国击败苏联，即“独霸”世界的教训——冷战结束后，美国作为胜利者，环顾全球无对手，是一超独强，这是美国团结世界、造福人类的第二次历史机遇。但是，美国被胜利冲昏头脑，在“历史终结”的狂热中，把美国“一超独强”的有利地位，变成了“一超独霸”的垄断地位，仍然运用冷战思维，掀起“文明的冲突”，大搞“颜色革命”，寻找新的竞争对手和战略敌人，连续发动战争，成为全球最大的“麻烦制造者”。中国要汲取美国的教训，在崛起和复兴的道路上，越是成功就越要谦虚谨慎，越是强大就越是不能称王称霸。

三是汲取美国遏制中国，即自私“保霸”的教训——在运动场上，竞争比赛出新秀。在世界舞台，发展进步有新星。先崛起的大国，不应该仇视和遏制后崛起的新兴大国。可是，美国却把自己的衰落归罪于中国的崛起，把自己霸权的困境归罪于中国的复兴。美国不是以维护整个世界的发展进步为崇高目标，不是通过反思、改革和创新，来提升自己，而是以维护美国的世界霸权地位为最高利益，通过遏制中国崛起来维护美国霸权稳定。这就导致美国霸权与整个世界发展进步的尖锐矛盾。中国在崛起过程中要不争霸；中国强大之后要不称霸；实现伟大复兴中国梦之后的中国，如果世界出现比自己发展更快、更有潜力和趋势超越中国的国家，中国也要欢迎和合作，绝不能像美国那样，害怕、妒忌和遏制别人强大。

第三篇

美国梦、美国谜

——“霸权永恒”是幻想

◆ 21 世纪的“美国观” ◆

“美国梦”长期一枝独秀、风靡世界。习近平提出“中国梦”，国际社会进入“一球两梦”时代。

大千世界，本来就五光十色。现在，中国梦与美国梦更是争奇斗艳。

中国梦与美国梦是“两梦幸会”，还是“两梦遭遇”？未来 30 年，中国梦与美国梦是两梦团结合作，还是两梦对立对决？

回答这个问题，既需要正确认识中国梦，更需要重新审视美国梦。

第 12 章

美国梦，为什么不再美丽

从“魅力梦”到“霸权梦”

五个阶段，美国梦如何变质

加藤嘉一问：

在您的著作和文章中，在颂扬“中国梦”的同时，对“美国梦”多有批评。您如何看待“美国梦”的历史？如何评价“美国梦”的实质？

刘明福答：

我觉得美国梦原来是很好的，美国作为一个移民国家，作为一个由移民建立起来的国家，美国梦本来就是一个背井离乡、奔赴北美新大陆去创业、去创造新生活的梦想。而北美那个地方，没有封建社会，没有旧政府，没有土豪劣绅，大家平等竞争，只要你肯吃苦、肯流汗，有聪明才智，就有成功。原始的美国梦，朴素的美国梦，是一个公平梦，就是提供一种机制，提供一种环境，使得人们能够平等竞争，只要进取，就有机遇；只要奋斗，就有成功；只要努力，就有幸福。人们能够依靠自己的天才和奋斗，改变自己命运，实现人生价值。但是后来美国梦就逐渐变味道了，逐步变质了。

我们可以分析一下美国梦发展与演变的五个阶段：

第一个阶段，是美国建国之前，是先有美国梦，后有美国。是移民们的美国梦，催生了一个新美国，创造了一个新美国。所以，第一个阶段的美国梦，是一个“创业建国梦”。

第二个阶段，是美国建国之后，从1776年到1945年二战胜利，这170年的时间里，美国梦总体上是一个“和平发展梦”。包括两次世界大战中，美国的作用也是正面的。

第三个阶段，在二战胜利后，到冷战结束，从1945年到1991年，这将近半个世纪的时间里，美国和苏联长期在冷战状态中争夺世界霸权，这第三个阶段的美国梦，是一个“争霸世界梦”。

第四个阶段，是从1991年到现在，美国在全球是一超独霸，实现了世界霸权，美国梦成为一个“称霸世界梦”。

第五个阶段，就是在中国经济总量超越日本、直追美国之后，面对中国的崛起，美国感到霸权受威胁，要遏制中国的追赶和超越。这样，美国梦就成为一个幻想长期维护美国霸权地位的梦，成为一个遏制中国的梦。今天美国一些人，梦想能够遏制住中国的崛起，能够让美国的世界霸权地位长期存在。这是不现实的。霸权不能万岁。中国梦不是一个霸权梦，而是一个建设无霸世界的梦。未来的世界大趋势是，美国的霸权必然会终结，而中国再强大、再先进，也不会成为一个新的霸权国家。这一点，是今天提出“中国梦”的中国政治家与把“美国梦”归结为“美国还要再领导世界100年”的美国领导人的根本区别。中国梦对于美国梦的最大超越，不仅是在现代化程度和综合国力上对美国的超越，更是对于变质的美国梦的性质超越——中国梦，梦的是“中国强而不霸”，梦的是“世界有强无霸”。

加藤嘉一问：

在您看来，今天的美国梦，在国际关系的层面上，是已经变质了。您主张，在美国梦与世界梦的关系上，美国梦成为一个世界霸主梦，这个霸主梦，不是给世界带来更大的安全与和平，而是更多的分裂与危机，美国梦成为“问题梦”、“麻烦梦”？

刘明福答：

美国梦，曾经是近代国际舞台上光辉闪亮的国家梦想，美国梦在自己的进程中曾经取得了巨大成功，也为人类进步发展作出了巨大贡献。但是，二战以后美国梦发生变异，冷战以后美国梦进一步扭曲，21 世纪以来美国梦快速变质。

美国梦的变质，有一个过程。我们说，早期和中期的美国梦，曾经牵引美国前进，美国梦使美国精彩，美国梦使美国成功，美国梦使美国伟大。美国梦魅力世界，美国梦也魅力中国。但是美国梦在后期开始变质、扭曲、异化，特别是在美国与世界的关系上。

从美国建国到第二次世界大战以前，当美国只是领导美国的时候，美国梦是一个世界上最年轻的大国的进取和创造，这个阶段的美国梦，是经典的美国梦，是最美的美国梦。

当美国在第二次世界大战以后，成为西方国家、西方阵营的头领，成为半个世界的领导者，并且迅速走上与苏联阵营争夺世界霸权的道路，这时的美国梦，就成为争霸梦，就开始变质。

当美国在冷战胜利后，成为世界霸主，开始领导整个世界以后，这时的美国梦又进一步变质。变质的“美国梦”，集中表现在美国发动的战争和美国造成的危机。

变质的“美国梦”，不仅给美国带来噩梦，也给世界带来噩梦。所以，今天的美国，需要重新审视美国梦的问题。未来的美国梦需要重新定性，需要脱胎换骨，需要浴火重生。

美国霸权危机：四个严重脱离

加藤嘉一问：

我记得，在我们曾经的交流中您提出如下观点：美国梦不再美丽，是由于美国梦变质成为一个霸权梦。霸权主义是中国给美国戴上的一顶大帽子，美国对自己的霸权主义有一个美丽的说法，叫作“领导世界”。那么，您认为，美国的霸权主义面临危机，美国一些人也认为美国对世界出现了“领导危机”。霸权主义危机也好，领导主义危机也罢，您认为这种危机主要有哪些突出表现？

刘明福答：

英国《泰晤士报》曾经刊登一幅漫画：小布什总统在讲授地理课，黑板上画着一个地球，那个地球正在围绕美国旋转。这幅漫画的寓意是：冷战后的世界，实际上就是美国强迫地球根据美国的指挥棒旋转，结果就把地球颠覆了。漫画的结论就是：“不能让地球围着美国转”，而必须“让美国围着地球转”。

冷战后出现的各种“世界危机”，最根本的是“领导危机”，就是这个世界的“领袖人物”、“领袖国家”出了问题。国际社会正在形成一个共识，那就是美国领导世界——让世界失望。世界舆论有一个强烈呼声，那就是“弹劾美国——振兴世界”。

美国“霸权危机”或美国“领导危机”，其表现、其根源，就是“四个严重脱离”。

一是“美国的利益”脱离了“世界的利益”。作为全球领袖国家的美国，要想成功地领导世界，就必须正确处理美国国家利益与世界利益之间的关系，把美国的利益和全球的利益统一起来、结合起来，不能只顾美国、不顾世界，更不能以损害别国利益、以损害世界利益来维护美国的利益。美国把自己一个国家的利益置于全球整体利益之上，让全球的利益服从和服务于美国的利益，以损害别国利益维护自己的利益，以牺牲全球利益来确保美国的利益，不惜通过多场战争和金融危机谋取私利，导致全球公愤。

二是“美国的文明”脱离了“其他的文明”。今天全球“文明的冲突”，根源于美国对其他“文明的歧视”，根源于美国对其他“文明的讨伐”，根源于美国实行“文明的专制”。必须正确处理美国文明和其他文明的关系，坚持美国文明与其他文明之间的平等地位，尊重其他文明，包容其他文明，学习其他文明。不能搞“文明的冲突”、“文明的讨伐”、“文明的战争”，不能搞“思想殖民主义”、“文化殖民主义”。

三是“美国的霸权”脱离了“时代的潮流”。“历史的终结”是错误的理论，而“霸权的黄昏”是一种现实，“霸权的终结”是必然的趋势。在全球觉醒的时代，在“民主世界”成为全球共同追求的今天，霸权不得人心，霸权树敌世界。美国把世界霸权作为自己国家的核心利益来维护，是逆时代潮流而动。霸权的困境、霸权的危机，只能通过放弃霸权、告别霸权才能彻底解决。

四是“美国的精英”脱离了“美国的大众”。在国内，美国 1% 的精英脱离了 99% 的美国人民。这从华尔街的金融腐败，从美国的两极分化，从冷战后美国一系列战略决策的错误，可以看得很清楚。

现代世界的发展，使得单独一个国家无力担负领导世界的重任。解决世界“领导危机”，必须结束“一个国家领导一个世界”的问题。长期让一个不受监督和制衡的领袖国家来领导世界，必然出现“一个国家绑架一个世界”的局面。正如在今天的国际舞台上，美国可以制裁世界，但是谁来“制裁美国”？全球领导体制必须转型。全球领导的性质，要实现“霸权领导”到“民主领导”的转型；全球领导的角色，要实现由一个国家的个体领导，到群体国家对世界实施集体领导，要充分发挥联合国的作用。世界领导和全球治理的新思路是建立对于世界的“集体领导机制”，摆脱“一个世界由一个霸权国家领导”的传统模式。

地球围着美国转，这个世界必然乱套；

美国围着地球转，这个星球才能正常。

世界领袖、世界警察、世界模范，美国三个不称职

加藤嘉一问：

有一个词汇叫“世界警察”。美国既是有孤立主义传统的国家，又是有干涉主义倾向的国家。过去一年半，我在华盛顿观察与生活的过程中时刻都能听到，也感觉到，美国战略家们正在抱着紧迫感讨论“美国要不要继续担任世界警察的角色”这一问题。这些讨论的出现，无非与美国近年以来，尤其在中东地区（伊拉克、阿富汗等）的政策纷纷“失败”有关系。据我个人的观察，围绕这个问题，美国战略界的舆论和看法是分裂的，有人主张要继续，有人主张该撤退。在您看来，美国还会不会，要不要，能不能继续担任“世界警察”的角色？美国如果会，凭什么？如果能，靠什么？如果不，又是什么？

我也想请您谈谈第一次去美国时的感受。在您看来，美国是一个什么样的国家和社会？其优点和缺点分别是什么？

刘明福答：

美国这个国家，也是一部百科全书。美国既有反殖民主义、反霸权主义的光荣传统，也有争霸、称霸、保霸的不良记录。研究美国 240 年在国际社会由一个被压迫者到一个压迫者的和平演变和角色转换，是创新大国监督和

全球治理的一个重要课题。

美国战略家们现在以最紧迫感讨论的第一号问题，不是“美国要不要继续担任世界警察的角色”这一问题。他们更坐卧不定、焦急难寝的问题，是美国还要不要、还能不能担任世界领袖的问题。

21 世纪的美国，进入一个空前的时代——“失败时代”。美国进入失败时代的根本标志，就是美国为这个世界带来的问题和麻烦，比美国为这个世界解决的问题和麻烦，要多得多。美国不是为这个世界造福，而是为这个世界造孽。

21 世纪的美国，有三个不称职：

第一个不称职——美国担任“世界领袖”不称职。当美国只是领导美国的时候，那是一个多么光明的美国；当美国只是领导美洲的时候，那是一个远比欧洲列强文明得多的美国；当美国与苏联两分天下、美国领导所谓“自由世界”时，美国的领导击败了苏联的领导。可是冷战之后特别是进入 21 世纪，美国的领导让世界无法忍受。

第二个不称职——美国担任“世界警察”不称职。21 世纪，全球发生的冲突、对抗、战争、动乱、恐怖主义灾难、难民潮等，是二战之后的高峰。美国这个世界警察发挥了什么作用？21 世纪，不是世界警察为世界“办案”，而是世界警察在世界“作案”。破坏世界治安的正是世界警察，扰乱国际社会秩序的，正是国际警察。有国际人士笑谈：现在，靠美国这个世界警察维持世界治安，还不如让中国进城的农民工，佩戴国际红袖章，来维持国际秩序。

第三个不称职——美国担任“民主标本”不称职。“民主国家”，是美国的金字招牌。可是美国这个民主国家却是全球最大的“拳头国家”。美国民主的实质，在国内，民主的背后是“金主”；在国际，美国民主的背后是“霸主”。这样一个在全球抡拳头的战争国家、霸权国家，怎么能够继续充当世界民主国家的模范呢？

美国的腐败和专制

美国最大的腐败，是“价值观腐败”

加藤嘉一问：

我相信，从中国共产党提出的“两个一百年”目标的时间轴——2021 年和 2049 年来看，中国的经济实力和军事实力超过美国将只是时间问题，是一个必然的过程，除非中国国内出现比较大的动乱。不过，根据我在中国和美国的生活体验，我们判断一个国家是否在崛起，能否成为超级大国，不仅看经济和军事，而且要看其科技、教育、文化、体育、生活方式、价值观念以及人们的幸福感等方方面面。而且，我认为，对于当下和未来的中国来说，这些软实力比硬实力更关键，实现起来更困难。中国能否在这些软实力方面超过美国，我持有谨慎的悲观态度。美国在这方面确实很强大，而且拥有可持续发展的制度平台。我想直接请教刘老师，在现有的政治体制和意识形态下，中国能不能、有没有可能在软实力方面超过美国？具体而言，中国能否创造出像哈佛大学同样具有世界公信力和权威性的大学；中国能否制造出与好莱坞同样具有普及率和超越时空之魅力的电影；中国能否发明与美国式的自由、民主价值同样具有吸引力和渗透力的价值观？

刘明福答：

价值观的核心是政治观；价值观的巅峰是战略观。

一个国家的价值观，最核心的是政治价值观。

一个世界大国，对全球影响最大的是它的国际价值观，是它的世界价值观、外交价值观。

而一个世界 1 号大国的国际价值观，不仅决定这个国家的世界地位的性质，而且决定整个世界的性质。

看待、判断、检验一个超级大国，一个处在世界领袖国家和世界警察地位上的国家的价值观，不仅要听它讲什么，更要看它实际在做什么；不仅要看它说的是什么价值观，更要看它实践的是什么样的价值观。

一个世界大国的“价值观”，集中体现在这个国家的“战略观”上，战略观是价值观的制高点。制定和实践什么样的国家战略、国际战略，从根本上检验和决定这个国家的政治家到底真正信仰和实践什么样的核心价值观。

看待美国的价值观信仰，判断美国的价值观指导，不是看它如何宣传和说教，而是看它的国家战略和国际战略。

要破除美国是价值观模范的迷信——现在，人们谈论美国价值观，都是从《独立宣言》开始，从独立战争开始，从美国宪法开始。其实，美国根本就不是什么价值观天使。美国这个国家，美国的地盘，都是欧洲殖民者横渡大西洋，从印第安人手中抢来的，是从北美洲原居民手中夺过来的。马克思说，资本来到世间，每一个铜板都滴着血和肮脏的东西。北美洲的历史告诉世人，美国来到这个世界，浑身上下，都滴着血和肮脏的东西。所以，美国来到这个世界，不是天使来到人间。美国不是天使。

要揭露美国给世界带来的“价值观灾难”——今天的美国，是世界价值观灾难的制造者。中东难民大军的人权灾难，正是由高喊人权价值观的美国政治家用一场又一场的战争制造出来的。正是美国出口民主、输送自由的恶果。美国是人类文明价值观的最大破坏者。实践中的美国价值观，现行的美国价值观，是分裂整个世界、践踏国家主权、摧毁文明平等权、危害人权（特别是生命权）的价值观。看看中东地区的战乱，看看几百万难民的灾难，看看美国导演颜色革命引发的文明的冲突，就可以看出，世界“价值观灾难”，与美国这个“价值观样板”的幕后黑手紧密相连。

要弄清美国奉行的真实价值观——美国作为世界的领袖国家、民主国家，这个世界领袖在世界上讲“民主”吗？美国在国际关系上奉行的不是“民主价值观”，而是“霸主价值观”；美国在国家关系上，不是“主权价值观”，而是“霸权价值观”；美国在国际秩序上，不是“法治价值观”，而是“拳头价值观”；美国对待崛起的发展中国家，不是“平等合作价值观”，而是“冷战遏制价值观”；美国奉行的不是“团结世界、合作共赢”价值观，而是“分裂世界、联盟对峙”的价值观。

美国能够具有世界一流的大学，能够拍摄世界一流的电影大片，但是“大学”和“大片”这样的软实力，管不住美国“大兵”在世界各地的战争。好莱坞的电影大导演，管不住美国总统这个世界政治的大导演；哈佛大学的校长，也管不住美国总统这个地球的“球长”；美国的软实力管不住美国的硬实力。这就是“美国病”。

美国在“价值观”上应该向中国学习什么？

加藤嘉一问：

刘老师，您认为美国现在最缺乏的是软实力，所以就到处炫耀和使用硬实力。您认为中国的价值观比美国优越，美国这个“价值观老师”，应该向中国学习。那么，您认为今天的中国价值观，有哪些内容是值得美国学习的？

刘明福答：

认为美国软实力和价值观世界第一，是一个错觉。美国霸权衰落的最大因素，是美国价值观的衰落，是美国软实力的衰落。中国价值观已经超越美国，主要超越在四个方面。美国在价值观上，要向中国学习的地方，也主要有四个方面。

一是美国要学习中国不搞世界革命、颜色革命、文明的冲突，不输出自己的意识形态和政治体制，不把一些国家和地区搞乱。这就是“文明包容”

的价值观。

二是美国要学习中国不搞联盟战略，广交朋友，不结盟友，团结世界，不分裂世界。这就是“友好团结”的价值观。

三是美国要学习中国不追求世界霸权，建设新型大国关系和新型国际关系，打造无霸世界、民主世界。这就是“民主平等”的价值观。

四是美国要学习中国不搞冷战思维，不搞遏制战略，把自己的国际地位建立在自己的创新发展上，而不是通过遏制和破坏别人的崛起，来保持自己的国际地位和国际影响力。这就是“合作共赢”的价值观。

所以，美国的衰落，首先不是硬实力的衰落，而是软实力的衰落，是软实力的腐败和变质。美国这个所谓的“价值观大国”，已经成为一个“价值观腐败大国”。

中国的崛起，首先不是经济崛起，不是军事崛起，而是价值观崛起。比如，中国崛起的第一个口号，就是“和平崛起”，中国崛起的第一个价值观就是“和平价值观”。这个和平崛起的价值观，决定了中国崛起的道路，是和平道路而不是战争道路。习近平主席提出建设新型大国关系、新型国际关系，打造人类命运共同体，是中国崛起的又一个价值观。这一人类命运共同体价值观，决定了中国崛起的目标价值，不仅是复兴中华民族，而且是为了造福整个人类世界。

美国以世界“价值观样板”自居，美国以“价值观法官”、“价值观警察”自居，对全球进行“价值观裁判”，给各国书写“价值观记录”，到处进行“价值观讨伐”。实际上，美国是“价值观腐败”，是“价值观罪犯”。

美国“民主的专制”，造成世界“民主的灾难”

加藤嘉一问：

如前所述，对于美国实现和创造“美国梦”来说，自由民主的价值观可以说是核心要素。没有自由民主，就没有美国梦，也不会有那么多外国人愿意和渴望移民到美国，成为美国公民。不过，最近我在美国也经常听到看到“美国的自由民主主义能否持续解决当下美国面临的经济、社会等问题”的讨论。据我观察，在美国，没有人否定自由民主这一政治体制和价值观本身，他们讨论的是政府和社会如何在自由民主体制的框架之内解决那些棘手的问题。那么，请问刘老师，您认为，美国的“自由民主”能走多远？这一体制和价值观能解决美国和全球面临的一些世界性问题和难题吗？未来有没有可能出现替代或挑战自由民主的体制或价值观？在此过程中，中国的角色将是什么？中国要挑战美国的自由民主，创造替代它的价值体系吗？

刘明福答：

21 世纪，美国进入一个空前的“失败时代”。这个失败，不仅聚焦在美国霸权的衰落，而且突出表现为美式民主的失败。美国本身陷于“民主的困境”，美国为世界带来“民主的灾难”。民主的美国已经成为民主的罪人。

1. 对“美式民主的专制”，需要加以抵制——“美国民主的专制”，就是美国垄断了对于民主的定义权、解释权。就是美国垄断了对于民主标准的制定权，把美国的民主模式作为世界民主的标准。美国垄断了民主牌照的发放权，全世界的国家都要到它那里去登记审批，领取“民主国家牌照”。美国不仅垄断了民主国家的命名权，占有了民主发明的专利权，而且自建自封了民主法庭的审判权，并且在人权高于主权的理由下，让美国具有民主推广权，赋予美国对于被判决为“不民主国家”的战争讨伐权。这样一种民主的专制，只能产生专制的霸主。

2. 对“美式民主的本质”，需要深度分析——“美式民主”作为人类社会一定历史阶段、一定国家或地区的一种民主形式，具有一定的进步性，也曾经在国际社会发挥过一定的影响力。但是，美式民主局限性很大。今天的美国民主与华盛顿时代的美国民主，也不可同日而语。今天在美国，到底是“民主”还是“金主”？到底是 99% 的人是美国的主人，还是 1% 的人是美国的主人？“美式民主”不能解决美国国内严重的两极分化，更不能解决美国在国际舞台称王称霸。

3. 对美国设计的“美式民主的陷阱”，需要高度警惕——美国在全球推行美式民主，导致“民主灾难”。美国长期对中国进行“民主设计”，为中国布置“民主陷阱”。西方式民主救不了中国，美国式民主振兴不了中国。100 年前，孙中山就在中国搞多党制，100 多个政党，孙中山搞五权分立，比西方三权分立还多两权，结果是几十年军阀混战。现在美国搞垮中国的最好办法，是让中国拷贝美国自由民主体制。但是中国不会上美国这个“民主自由陷阱”的当。美国遏制战略大师们也死了这条心吧。中国的民主建设不用美国操心，美国应该把中东的“民主难民”，都接到美国去，承担美国民主输出的责任。

4. 对人类社会的民主事业，需要不断改革创新——欧美国家在反对封建专制、推进人类民主建设上，曾经走在世界前列。这可以说是近代世界第一次民主创新高潮。马克思主义在以无产阶级革命手段推翻资本的专制、解放全人类的伟大斗争中，推动了近代世界第二次民主创新高潮。无产阶级革命，是比资产阶级革命更深刻更广泛的民主和自由运动。21 世纪，随着中国的崛起，随着世界霸权退出世界历史舞台，人类历史上第一个新型民主世界、一个真正民主的国际社会，将诞生在这个星球上。一个由 13 亿人组成的“中国模式民主国家”，已经显示出比一个 3 亿人口组成的美国模式民主国家更强的发展活力、动力、潜力。一个学习美国而不复制美国、一个包容美国而又超越美国的中国，将为人类社会的民主自由事业，作出比美国更大的贡献。

美国“同盟战略”，严重分裂世界

加藤嘉一问：

作为一个日本人，我深知，对于美国的全球战略来说，“同盟政治”非常重要。美国在国际社会上的影响力和话语权，在某种意义上是依靠分布在各地区的同盟国来经营和维持的。这包括亚洲的日本、韩国、菲律宾；中东的以色列、沙特阿拉伯；以及在西方的英国、澳大利亚、加拿大等。您认为，这一美国传统的“同盟战略”，对于美国在世界上的“霸权地位”来说有多重要？未来将继续重要下去吗？假如中国要替代美国成为世界级的超级大国，中国将靠什么手段来经营自己的全球战略？同盟政治似乎不是中国的战略抉择，那什么是中国的战略抉择？中国从美国“同盟政治”与全球“霸权地位”的经历中吸取了什么样的教训？最后，您认为，日美同盟能拯救亚太地区的和平与繁荣吗？

刘明福答：

古老的同盟战略，是丛林世界中分裂对抗而形成的不同国家群体之间对立博弈的战略，是一种阵营战略、分裂战略、对抗战略、冲突战略。二战后，美国的同盟战略，先是与苏联争夺世界霸权的争霸战略；冷战后美国的同盟战略是控制世界、称霸世界的战略；现在，美国的同盟战略是分裂世界、遏制中国、维护美国衰落的世界霸权的战略。

美国同盟战略，是美国争霸世界、称霸世界的一个核心战略。美国同盟战略具有两大功能：一是对“同盟国家”的驾驭、控制、利用功能；二是对“对手国家”的遏制功能。美国的同盟战略，把一些国家的安全建立在其他国家不安全的基础上。美国同盟战略，不是弱者的“安全战略”，而是强者的“霸权战略”、“进攻战略”。美国同盟战略在本职上是分裂世界、控制世界的战略。

美日同盟战略，不仅不是拯救亚太的战略，而且是分裂亚太国家、加剧亚太地区冲突和对抗的催化剂，是危及亚太地区和平、安全与发展的最大威胁，是亚太地区的地震源。

我认为，并且倡议，联合国应该制定《国际安全法》，应该规定大国关系中的联盟战略为“非法”。废除美日同盟之后的亚太地区，才会更加和平、安全，更加发展和繁荣。

中国早在冷战结束之前的 20 世纪 80 年代，就放弃了联盟战略，奉行“不结盟”战略。中国的全球战略不是称霸世界的战略，不是霸权战略，所以就不需要“联盟战略”。中国的世界目标，是建设“人类命运共同体”，而“人类命运共同体”需要的是国际关系中的“朋友战略”，需要的是世界大家庭的“团结战略”，是不同文明之间的“平等战略”，是国家不分大小和强弱都能够不受霸权控制和压迫的“民主战略”。

美国长期的宣传，强化了一种观念，就是这个地球没有世界霸权就没有世界秩序，亚太地区没有美日联盟就没有安全和发展，这就是美国“话语霸权”给国际社会灌输的一种扭曲的意识形态。

美国“同盟战略”严重分裂世界，中国“人类命运共同体战略”凝聚世界。

21 世纪的世界，必然走向“无霸世界”，必然走向“无盟世界”。

第13章
螃蟹战略，让亚太分裂、中日对抗

美国的保霸目标与战略手段

美国捍卫世界霸权“第三战役”

加藤嘉一问：

您在2010年1月出版的《中国梦》一书就提出美国捍卫世界霸权“第三战役”的概念。后来，美国实行了“亚太再平衡战略”。现在，您对“第三战役”的问题，有什么新的感受和思考？

刘明福答：

第二次世界大战以后，美国成为世界1号国家，成为世界的领导国家，从此，美国就把保卫世界霸权地位，作为国家的核心利益，只要发现哪个国家发展快，有可能追上它和超越它，就千方百计把这个“挑战者”、把这个“竞争者”、把这个“2号国家”摁下去，让这个国家一蹶不振，甚至垮台，再也没有能力与它一比高下。

美国在二战后进行霸权保卫战，总共是三大战役：第一战役，是与苏联打冷战，从二战结束不久到 1991 年，打了将近 50 年，终于把苏联摁下去了。第二战役，是 20 世纪 80 年代末 90 年代初，针对日本在经济上追赶美国造成的经济威胁，美国用货币战争的办法，击败日本，把日本打翻在地，日本经济从此一蹶不振。第三战役，就是美国对中国的遏制和包围。这第三战役，从2010年中国经济总量超越日本成为世界第二开始，这是一个转折点。从此，中国和美国的关系，就成为冠军国家和亚军国家的关系，成为老大和老二的关系。

也就在这一年，美国总统在国情咨文演讲中提出：美国决不做“世界第二”，要捍卫“世界第一”的地位。美国总统的国情咨文是一个宣言，就是美国要和中国打一场“世界第一”保卫战。

这三大战役，美国感到最难打的是第三战役，就是遏制中国的大战役。美国感到，用对付日本的办法遏制不住中国；美国感到，用对付苏联的办法，也遏制不了中国；美国感到，把当年对付日本和苏联这两家的办法都用来对付中国，那也不够用。美国人犯了愁。我感到，美国在以中国为对手的捍卫霸权地位的第三战役中，明显感到智慧不足、战略贫困，有点黔驴技穷。

美国第四次“坐山观虎斗”

加藤嘉一问：

据您说法，美国的亚洲战略是“螃蟹战略”，而在亚洲，有两只大螃蟹的关系最为复杂、敏感、危险。这两只大螃蟹就是中国和日本。美国如何让中国和日本这两只亚洲重量级的螃蟹互相缠斗？

刘明福答：

在美国梦、中国梦、“日本梦”这三梦的关系上，美国的目标和手段，是要让中国梦和“日本梦”迎头相撞，使中、日两梦“双输太平洋”，而确保美国梦在全球“一梦独霸”、“一梦独秀”，没有任何挑战者。美国联盟日本、遏制中国的大战略，实质上也是利用中国的力量，遏制日本崛起的战略，是让日本和中国相互搏斗、两败俱伤的战略。只要中国和日本恶斗起来，那么，美国不动一兵一卒，就可以同时遏制中、日两国。

美国的遏制战略，历来不是自己赤膊上阵的战略，而是间接遏制战略，就是让两个大力量肉搏血斗，美国在最后时刻四两拨千斤，收获最大战果。这样的战略，美国从20世纪至今，在100年的时间里，就反复使用三次。

第一次，是在第一次世界大战中，让欧洲的两大战争集团打了整整四年，双方伤亡惨重，筋疲力尽，美国则从交战双方，大发战争横财。美国在最后几个月才上场，一战定乾坤，成为世界的救世主，成为最大的获利国。

第二次，是在第二次世界大战中，美国重演第一次世界大战的谋略，在北美洲坐山观虎斗，在法国最困难的时候不出兵，在大英帝国最困难的时候不出兵，在苏联最困难的时候不出兵；不论是在欧洲战场，还是在东方战场，美国一直与交战双方做生意，发两面财。东方战场和欧洲战场，这两个大战场，成为美国大发横财的两个大市场，财源滚滚而来。美国只是在遭受日本的攻击后，才被迫参战。在欧洲第二战场的开辟问题上，美国又一再拖延。

第三次，是在被称为第三次世界大战的40多年冷战中，美国在欧洲把西欧推到冷战前沿，与苏联阵营对抗。在亚洲，则一直策划中国和苏联的对抗。中国和苏联的关系破裂、中国和苏联对抗局面的形成，虽然不是美国直接导演出来的，但是，美国的确从主观策划到客观实践上，都促进和充分利用了中苏分裂和中苏对抗的局面，维持和赢得了在冷战后期的战略主动。有分析认为，没有中苏对抗，就没有美国在冷战的胜利。与其说冷战是美国的胜利，不如说冷战是美国联合中国的胜利，冷战是美国和中国的共同胜利。如果没有中国的作用，美国恐怕到今天都不能赢得冷战的胜利。这些舆论当然是可以商榷的，但是也不是没有一点道理的。

第四次，美国在前面三次“坐山观虎斗、最后擒双虎”的成功经验的基础上，更熟练巧妙地故伎重演，设计、策划、制造、加剧中国和日本的对抗。美国的“亚太再平衡战略”，首先是“利用日本对抗中国”的战略，是“利用日本平衡中国”的战略，是让“中日对抗、美国得利”的战略，是通过中国和日本两败俱伤，美国以最小的代价，搞定中国和日本两个大国，实现“彻底遏制中国、更好控制日本、确保美国霸权”的战略目的。

美国把亚太地区变成“角斗场”

美国的亚太战略，是“螃蟹战略”

加藤嘉一问：

在《纽约时报》对您的访谈中，您提出了一个概念，叫“螃蟹战略”。通过这一概念的提出，您主张美国“亚太再平衡战略”等是包围遏制中国的战略，美国是用制造“亚洲分裂”、“亚洲内战”制衡“亚洲崛起”。您能对“螃蟹战略”做一个具体的剖析吗？

刘明福答：

中国领导人习近平警告某些国家，不要为了自己的一己之私利，把一个地区搞乱，甚至把整个世界搞乱。中国不允许一些国家在中国周边“生战”、“生乱”。

而美国的亚洲战略，恰恰是把亚洲形势“搞乱”的战略，是把亚洲局面

“搞砸”的战略，是把亚洲矛盾“搞炸”的战略。

美国的亚洲战略，是“螃蟹战略”，就是把亚洲变成一个筐，把亚洲国家变成筐子里的一群螃蟹，大家在亚洲这个筐子里，彼此咬住，缠斗在一起，谁也不松口，谁也动弹不得。美国在亚洲实行的这种“代理人战略”、“代理国战略”，就是“让亚洲人打亚洲人”，就是用“亚洲内耗”、“亚洲内战”来“遏制中国、控制日本、主导亚洲”。而美国又给日本和菲律宾这样的国家注射了“战略兴奋剂”，让它们疯狂起来，像上了“毒瘾”一样，成为疯狂国家，与中国对着干。亚洲争端，特别是在中日钓鱼岛和南海问题上，美国是幕后黑手，美国是总策划、总导演、总裁判，美国是矛盾激化的总根源。美国的“亚太再平衡战略”，就是“让亚洲人折腾亚洲人”的战略。

在今天的世界，美国是一头“全球虎”，日本是一只“亚洲豹”。“美国虎”与“日本豹”，要合力攻击“中国大象”。而有些国家则是狐假虎威。

亚太地区的最大危险，就是美国这一头“美洲虎”和日本这一条“亚洲豹”。东北亚、东南亚、东亚的国家，都被日本打过。美国、俄罗斯都被日本打过。二战中，美国用原子弹教训了日本；二战后，美国又对日本进行了民主化改造，给日本打了“镇静剂”，让日本老实了一段时间。现在，美国的全球目标和亚洲战略，又需要日本疯狂起来，于是，美国又给日本打了“兴奋剂”，日本开始张牙舞爪。“美国虎”和“日本豹”，其实也各怀鬼胎。日本配合美国对中国进行“遏制”，其实也是想乘机摆脱美国“控制”，在政治和军事上做大，在国家地位上提高。20 世纪上半叶，日本发动侵华战争“征服中国”，最终目标是为了“击败美国”、称雄世界。日本 21 世纪国家大战略的本质，是“反中脱美”，“反中”是手段，“脱美”是目的。今天仍然处于美国控制之下的日本，并不是一个真正的主权国家，而仅仅是享有半个主权的国家。对于日本来说，脱离美国的控制，实现国家的独立，其实是比反对中国更迫切、更重要的事情。美国搬起日本这块石头，来砸中国，最后这块石头可能会首先落到美国的脚上。

阿基米德说，给我一个支点，我就能够撬起整个地球。当年，毛泽东要改善中美关系，导演了“乒乓外交”，用“小球转动大球”，改变了世界格局。今天，美国要“控制亚太、遏制中国”，要用一岛（钓鱼岛），撬动一洲（亚洲），搅乱一洋（太平洋），转动一球（地球）。亚太地区已经成为中美 21 世纪大博弈的主战场。中国是正在成长和腾飞的“中国龙”，美国是称王称霸的“全球虎”，日本是准备疯狂出击的“亚洲豹”。“中国龙”、“美国虎”、“亚洲豹”，正在上演 21 世纪版本的“三国演义”。

美国高调“重返亚太”，说的是发挥“再平衡”作用，其实发挥的是“再破坏”作用。日本当年发动侵略战争，搞“大东亚共荣圈”，现在又配合美国，对中国搞“大东亚包围圈”。日本要再一次祸害亚太。美国坚持的霸权主义和日本正在复活的军国主义，是亚洲战争的策源地。为了亚太地区与世界和平，亚太地区有正义感的理性国家，都不会“狐假虎威”地追随美国和日本，而是要为建设和平亚太、建设和平世界做贡献。

美国全球战略，聚焦亚太

加藤嘉一问：

如今，美国的全球战略越来越聚焦在它的亚太战略上，亚太战略已经成为美国全球战略的核心，成为美国全球战略的重点。美国战略重点和战略核心为什么聚焦亚太地区？

刘明福答：

中国古代有句话：“得中原者得天下”，因此，就有“逐鹿中原”、竞争天下的大博弈。

21 世纪的亚洲，就是世界的“中原”，得亚洲者得世界。

近代世界，有三个发展阶段：

一是欧洲中心阶段，以大英帝国为代表；

二是美洲中心阶段，以美国为代表；

三是亚洲中心阶段，以中国为代表。

21 世纪的世界，是“一个中心、两个基本点”——就是“以亚洲为中心，以欧洲和美洲为两个基本点”，形成近代世界历史上第三个大格局。

亚洲在地理上是世界的高原，但是在政治上、经济上却长期是世界的低谷，是世界的低洼地。

21 世纪的亚洲，既是世界海拔最高地、最高峰，也将是世界政治、经济、军事的最高地。

美国的“亚太再平衡战略”，就是着眼维持和延续美国的世界霸权，要和中国“逐鹿中原”，要和中国“逐鹿亚洲”，要和中国博弈亚太。如果美国的战略重点仍然是在亚洲之外，那么，美国就要边缘化。

美国全球战略重点放在亚洲，而美国的亚洲战略重点是中国和日本。从历史上看，能够称雄亚洲的国家就是中国、日本，而美国亚洲战略的关键，就是“控制”日本，就是“遏制”中国，就是让中国和日本成为天敌，互相牵制，形成“鹬蚌相争、渔翁得利”的态势，创造“中日对抗、美国得利”的格局。

美国和日本已经用冷战思维对待中国，而中国则用“非冷战思维”应对美、日。最后的胜利者，不是冷战思维的继承者，而是新型大国关系的倡导者。

亚太地区正被塑造为全球最大“角斗场”

加藤嘉一问：

您提出 21 世纪，全球的主要危险在亚洲，亚太地区已经成为全球最大的“角斗场”。这个“角斗场”具有哪些突出的特点？

刘明福答：

21 世纪的亚洲地区，有“六个最”：一是全球最有活力和潜力的地区。二是拥有全球最大市场的地区。三是国家间竞争最激烈的地区。四是最群雄四起、互不服气的地区。例如印度、日本、中国，都有“主导亚洲、问鼎中原、引领天下”的雄心大志。五是全球利益冲突和矛盾关系最复杂的地区。这一地区集中的复杂矛盾，既有每个国家内部分裂的矛盾，例如中国台湾与大陆、韩国与朝鲜；又有亚洲地区内区域国家之间的矛盾，例如中国与日本、印度与巴基斯坦、韩国与日本等国家之间的矛盾；还有全球最高层次的、全球顶峰的矛盾，就是美国与中国的矛盾。所以，亚洲是情况最复杂、矛盾最突出的地区。六是军事冲突和战争危险最大的地区。亚洲地区是全球最大的政治地震带、军事火山群，随时可能出现军事地震，战争的火山随时可能喷发。

亚洲国家到底要建设一个什么样的亚洲？是分裂的亚洲、战争的亚洲，还是和平的亚洲、团结的亚洲？美国和日本到底要把亚洲变成一个什么样的亚洲？美国和日本的亚洲战略，正在把这个地区由一个全球最大的“商品市场”变成全球最大的军备竞赛的“军火市场”；把这个地区由全球最大的“市场”变成“战场”。亚洲国家要认清自己的核心利益和长远利益，要建立“亚洲集体安全体系”，要签订“亚洲和平条约”，要建设“亚洲安全机制”，而不是拼凑各种分裂亚洲、遏制和包围中国的同盟体系。

美国宣传一种理论，就是“中国孤立论”，说中国没有朋友，更“缺乏盟友”，把侵犯中国主权的国家说成是“恐中国家”，从舆论上孤立中国。其实，中国在20世纪80年代美国和苏联冷战正酣的时代，就开始了不结盟的大战略，在今天的非冷战时代，中国更不可能再去效仿今天的美国和当年的苏联，搞什么冷战思维，搞什么反美同盟。同盟战略，在20世纪上半叶，是为两大军事集团进行世界大战服务的战略；同盟战略，在20世纪下半叶，是为两大阵营进行冷战服务的战略；美国在21世纪仍然大搞同盟战略，就是继续在全球搞分裂，在地区搞分裂，让世界进入新的冷战状态，置世界于新的战争危险。中国不搞联盟战略，是中国充满自信的表现，是建设新型大国关系的实际行动。

第 14 章

美国告别霸权，世界才有未来

霸权，不是美国的生命线

世界霸权，不是美国“核心利益”

加藤嘉一问：

习近平主席提出中国和美国要建立新型大国关系。然而，中国梦和美国梦的矛盾却难以调和，因为霸权国家或许只能有一个，而霸权国家的霸权地位，是它的核心国家利益，它怎么会放弃或者让渡呢？

刘明福答：

世界霸权，不是美国的生命线。

20 年前，“历史的终结”是美国庆祝冷战胜利的欢呼。

今天，“霸权的黄昏”越来越成为全球的共识。

美国总统在国内最多干两届，但是美国在世界上却要一直当领袖，即使干得再糟糕、再失败，也不辞职、不下台、不退休。这不公平。

自从中国成为世界的“亚军国家”以后，美国向世界发出的最强烈呼喊，就是美国“决不做世界第二”，要坚决捍卫美国的“世界领导地位”，并且把中国定性为“挑战国”，开始了对“挑战者”的战略讨伐。

其实，把“世界霸权”作为一个国家的“核心利益”来维护，是典型的“美国误区”。霸权，本来就是国际事务中的一种特权、强权、专权，霸权本来就不是一个什么好东西，怎么能够作为一个国家的核心利益来看待和维护呢？

对全球领导地位，不能作为一种私利来追求，不能作为一种世袭特权利益来持续，不能作为某一个国家的专利来保护。

由今天世界的冠军国家美国，对今天世界的亚军国家中国，所炮制出来的所谓“挑战论”，把“亚军国家”中国妖魔化，实际是对亚军中国赶超冠军美国的一种舆论遏制和舆论讨伐，是对亚军国家赶超权利的一种剥夺。

加藤嘉一问：

从世界历史看，大国崛起倾向于与霸权结缘，大国衰落倾向于害怕与霸权告别和分离。您觉得，21 世纪中美之间的霸权竞赛将是世界霸权史的重复吗？还是，中美霸权竞赛会不会有新的“创新”？

刘明福答：

自从美国获得世界霸权以后，就把世界霸权作为国家的核心利益来捍卫，谁触动了美国的世界霸权，谁就是侵犯了美国的核心利益，美国就要和谁拼命。如此一来，世界霸权就成为美国的命根子。

21 世纪的美国，必须摒弃把世界霸权作为自己国家核心利益的陈腐观念。二战以后尤其是冷战以后，美国在世界霸权的位置上为自己攫取利益，世界霸权成为美国国家利益的“超级仓库”，为美国带来了滚滚红利。但是，世界霸权是世界强国的癌症，大国会为霸权而丧命。历史的逻辑是霸权衰国、霸权亡国。世界霸权对于美国来说，是一条衰落之路、没落之路。世界霸权腐蚀了美国，腐败了美国。世界进步的潮流进入 21 世纪，美国的世界霸权成为“世界祸害”，美国的世界霸权不仅损害世界，也困扰自己。美国最近 10 年的失败，是霸权的失败。美国各种病症的病根，就是“霸权”，美国患了“霸权病”，这是一个威胁世界也断送美国“国运”的致命病症。美国的各种困扰，有一个总的根源，就是“霸权困扰”；美国的各种危机，根源在于“霸权危机”；美国的衰落，实质是“霸权的衰落”。在 21 世纪，靠霸权兴国，靠霸权强国，是违背历史潮流的，美国坚持世界霸权，必然走向衰落、没落。美国未来的前途和出路，在于彻底转变靠霸权兴国、靠霸权强国的战略思维，把美国从霸权思维、霸权战略、霸权目标中解放出来，向“非霸国家”转型，向“无霸世界”前进，成为世界上的“正常国家”。实现美国国家性质的“去霸化”，这将是美国历史上最深刻的一场革命。

世界霸权不是美国应该捍卫的核心利益，世界霸权也不是中国的奋斗目标。2009 年 8 月 10 日，日本首相鸠山由纪夫在其个人网页发表题为《我的政治哲学》的文章中说道：“日本处于为继续维持霸权地位而奋斗的美国与谋求成为霸权国家的中国之间，如何维持政经独立、守护自己的国家利益，这是日本也是其他亚洲中小国家所烦恼的问题。”其实，鸠山由纪夫只说对了一半。美国确实是一个为继续维持霸权地位而奋斗的国家，但是中国崛起的目标不是成为霸权国家，而是成为强大的非霸权国家。中国的崛起不是霸权的崛起，而是世界霸权的终结。中国和美国的战略竞争，目标不是霸主地位的更替和取代，不是世界霸权换霸主，而是终结一个旧的霸权世界，形成一个没有霸权的新世界。中国的崛起，正带动一个新世界的崛起，推动一个多极化无霸世界的形成。中美两国战略博弈，将深刻改变世界面貌，也将深刻改变两国的命运。在这场战略大博弈中，美国将完成由霸权国家向非霸权国家的转型，美国将成为这个星球上“最后一个”霸权国家。而中国也将成为人类历史上“第一个”非霸权的世界第一国家。21 世纪中美大国博弈，是一种史无前例的新型博弈，这种新型博弈不是围绕“世界霸权的更替”进行，而是围绕“世界霸权的终结”展开。让世界“告别霸权”，是中美博弈的使命与贡献。所以，美国不谋求霸权连任，中国不当世界霸权接班人，这才是中美两国应该互相承诺的“战略再保证”。

世界霸权，不是美国的生命线。霸权失去，并不是美国的末日来临。美国《国家周刊》网站 2009 年 6 月 3 日文章《美国之后：中国世纪》指出：“中国世纪对美国世纪来说就是末日来临吗？这是美国人广泛存在的担忧。其实，中国的上升能刺激美国快马加鞭。倘若有朝一日美国醒悟，发现它不再是世界首屈一指，换成中国人坐在最高位置上，那时美国可能不得不进行长期遭到抵制的改革，这有利于美国的进步。即使中国成为世界头号经济体，美国经济仍然会稳步增长。”所以，从世界霸权中解放出来的美国，将充满新的生机与活力。

“冠军美国”应对“亚军中国”，呼唤“华盛顿精神”。

美国是这个星球上的冠军国家，美国最害怕的是在屁股后面追赶它的亚军国家。美国的这样一种“运动员心态”很正常。

但是，冠军不是哪一个运动员的专利，亚军追赶冠军是权利，亚军超越冠军而创造了新纪录，是成绩刷新，是体育进步。亚军绝对有权利挑战冠军，而冠军绝对没有权利压制亚军。

美国引以为荣的一个重要制度，就是美国领导人的竞选制度和任期制度。如果一个美国总统，把别人与他竞选说成是大逆不道的“挑战”，是对自己领导地位的“威胁”，如果一个美国总统要“保卫”他的“领导地位”无限期延续下去，那么他无疑是一个神经病。但是我们看到，在美国国内的“总统文化”中，那种为人称道的“华盛顿精神”，在冷战以后美国领导世界的过程中，却丝毫没有体现。尽管冷战以后美国对世界进行了灾难性的领导，但是人们听到的不是美国虔诚的反思和检讨，而是美国要继续领导世界 100 年的宣示。在一个全球民主的时代，美国把世界领导地位作为自己的利益实行垄断占有，是不可持续的。

美国“告别霸权”的时代来临

加藤嘉一问：

您在《中国梦》中提出建设“无霸世界”的主张，在《霸权的黄昏》中又提出 21 世纪的世界，只有“霸权的终结”，而没有“霸权的转移”。您如何看待世界大国从“霸权的转移”到“霸权的终结”这样一个历史性的转变？

刘明福答：

当美国在冷战结束后欢呼“历史的终结”的时候，他们没有想到，今天的美国面临的真正问题，是“霸权的终结”。

美国之后，不是世界末日。美国失去霸权，不会像西方有些人担心的那样，会使世界陷于一个“新的中世纪时代”。在 2011 年初的美国经济学会年会上，有一位经济学家宣称：“美国称霸世界的时代已经终结。”

21 世纪，是人类世界“告别霸权”的世纪，是开创无霸时代、实现世界转型、建设无霸世界的世纪。

美国霸权为什么不能持久？新兴的中国为什么不做新兴的霸权？历史的终结是不可能的，而霸权的终结又为什么是必然的？

美国人害怕的是“霸权转移论”，就是恐惧世界霸权由美国转移到中国。而中国人信仰的是“霸权终结论”，中国是世界霸权的“掘墓人”，而不是美国霸权的“接班国”。

世界霸权，不是美国的核心利益，虽然它是美国多年享有的难以割舍的特权利益。这个利益是要改革的。“去霸权化”的美国，才是正常的美国，是健康的美国，是更伟大的美国，是更可爱的美国，是更精彩的美国，也是更受尊敬的美国。

中国崛起，是中国在21世纪的核心利益，谁阻挡和遏制中国崛起，谁就是损害中国的核心利益。因为中国的崛起不是霸权的崛起，中国崛起不是要建立世界霸权，而是建立“无霸世界”。

美国式的“联盟霸权”取代了英国式的“殖民霸权”，而未来任何一个崛起的新兴国家都不可能“接班”美国霸权。世界霸权，既不可能通过美国的世袭使其持续存在，也不可能通过交接给另一个国家而持续存在。美国霸权，是一个不能持续的霸权，是一个不能交接和传承的霸权，美国霸权只能是一个走进历史的霸权，美国霸权是最后一个世界霸权。

在英国霸权之后有美国霸权，但是在美国霸权之后，不仅不会有中国霸权，而且永远不会有任何世界霸权。因为和平发展、合作共赢早已成为时代的主流，“国内专制”和“国际专制”也必然被淘汰，“专制国家”和“霸权国家”都应该进入历史博物馆。所以，在中国和美国的关系中炒作“霸权转移论”是不科学的。21世纪的世界霸权，既不可能被某个国家例如美国长期占有，也不可能被两个国家例如美国和中国进行转移（不管这种转移是和平的还是非和平的），霸权只能在大国的竞争与合作中走向最终消亡。所以，美国将是最后一个霸权国家，超越美国的中国将是第一个非霸权的世界头号国家、冠军国家、领导国家。今后的领导国家不是霸权国家，今后的世界领导权不是世界霸权。世界领导权仍然存在，但是世界霸权不存在了。这就是世界领导国家和世界领导权的去霸权化，就是世界领导国家的文明化，就是世界领导权的非霸权化。

“中国威胁论”为什么是错误的？因为对世界的最大威胁是世界霸权。不是“中国威胁论”，而是霸权威胁论，是世界霸权威胁世界论。世界霸权感到受威胁，是世界的进步。

“历史的终结”是误判，“霸权的终结”是趋势。

霸权消亡与美国、亚洲、世界的前途

霸权与美国——抛弃世界霸权，美国才能常青

加藤嘉一问：

您的《霸权的黄昏》一书的序言，题目就是“霸权的黄昏≠美国的黄昏”，这个结论指出了霸权与美国的关系，指出了告别霸权与美国未来的关系。失去霸权地位之后的美国，将会是一个什么样的美国？

刘明福答：

失去霸权的美国，将成为“新型美国”。

中美竞争，中国胜出，美国将有“两个失去”：

一是失去“世界霸权”，美国将成为一个“非霸权国家”。这是美国国家性质自从第二次世界大战以来的又一次历史性的转变。二战后，美国成为半个世界（西方世界）的霸主，走上与苏联争夺整个世界霸权的道路。冷战中的美国，是属于半个世界（西方世界）的霸主，美国没有获得整个世界霸权，因此，冷战中的美国可以说是“半霸权国家”。而当美国经过近半个世纪与苏联阵营的博弈，赢得冷战的胜利，取得整个世界霸权以后，美国就成为一个“全霸权国家”，就是“一超独霸”。而美国称霸世界，既没有给美国带来好运，也没有给世界带来福音。人们看到，美国霸权给美国带来的 21 世纪第一个 10 年成为“地狱 10 年”。美国经济和金融霸权给世界带来大危机，美国霸权把世界变成了一个“危机世界”。美国属于世界，而不是世界属于美国。享有世界霸权的美国，是在世界之上的美国，是脱离世界的美国，是压迫世界的美国，是剥削世界的美国。而失去世界霸权的美国，是在世界中的美国，是属于世界的美国，因此是获得新生的美国，是真正能够具有常青活力的

美国。

二是失去“世界第一”，美国将成为一个“非冠军国家”。这是在发展的竞争和比赛中，美国被新的跑得更快的选手超越。这是世界发展进步中新的冠军选手的产生，是新的比赛成绩的产生，体现的是国际社会“后浪推前浪、一浪高一浪”的历史趋势，是世界充满活力的表现，是世界进步发展的表现。美国要做好在10年内成为“世界第二”的准备，甚至要有在20年、30年内成为“世界第三”的准备。在被新的国家选手超越的情况下，美国的速度和力量依然可以是快的和强的。失去世界第一的美国，依然会是充满魅力的美国。一个13亿人口的中国超越了一个3亿人口的美国，是正常的。一个3亿人口的美国在世界第一的位置上有100多年，如果仍然没有挑战者、没有追赶者、没有超越者，那倒是不正常的，说明这个世界缺乏活力。一个冠军蝉联百年而没有后起之秀，绝不是一件值得庆祝的事情。

如果美国实行“两保”战略：一保“世界霸权”，二保“世界冠军”，那么，美国注定不能成功。美国《世界政治评论》网站2011年2月21日文章《新规则：美国追求的应当是“门户开放”，而不是世界第一》指出：近年来，关于美国“衰落”的讨论，让美国人揪心。人们担心美国没有能力无限期地保持世界第一地位，从而对于将要出现的“后美国世界”感到担忧。更糟糕的是，美国人还被要求在两个错误的选项中进行选择：美国应该千方百计保卫世界第一还是甘心失去冠军宝座？主张捍卫世界第一的美国人认为，不捍卫世界第一的美国人是不爱国的美国人。作者认为，这种思维是大错特错的。

抛弃世界霸权，美国才能常青。保有世界霸权的美国，其实是一个拴着铁链的超级大国。世界霸权是美国衰落的根本原因。翻开一部美国历史，就可以看到，在美国没有称霸世界的时候，美国是朝气勃勃的，是引领世界的。美国的衰落，是从冷战胜利以后开始的。当美国从冷战中称霸半个世界，到冷战胜利后称霸整个世界，美国走上“霸权的顶峰”，也就开始了“霸权的衰落”。美国没有了对手的制衡，没有了世界的监督，没有了自身的自律，美国就在狂妄中迅速衰落。

失去霸权的美国，不是衰落的美国，而是获得新生的美国，是更伟大、更可爱、更有活力的美国。冷战中的美国，其一切危机，在根本上是“争霸危机”，就是由于争夺世界霸权而导致的危机。冷战后的美国危机，包括恐怖主义的安全危机、金融危机、经济危机，最根本的是“霸权膨胀”的危机。“霸权病”是美国的不治之症，美国只有彻底割除这个恶性的“霸权肿瘤”，美国肌体才能恢复健康，成为一个健康国家。霸权不是美国的命根子，而是要美国性命的恶性肿瘤。霸权不是美国的“核心利益”，而是美国的“核心疾病”。霸权前的美国，是全世界最具有生气和朝气的美国，是最可爱的美国。霸权中的美国是全世界最凶恶狰狞的美国，也是饱受霸权困扰和折磨的美国。霸权后的美国，去霸权化的美国，将是正常健康的美国、可持续进步的美国，是更可爱、更伟大、更具生机活力的美国。

霸权的终结≠领导权的终结。美国霸权的终结，也不等于美国领导权的终结。美国失去霸权，不等于美国失去领导权。而是失去在世界上飞扬跋扈的权力，失去一个国家说了算的权力，失去独断专行的权力。人类世界，是需要领导的，有领导的世界才有秩序、规则和稳定。但是世界领导权以世界霸权的性质出现，这只是 20 世纪以前的历史形态。人类世界进入 21 世纪，仍然需要世界领导权，但是已经不需要世界霸权了，世界领导权的性质发生了根本变化。一个民主、自由、法制的世界需要领导，但是不需要霸权来领导。美国失去了世界霸权，美国仍然可以享有对于世界的集体领导权，可以与其他国家共同领导、民主领导、文明领导。所以，美国离开世界霸权的岗位，不等于美国从根本上离开世界领导岗位。未来的世界领导权，在根本性质上已经发生转变，未来的世界领导权已经不具有世界霸权的性质，而是去霸权化的领导权，是必须通过联合国进行的领导权，不可能再是一个国家可以绕开联合国、抛开全世界的单边主义霸权。

美国《国家利益》双月刊 2011 年 11 ~ 12 月号刊登哈佛大学教授的文章

《美国时代的终结》，文章认为，由于美国领导人犯了许多代价高昂的错误，“美国时代的黄昏”比预计的提前来到。

其实，霸权的终结，将是美国的新生。失去霸权的美国，将回归国际民主和自由，这是美国的解放，是美国的第二次建国。失去霸权的美国，会有更多的朋友，有更少的敌人，有更大的安全，有更广阔的回旋余地和发展空间。由于在比赛场上出现了更优秀的选手和运动员，美国虽然被赶超，但是美国依然能够创造比自己过去更好的成绩，而且美国也可以在自己新一轮的改革开放之后，再度赶超中国。

在美国与霸权的关系上需要确立四个新观念：（1）霸权不是美国的生命线。（2）霸权不是美国的国家核心利益。（3）霸权不是美国的天赋使命。（4）霸权不是世界稳定和秩序的需要，而是全球负资产，是束缚霸权国家、捆绑整个世界的绳索与铁链。废除霸权，解放美国，解放世界，是21世纪的时代潮流。

霸权与亚洲——摆脱霸权控制，亚洲二次解放

加藤嘉一问：

有不少人主张21世纪是亚洲的世纪。假如美国失去霸权，亚洲会出现什么新变化？您能想象一个与霸权主义无缘的亚洲吗？

刘明福答：

近代亚洲，多灾多难。先是遭受西方殖民主义的涂炭，后来又遭受日本军国主义的杀戮。二战的结束，是一个转折点，标志着西方世界（包括脱亚入欧的日本）在亚洲的殖民主义统治的终结，亚洲获得了第一次解放——从殖民主义的统治中解放出来。但是，亚洲在二战胜利后，虽然摆脱了西方殖

民主义的“统治”，却在冷战的世界中，又陷入美国霸权主义的“控制”，亚洲长期被捆绑在美国进行冷战的战车之上。许多亚洲国家，处于美国的控制之下，依附美国，充当美国的盟友，按照美国的指挥棒运转，名义上是“独立”国家，实际上不是“自主”国家，而是被“霸主”控制和驾驭的“仆从”国家。2011 年，美国把战略重心转移到亚太地区，美国霸权主义遏制亚洲崛起的螺丝钉越拧越紧，美国分裂和操纵亚洲国家的力度越来越大。今天亚洲特别是东亚的突出矛盾和问题，几乎都有美国的插手、控制、利用，背后都有美国霸权主义的影子与黑手。在美国霸权主义的魔咒作用之下，21 世纪上半叶的亚洲，正在成为全球最危险的火药桶。21 世纪上半叶的“亚洲角力”，很可能重演 20 世纪上半叶的“欧洲噩梦”。

为了防止 21 世纪上半叶的亚洲变成 20 世纪上半叶的欧洲，需要建设一个摆脱美国霸权控制的“新型亚洲”、“自主亚洲”、“独立亚洲”。亚洲在 20 世纪下半叶从殖民主义的“统治”中摆脱出来，是亚洲的第一次解放。亚洲在 21 世纪上半叶从美国霸权“控制”中摆脱出来，是亚洲的第二次解放。

美国霸权不衰落，亚洲和太平洋区域将永无宁日。美国霸权是加剧亚洲分裂的最大因素，是亚洲和平与发展的最大威胁。

2011 年 7 月，中国外交部长在东盟地区论坛上指出，当前全球经济增长 50% 源自亚洲，而中国贡献 26%。亚洲在崛起，中国在领航，这引起美国的妒忌。

美国《外交政策》双月刊 2012 年 1 ~ 2 月号刊登布热津斯基文章《美国之后》，他指出：在美国衰落的时候，“更加咄咄逼人的中国民族主义可能抬头，损害中国的国际利益。北京要是妄自尊大，采取民族主义，就会无意中动员一个强大的区域联盟，同自己作对。中国的主要邻国——印度、日本和俄罗斯——都不准备承认中国在全球图腾柱上接替美国位置的资格。由此引发的区域性争夺可能非常激烈，尤其是鉴于中国邻国同样的民族主义倾向，亚洲随后可能出现一个国际关系非常紧张的阶段。那么，21 世纪的亚洲就可能开始重现20世纪的欧洲的景象——暴力和嗜血”。

中国本来是亚洲和平与发展的功臣，但是布热津斯基却把亚洲的问题和矛盾，把亚洲的危险和威胁，都说成是来源于中国，实在是颠倒是非。亚洲的乱局、困局和未来的危局，根本原因不是亚洲国家本身，更不是世界“和平大使”与“发展模范”的中国，而是由于美国为了保卫自己的世界霸权，分裂亚洲、控制亚洲，遏制中国、包围中国。美国是亚洲闹剧的总策划、总导演、总指挥。恰恰是美国霸权在亚洲的膨胀，正在为21世纪上半叶的亚洲，制造出一个20世纪上半叶的欧洲。

冷战以后，美国走上了世界霸主地位。人们看到，美国把战略重点放在哪里，哪里就是矛盾冲突不断，就是烽火狼烟一片。进入21世纪，在美国没有把战略中心转移到亚洲以前，亚洲是比较平静的。而当进入21世纪的第二个10年，当美国把战略重心转移到亚太地区，并且向这个地区调兵遣将，结帮拉伙，组织联盟，煽风点火，亚太地区就开始热闹起来了，特别是围绕中国周边地区，矛盾和摩擦加剧。为了维持世界霸权地位，美国正在亚洲制造分裂和混乱，美国就是要把21世纪上半叶的亚洲塑造成一个20世纪上半叶的欧洲，让亚洲和太平洋地区的大国之间互相争斗，让那些中小国家也积极参与其中，让亚洲人制衡亚洲人，让亚洲国家制衡中国，实现美国人以亚洲制衡和遏制中国崛起、从而保持美国霸权地位的战略目标。所以，美国霸权的触角伸到哪里，哪里的矛盾就加剧，哪里的关系就紧张，哪里的事情就复杂，哪里的秩序就混乱，哪里的危险就增加。

但是，时代不同了，美国霸权再怎么猖獗，也难以把21世纪上半叶的亚洲搅和成20世纪上半叶的欧洲。

可以说，一个没有美国霸权插手和干预的亚洲，会更加平静、更加团结、更加安全。而失去世界霸权的美国，会更受亚洲欢迎，美国与亚洲的关系会更正常。

霸权与世界——终结霸权时代，世界前程锦绣

加藤嘉一问：

我们探讨了霸权终结后的美国，也探讨了霸权终结后的亚洲。现在，我们探讨一下霸权终结后的世界。您曾经跟我讲过：世界霸权的本质，就是一个国家垄断一个世界，一个国家控制一个世界，一个国家压迫一个世界。那么，当美国霸权终结以后，我们这个世界会有什么战略性的转化和变化？

刘明福答：

说世界离不开“霸主”，就好像说国家离不开“君主”一样荒谬。民主国家不需要“君主”，民主世界也不需要“霸主”。

一些美国精英把美国失去霸权，看成是世界莫大的灾难，认为只有美国保持霸权，世界才能美好。事实恰恰相反，没有霸权的世界，才是更美好、更理想的世界。

美国《外交政策》双月刊 2012 年 1 ~ 2 月号刊登布热津斯基文章《美国之后》，文章指出：如果美国衰落、失去世界霸权，那么，“全球共同利益可能受到削弱”，“一些在地缘政治上接近区域大国的弱国的安全取决于靠美国的全球主导地位巩固的国际现状——也会随着美国的衰落变得更加脆弱。处于这种危险状况的国家和地区——包括格鲁吉亚、韩国、白俄罗斯、乌克兰、阿富汗、巴基斯坦、以色列和大中东——在如今的地缘政治上相当于自然界的最濒危物种。它们的命运与美国衰落留下的国际自然环境息息相关”。“美国衰落的另一个后果可能是削弱全球共同利益——海上通道、太空、网络空间和环境——的普遍合作的管理。这些共同利益的保护，对于全球经济的长期增长以及基本地缘政治的持续稳定极其重要。在几乎每一种情况下，建设性和有影响力的美国角色的可能缺失，会对全球共同利益的基本公有状态构成致命的破坏，因为美国力量的优势无处不在，创建了会防止冲突的秩序。”“美国的

衰落会造成全球的不安全，危及一些脆弱的国家”，“美国之后的世界，会变得越来越复杂，越来越混乱”。还有一些美国专家鼓吹说：“当世界由一个国家主宰的时候，世界会更加稳定，尤其是当这个国家是美国的时候。”“取代美国主宰的世界，会是一个无人主导的世界”。如果美国失去霸权，那么“有史以来第一次，世界将没有全球监护人”。

其实，21 世纪的世界，并不是“没有世界霸权就没有世界秩序”。虽然最近 500 年来，世界秩序是以世界霸权的形式出现的，世界秩序是以世界霸权来保障和实现的。虽然世界霸权在世界丛林中，是唯一能够克服“无政府状态”的一种机制。但是，在 21 世纪，世界霸权作为个别国家的专权、集权和特权，已经违背世界民主潮流。世界霸权对于世界的秩序与稳定，对于世界的和平与发展，已经不是积极力量，而是腐败力量，是破坏力量。今天的美国霸权，不是出团结，而是出分裂，美国的联盟战略制造地区分裂，制造世界分裂。今天的美国霸权，不是出和平，而是出战争，不是出稳定而是出动荡、出危机。“霸权世界”必须进步为“民主世界”，“霸权世界”必须转型为“无霸世界”。

美国霸权通过地区结盟和全球结盟，拉拢一些国家，控制一些国家，遏制一些国家，军事进攻一些国家。其实，那些受美国“保护”的国家，那些与美国结盟的国家，也是捆绑在美国战车上的国家，是被美国控制的国家。例如在亚洲的日本、韩国等与美国结盟的国家，在欧洲的北大西洋公约组织里的国家，他们首先是被美国捆绑和控制的国家。美国组织各种联盟，是一种分裂世界、控制世界的权术，是一种保持霸权地位的权术。那些联盟国家首先是被美国霸权控制的国家，其次是被美国霸权利用的国家，就是利用他们作为攻击对手的前锋。再次，才是被世界霸主保护的国家。这些国家没有真正的独立地位和自主权力。而美国失去霸权地位后，这些国家和地区将从美国的控制下解放出来，独立自主地选择自己的发展道路和外交政策。

人类社会过去习惯于建设一个“霸权世界”，形成一个“霸权秩序”。美国失去世界霸权，世界将成为一个无霸世界，这是一个历史性的进步。人类将要学会建设一个新的民主世界。人类完全有能力建设一个无霸世界。一个民主无霸的世界，将是一个更加文明进步的世界。从旧型有霸世界到新型无霸世界，这是人类世界一个巨大转型，是人类世界的一次脱胎换骨。

第 15 章

美国不能救世界，只有世界能够救美国

美国如何脱离世界

五病缠身——美国是全球最大“病国”

加藤嘉一问：

您有一个重要主张：美国现在是一个“病国”，而且病得很重，需要住院治疗、需要打针吃药，需要紧急抢救。您提出这样一个“病国观”，是想给美国、给世界一个什么样的启示？

刘明福答：

我的新作《霸权的黄昏》一书的第一篇，标题就是：透视“美国病”——美国为什么是“病国”。其中列举了五种美国病：霸权的贪婪——美国的“政治病”；帝国的梦魇——美国的“社会病”；思想的极端——美国的“思维病”；仇恨的火焰——美国的“情感病”；傲慢的陶醉——美国的“保守病”。

一个人患了重病，成为“病人”，就需要抓紧抢救，及时治疗。

一个国家患了重病，成为“病国”，同样需要及时治疗，抓紧抢救。

一个“病人”讳疾忌医，就会病入膏肓，生命危险。

一个“病国”讳疾忌医，同样会病入膏肓，生命危险。

抢救霸权美国这个危重的霸权病国的医生是谁？就是整个国际社会，就是深受美国霸权控制和压迫的整个世界。

21 世纪的人类社会，面临的一个最大的战略现实是：美国不能救世界，只有世界能够救美国。

在一个国家内部，“执政党”的最大危险，就是搞“特权”，脱离人民大众。一个脱离群众的执政党，必然会下台或垮台。

在国际社会，“执政国”的最大危险，就是脱离世界，就是搞霸权，凌驾于国际社会之上。一个脱离世界的“执政国”，必然要衰落和失败。

美国与世界，四个阶段的关系演变

加藤嘉一问：

美国与世界的关系是一个值得研究的议题。它发展到今天，我们应该如何观察美国与世界相互关系的演变过程？

刘明福答：

让世界改造美国，实现美国由霸权国家到正常国家的转型，是一场深刻的革命，是一个艰难的过程。在如何处理美国与世界的关系上，美国需要认真总结四个阶段的历史经验和教训：

一是美国“走向世界”的成功——美国从开国到二战胜利，在处理与世界的关系上，积累了好的经验。这一阶段的美国，把孤立主义和进取主义结合起来，把韬光养晦和有所作为统一起来，创造了大国崛起的奇迹。

二是美国“竞争世界”的胜利——从二战胜利以后到冷战结束的近半个世纪，美国和苏联各占地球半边天，双方在竞争世界霸权的持久博弈中，最后是美国胜出。美国与苏联竞争世界霸权的过程，虽然有曲折、有反复、有败笔，但是总体来说，还是以比苏联更好的发展成就赢得了最后的主动与胜利。冷战的结束，毕竟也是世界的一个进步。

三是美国“领导世界”的教训——冷战结束后，美国一方面收获了冷战胜利的成果，另一方面又违背时代进步的潮流，继续用冷战思维指导和处理与世界的关系，导致脱离世界、藐视世界、分裂世界、对抗世界，结果是给世界造成了灾难，美国自身也陷于危机和衰落。

四是美国“回归世界”的选择——美国霸权的衰落不可避免，美国霸权的黄昏已经来临，中国和一些新兴国家的崛起势不可挡。美国是继续在冷战思维的绝路上走下去，在世界霸权的穷途末路上徘徊，还是放弃霸权专制，与中国建立新型大国关系，这是美国必须作出的战略选择。

基辛格在《论中国》后记中指出：“亚洲的未来在极大程度上取决于中美两国的构想，以及两国能够在多大程度上与对方在本地区的历史角色和地位相整合。通观其历史，美国的行为常常源于两个动机：一是坚信自身的理想信念具有普适性，二是自认为有义务传播自身的价值观。而中国行事则是基于自身的独特性：中国文化的传播方式是依靠潜移默化，而非传教士般的热忱。”“这两个社会代表了两种截然不同的例外论，这使得二者的合作具有内在的复杂性。太平洋两岸的领导人有义务建立起磋商和相互尊重的传统，以便使合力建设一个共享的世界秩序在后来人眼中成为两国共同的抱负。”（基辛格：《论中国》，中信出版社，2012 年 10 月第 1 版第 517 ~ 518 页）美国战略思维，是强调所谓“普世性”，要在全世界推广美国的制度，要用美国的制度去覆盖全世界，要用美国价值观改造全世界，要用武力推广美国价值观。中国战略思维，是讲特色，是坚持自己的，尊重别人的，既不妄自菲薄、崇洋媚外，搞全盘的“拿来主义”，也不唯我独尊，搞“输出主义”，用自己的制度去强迫别人，用自己的价值观去改变别人。

让“美国管理世界”，还是让“世界管理美国”

加藤嘉一问：

在美国与世界的关系上，美国是世界的主人，二战结束以来，美国始终通过各种方式管理世界。但如今，世界已经难以被美国管理了，这一新的情况又影响国际关系的基本秩序和格局。您认为在美国与世界的关系上，应该树立什么样的战略思维和目标？

刘明福答：

李光耀说，要在亚洲建立制衡中国的一种框架。

其实，更重要而紧迫的任务，是要在世界建立制衡美国的框架。

失去监督和制衡的国家，必然走向疯狂和没落。没有监督的美国，没有制衡的美国，必然霸权猖獗。苏联解体后，马来西亚总理就感慨：共产主义和社会主义失败后，资本主义已经无须展示柔弱的一面了。如今，赤裸裸的资本主义卷土重来，美国霸权主义已经为所欲为地通吃了全世界。

美国藐视联合国。尽管联合国并不能给世界一个理想的秩序，但是它仍然是目前世界上能够拥有的最好的国际组织形式，联合国也是唯一能够限制大国权力的国际组织。冷战后，美国没有了制约，抛开联合国干预前南斯拉夫问题，并且提出“人权高于主权”的理论。“9·11”后，美国单边主义达到顶峰，抛开联合国和其他国际组织，不顾传统盟友的反对，拼凑“志愿者联盟”出兵伊拉克，实行先发制人的战略。失去制衡的霸权，加倍疯狂。

冷战后，美国由原来的“半球霸权”，扩展为“全球霸权”。美国管理世界的结果，是霸权横行世界，霸权搞乱世界，霸权祸害世界，霸权压迫世界。要创造一个和平发展、稳定文明的世界，要创造一个民主法治的世界，就必须把美国管理世界转型为世界管理美国。而世界管理美国的本质，就是要监督、制约美国的霸权，就是要把一个霸权的美国改造和转型为一个民主的美国，就是要建设一个尊重“人权”和“国权”而反对“霸权”和“强权”的没有霸权的新世界——无霸世界。

在美国霸权的淫威之下，不仅联合国被美国边缘化，被美国工具化，而且北大西洋公约组织，也成为美国控制欧洲的工具。有德国学者指出：“北大西洋公约组织基本上是在20世纪90年代不知不觉地从一个建立在协商基础上的同盟，转变成为美国控制欧洲的工具。与冷战时期相比，欧洲对美国的实际依赖度有增无减。谁如果在完成美国既定任务时不配合，就肯定会受到政治和经济的双重压力，就会遭遇铺天盖地的冷嘲热讽。北大西洋公约组织要求盟友互相磋商的年代已经一去不复返。”（中央编译出版社：《帝国统治世界的逻辑——从古罗马到美国》，2008年3月第1版第1页）

所以，把世界从霸权下解放出来，就必须实现由“美国管理世界”到“世界管理美国”的转变，让世界监督美国，让美国融入世界。

比“美国管理世界”更重要的，是“世界管理美国”

加藤嘉一问：

在美国传统里，有一种使命感，就是美国要改造世界，要塑造世界。我感兴趣的是，世界如何改造美国、塑造美国这个问题。您或许回答说世界对美国的影响能力和改造能力严重不足，结果导致美国霸权的猖獗，导致美国改革压力不足。您如何判断未来的世界对未来的美国的战略影响和改造能力？

刘明福答：

自从人类社会由分散孤立的“地区”社会，联结成为近代以来的“国际”社会，世界警察的概念就产生了，担任世界警察的霸权国家就产生了，从大英帝国到美利坚帝国，世界霸权和世界警察的角色，都是由霸权国家一身二任的。冷战时期的美苏争霸，世界同时有两个霸权国家，也同时有两个世界警察，他们各有阵营，各管一段。

21 世纪的世界，仍然需要管理和治理，仍然需要世界警察，来维护世界治安，来保持良好的世界秩序。

但是，也必须看到，21 世纪的时代变了，世界变了。必须树立新的“世界治安观”、新的“世界警察观”。具体说，应该有五大变革：

（1）“一个国家管理一个世界”的时代，应该结束。对世界进行集体管理的时代来临。未来新的世界管理者，不是一两个国家，不是美国，不是中国，也不是美国和中国，而是全世界所有的国家和地区，都要平等参与世界管理。对于世界的管理，是全球所有国家的责任、义务、利益。而不是哪一个或哪几个国家的责任、义务、利益。未来的世界，靠的是民主管理、集体管理。

（2）“世界警察维护世界霸权”的时代，应该结束。过去的世界警察都是由世界的霸权国家担任，那个国家能够当世界警察，本身就是一种特权。而过去的世界警察首先维护的又是世界霸权国家的霸权秩序、霸权利益。这种局面应该结束。未来的世界警察管理世界的目的，不是为了维护霸权秩序、维护霸权利益，而是维护世界公共秩序、公共利益。所以，世界警察与世界霸权必须脱钩，世界警察与国家特权必须脱钩。未来的世界警察，其根本职能，是服务，而不是对于世界的统治、控制、压制。

（3）“世界警察不受世界管理”的局面，应该结束。过去的世界，被划分为管理者和被管理者，担任世界警察的国家是管理世界的主人，而整个世界都是被管理者。结果就是“警察有权管世界，世界无权管警察”，使世界的警察国家成为不受监督和制约的国家。今天的美国，就是这样一个世界警察。

结果美国这个世界警察给世界治安带来的麻烦，比为世界治安解决的问题更多。今天，全球治理面临的主要问题，是如何管理好美国这个世界警察，今天世界管理的重点是不受约束的美国，治安的难点是没有制衡的霸权。

（4）世界警察靠世界各国整体合力，只有联合国才有资格和能力担任"世界警察"，对世界进行民主化、法治化、科学化管理。联合国应该成为世界警察总部，联合国应该成为管理世界的职能机构、权威机构。

让"美国改造世界，还是让世界改造美国"

加藤嘉一问：

在美国传统里，有一种使命感，就是美国要改造世界，要塑造世界。结果，美国就总是到处修理世界，谁让美国不顺眼，就要被美国修理，或者被美国导弹攻击，或者被美国"颜色革命"。而世界对美国的影响能力和改造能力严重不足，结果导致美国霸权的猖獗，导致美国改革压力不足，陷于故步自封。您认为世界在这方面的观念应该如何更新？

刘明福答：

美国总是以"世界的雕塑师"自居，美国热衷于改造世界。其实，这个世界最需要改造的，是美国。与美国改造世界相比较，世界改造美国，显得更为迫切。

改造美国，改造什么？就是要改造美国的自私、美国的虚伪、美国的丑陋、美国的霸权。亨廷顿对美国外交行为的描述是："向他国施压，使他们接受美国的人权、民主价值观和做法；阻止他国获得可能会对美国的优势构成挑战的军事力量；在其他国家的领土上或其他社会中强行实施美国法律；根据他国执行美国有关人权、毒品、恐怖主义、核扩散、导弹扩散，现在又是宗教自由等方面的标准的情况，对他们加以分门别类，对达不到美国标准的进行制裁；打着自由贸易和公平市场的旗号，推动美国公司的利益；从美国公司的利益出发，制定世界银行和国际货币基金组织的各项政策；干预与其没有多少直接利害关系的地方性冲突；胁迫他国奉行有利于美国的经济政策和社会政策；推动美国在海外的武器销售，同时又阻止他国进行类似的销售。”（周建明:《美国国家安全战略的基本逻辑》，社会科学文献出版社，2009 年 5 月第 1 版第 217 页）

这样一个美国，是追求支配世界、统治世界的美国，是与公平世界、和谐世界、多极多元世界相矛盾的美国。所以，为了这个星球的安全和进步，就不能让这样的一个美国来改造世界，而是要让世界来改造美国。亨廷顿所描述的这样一个丑陋的美国，难道还不应该被改造吗？而彻底改造这样一个美国，就不能只是依靠美国来改造美国，而是要依靠世界来改造美国。

一个国家，需要建设强大的“公民社会”，才能有效制衡政权；一个世界，需要建设强大的“公民世界”（由全球的国家组成），才能有力制衡霸权。美国不允许压迫公民人权的“非民主国家”在这个世界存在，而世界也不允许践踏国家主权的“霸权国家”在这个星球横行。21 世纪，是终结世界霸权的时代，这是一个“世界改造美国”的时代，而不是一个“美国改造世界”的时代。从世界适应美国，到美国适应世界；从世界属于美国，到美国属于世界；从美国脱离世界，到美国回归世界，这将是美国的历史性转变——美国将成为一个“非霸权国家”；这也是世界的历史性进步——世界将第一次成为一个“无霸权世界”。

美国如何融入世界

让“美国回归世界”，让“世界解放美国”

加藤嘉一问：

您曾经跟我讲过：“霸权的美国，实际上是一个脱离世界的美国。让美国脱离霸权，让美国回归世界，这无异于一场塑造美国和解放美国的革命。”您对于一场国际关系和美国性质的革命如何进行分析？

刘明福答：

从国家民主化到国际民主化，是一个进化过程。无“君主”才有民主国家，无“霸主”才有民主世界。

民主化包括两个层面，一是在国家的层面，民主化意味着建设民主国家、法治国家，就是要废除封建专制，告别专制独裁。二是在国际层面，就是要建设民主世界、法治世界、平等世界，就是要废除世界霸权，废除在世界事务中的“一国专制”、“一国跋扈”。这两个层面是互相联系的。世界上民主国家越多，对世界霸权的容忍度就越低。真正的民主国家，必然是在国内不容忍专制，在国际也不容忍霸权，既要求国内民主也要求国际民主。全球民主化浪潮是全球的政治觉醒，是全球霸权的掘墓人。真正的民主国家，并不只是在形式上搞普遍选举的国家，而是在国际事务和国内事务两个方面，都真正独立自主的国家。没有自主的国家，不能自主的国家，不是真正的民主国家。今天的世界，是一个缺乏“国际民主化”的世界，推进国际民主化，是全世界所有国家的共同使命。

美国一些精英在为捍卫美国霸权地位呐喊的同时，也在思考失去霸权地位后的美国命运。布热津斯基 1997 年在《大棋局》一书“结论”部分最后一节就专门设想了霸权终结后的美国。他说："从长远看，全球政治注定会变得与一国独掌霸权力量的状况越来越不相协调。因此，美国不仅是第一个和唯一的真正全球性超级大国，而且很可能也是最后一个。"（布热津斯基:《大棋局》，上海人民出版社，1998年2月第1版第274页）他说："这不仅是因为民族国家正日益相互渗透，而且因为知识作为力量正被越来越广泛地传播和分享，而且越来越不受国界的限制。经济力量也可能会变得更加分散。在未来的年月里，不大可能再有哪一个大国像美国在本世纪大部分时间里那样，达到其国内生产总值占世界大约30%的水平，更不用说像美国在1945年那样占世界总产值的50%。根据有些估计，到20世纪末，美国的国内生产总值仍然将占全球的20%，到2020年可能降低至10%～15%。同时，欧洲、中国和日本等大国的份额，将上升到与美国差不多的水平。全球经济不再可能由某个单一实体所主宰，就像本世纪美国曾经做到的那样。这显然将产生深远的军事和政治影响。"（布热津斯基:《大棋局》，上海人民出版社，1998年2月第1版第274页）"另外，正是美国社会多民族的和例外的特性，使美国容易推广其霸权，而又能够使这种霸权看起来不像是严格意义上的一个国家的霸权。比如，如果中国寻求全球性的首要地位，那么，它的这种努力不可避免地会被别国看作是试图强制推行一种一个国家的霸权。简单地说，任何一个人都可以变成一个美国人，但是只有中国人才可以是中国人——这就给寻求任何基本上是一国的全球霸权设置了额外的和重要的障碍。"（布热津斯基:《大棋局》，上海人民出版社，1998年2月第1版第274～275页）"相应地，一旦美国的领导作用开始减弱，美国目前的全球性首要地位，似乎也不可能被任何一个国家单独重新获得。这样，未来的关键问题是：'美国的全球性首要地位将给世界留下什么样的持久遗产？'""答案部分地取决于这种首要地位会保持多久，以及美国将以多大的力量来塑造一个将来能够更正式地固定下来的主要大国的伙伴关系框架。实际上，由于国内外两个方面的原因，美国建设性地利用其全球性力量的历史机遇可能被证明是相对短暂的。真正的平民主义的民主从来还没有在国际上取得过主导地位。对实力的追求，特别是运用这种实力所要求的经济代价和人的牺牲，总的来说与民主的本性是不相符的。民主化有利于防止国家被动员起来追求帝国野心。”（布热津斯基：《大棋局》，上海人民出版社，1998 年 2 月第 1 版第 275 页）“的确，有关未来的最大的不确定因素，很可能在于美国是否会成为第一个没有能力或者没有意愿运用其实力的超级大国。它是否有可能变为一个软弱无能的全球性大国？民意调查表明，只有一小部分美国人（13%）赞成‘美国作为剩下的唯一超级大国在解决国际问题方面继续担任一个举足轻重的世界领袖’。压倒多数的美国人（74%）都赞同‘美国在与其他国家一道解决国际问题的努力中做自己公平的一份’。”（布热津斯基:《大棋局》，上海人民出版社，1998 年 2 月第 1 版第 275 页）这说明，美国人民是拥护集体领导而并不青睐一国霸权的。

国内政治的民主化，并不能解决国际政治的霸权化。民主化的美国，并没有防止一个霸权化美国的出现。美国是矛盾的：一方面是国内民主化的美国，另一方面是国际霸权化的美国。这说明导致国内民主化的根本因素，与导致国际霸权化的根本因素，不是一回事。而中国古代朝廷，在国内虽然没有什么民主化，但是中国在与周边国家的关系上，则是非霸权化的，这也说明国内民主化和国际霸权化没有根本的联系。产生和形成国际霸权的根本因素，是世界力量格局失去平衡，整个世界的力量不足以制约一个国家，而这个国家的力量足以驾驭和压制整个世界，这个国家又具有强烈的称霸世界的欲望。具有霸权的欲望和拥有霸权的力量，就是霸权出现的基础，就是霸权国家产生的原因。所以，解决世界霸权问题，既靠霸权国家自觉地开明和进化，更靠整个世界力量格局的制衡和平衡。

“中国时代”为什么会淘汰“美国世纪”

加藤嘉一问：

最近，在美国首都华盛顿与“世界警察”议题一起崛起的是“美国世纪”这个话题。战略家们自问：美国世纪还会不会继续？美国世纪是否已经结束，或即将结束？美国的约瑟夫·奈教授去年出版了一本书，叫《美国世纪结束了吗？》，他的答案是“没有”，而且，未来也不会结束。美国一些自信的战略家们认为，“中国越崛起，美国越重要”。请问刘老师，您作为研究中国梦和中国崛起的战略理论家，在您看来，美国世纪是否已经结束？即将结束？还是不会结束？如果结束，究竟什么因素迫使它结束？外因和内因分别是什么？我尤其感兴趣的问题是，美国世纪结束与中国崛起之间的战略联系。

刘明福答：

1941 年初，美国传媒大亨，美国《时代》杂志和《生活》杂志老板亨利·卢斯发表了著名的《美国世纪》一文，向全世界喊出了“美国世纪”的口号，立即在美国各界引起广泛共鸣，在整个世界引起强烈反响。

“美国世纪”，伴随着战胜德国法西斯主义和日本军国主义的隆隆炮声，来到这个世界，是人类社会的一个进步。遗憾的是，在二战结束之后不久，美国就发动了冷战，把刚刚出现的“美国世纪”变成了长达半个世纪的“美苏冷战世纪”。苏联垮台后，美苏冷战结束了，遗憾的是美国的冷战思维没有结束，美国把又一次来临的“美国世纪”，很快变成了 21 世纪经济上的“美国危机”、军事上的“美国战争”、政治上的“颜色革命”、文化上的“文明冲突”，并且对崛起的中国发动“第二场冷战”。

“美国世纪”为什么不能持续？美国世纪为什么必将终结？因为“美国世纪”的实质，是“霸权世纪”，是“冷战世纪”。霸权主义的“美国世纪”，虽然比殖民主义的“英国世纪”具有进步意义，冷战主义的“美国世纪”虽然比世界大战的“热战世纪”要好，但是,21世纪要对“冷战世纪”说“不”，21世纪的世界要对“霸权世纪”说“不”。不要冷战，不要霸权，是21世纪的时代潮流和时代呼声。

“中国时代”，为什么会淘汰“美国世纪”？因为中国时代是中国要为国际社会创造一个“没有霸权”的新世界，中国要为人类创造一个“告别冷战”的新世界，中国要为世界贡献一个“合作共赢”的新世界。

21世纪，不是美国改造世界的世纪，而是世界改造美国的世纪。“美国世纪”将转型为“改造美国”世纪，就是把美国由一个霸权美国、冷战美国，转型为一个告别霸权、告别冷战的美国，成为一个拥抱世界、造福世界的文明美国。

人类的21世纪，将以“两个告别”的鲜明的时代印记，载入世界编年史。这两个历史性的告别是：告别世界霸权！告别冷战思维！

21世纪不属于世界霸权国家，21世纪不属于冷战思维的国家。

我们期待：一个能够告别世界霸权和冷战思维的美国，一个致力于建立新型国际关系、打造人类命运共同体的中国，将共同成为21世纪全球最具魅力的明星国家。

打造第四个美国，山巅之城才能重放光明

加藤嘉一问：

据您说法，今天的美国梦已经变质，成为一个世界霸主梦，成为世界的一个“问题梦”和“麻烦梦”。那么，如何进行改革和创新，才能让美国梦重新美丽起来呢？

刘明福答：

改革美国梦，要立足于打造“第四个美国”，才能够使美国这个曾经对全球移民具有强大吸引力的“山巅之城”重放光明。

21 世纪，建设一个什么样的美国，建设一个什么样的世界，是摆在美国面前的第一课题。

在美国的文化传统中，有一种根深蒂固的“使命观”。从欧洲移居北美的第一批清教徒便带来了这种使命观。在他们看来，“北美的发现和开拓是上帝的旨意，其目的就是要创建一个全新的世界”，要使美国成为“整个世界的山巅之城”；“美国的未来不仅是其自身的未来，也是人类的未来，世界的未来，甚至是宇宙的未来”；“美国人是特殊的上帝选民，我们驾驭着世界自由的方舟”；“上帝使美国人成为在混乱不宁的地方‘建立制度的统治者’，上帝赋予美国人‘压倒整个地球上反动力量的进步精神’，使美国人成为‘治世的能手’”，“美利坚民族是上帝选择出最终领导世界复兴的国家”。就是说，美国肩负着上帝的使命，肩负着领导世界、照耀世界的责任，“除了美国之外，任何一个国家都不能领导这样一种新的时代”。（齐世荣主编：《美国从殖民地到唯一超级大国》，三秦出版社，2005 年 5 月第 1 版第 45 页）

而近几年的美国民意调查却表明，有 2/3 的美国人认为，美国是走在错误的道路上。一个自己都失去方向感的迷茫的美国，怎么能够发挥“山巅之城”的作用、继续充当世界灯塔呢？

美国的崛起，是与整个西方世界的崛起联系在一起的，是与资本主义的崛起联系在一起的。美国的崛起，是西方世界崛起中的一个阶段，是其中的一次高潮。而西方资本主义的崛起过程，同时也是一个改革过程。西方资本主义是在不断的改革中实现崛起的。西方有专家出版新书《资本主义制度 4.0》，指出全球资本主义制度必须进行第四次变革。第一次变革是 19 世纪初主张实行自由贸易的自由资本主义制度；第二次是 20 世纪二三十年代凯恩斯式的福利国家制度；第三次是 20 世纪 80 年代初由撒切尔和里根开创的以自由市场为核心的货币主义。现在需要进行的第四次变革，不仅是改变一些规则和换下一些无能之辈，而且是要改变市场与政府的关系，就是要破除市场神圣、自然完美的神话。

美国这个国家，也是在改革中不断转型和前进的。对于美国来说，18 世纪是美国在独立革命中建国和创制的世纪；19 世纪，是美国在扩张、开发、废除奴隶制中走向强大和富有的世纪；20 世纪，是美国在两次世界大战和一次冷战中走向世界、争霸世界、称霸世界的世纪；21 世纪，是美国总结经验教训，适应新的形势，通过改革创新实现由霸权国家到非霸权国家转型，成为世界的正常国家和健康国家的世纪。

“美式改革”要解决的问题，是在以往革命和改革的基础上，实现新的历史跨越。美国改革的目标是：建设第四个美国。

加藤嘉一问：

您在实现中国梦的问题上，提出了“习近平时代，打造第三个新中国”。现在，在美国梦的问题上，您又提出了“21 世纪，打造第四个新美国”，请讲讲您对“四个美国”的观察和评判。

刘明福答：

美国的发展，也是一个不断变异的过程。不同历史阶段的美国，具有不同的历史形态。

第一个美国——是在实现独立建国的目标后，作为世界第一个“共和国”，在“孤立主义”旗帜下发展进步和高速崛起的美国。这是一个“领先世界的美国”，是一个“榜样世界的美国”。

第二个美国——是在第二次世界大战后，主导西方阵营，与苏联进行霸权竞争，通过近半个世纪的博弈，最终赢得冷战胜利的美国，这是一个“冷战的美国”，是“领导半个世界的美国”。

第三个美国——是在冷战后 20 多年“一超独霸”的国际格局下，“领导整个世界的美国”。这段时间，是美国国家命运兴盛的顶点，也是美国国家地位衰落的起点和拐点。这是一个“因傲慢而导致衰落的美国”，是一个“由狂妄而走向失败的美国”。

第四个美国——是总结经验、汲取教训，彻底改革的美国。是在中国和美国的战略竞争中，改变“霸权国家”的性质，走向“正常国家”的美国。

加藤嘉一问：

对于今天美国的问题，美国人自己也有反思。我对您曾经提出过的美国 1% 和 99% 的关系问题感兴趣。您能不能在这里进一步阐述一下？您对美国 1% 和 99% 的关系问题怎么看？

刘明福答：

我在上面讲了美国霸权危机、美国领导危机突出表现为四个严重脱离。我想在这里再简单概括表述为两个严重脱离，就是美国在 21 世纪各种问题的病根，是在两个战略关系上的“两个脱离”：一是在国内关系上，1% 和 99% 的关系，是 1% 的精英脱离 99% 的民众；二是在国际关系上，1% 和 99% 的关系，就是 1% 的国家美国，脱离世界上 99% 的国家。

建设第四个美国所必须进行的改革，表现在内政改革和外交改革两个方面。美国内政改革的根本问题，是彻底改善美国国内 1% 和 99% 之间的关系，从体制机制上保证美国 1% 的人能够密切联系美国 99% 的人，始终不脱离美国 99% 的人。只有如此，才能建设“和谐美国”。而美国外交改革的根本问题，是在美国与世界的关系上，彻底改善美国这一个国家与世界上 99% 的其他国家的关系，特别是彻底改善与中国的关系，从体制机制上保证美国不搞世界霸权，能够紧密联系和团结世界其他国家，以民主的态度平等对待其他国家，这样才能在国际关系中真正体现美国是一个民主国家的性质，才有利于建设“民主世界”、“和谐世界”。

如果美国能够彻底实施这两个方面的改革，那么，美国的性质将发生根本性的改变，世界的面貌将发生根本性的改变。美国将成为一个在内部实现了“1% 的人与 99% 的人之间的和谐”，在外部废除了“1% 的国家对于 99% 的国家的霸权”的国家，美国将由一个分裂的国家变成一个团结的国家，由一个霸权国家变成一个“非霸权国家”。美国将重新成为世界的榜样国家、灯塔国家。

图书在版编目（CIP）数据

日本梦：沉默，但迟早要选择 / 刘明福,(日) 加藤嘉一 著. — 北京 : 东方出版社，2016.10
ISBN 978-7-5060-9302-6

Ⅰ. ①日… Ⅱ. ①刘… ②加… Ⅲ. ①日本—研究 Ⅳ. ①K313.07

中国版本图书馆CIP数据核字（2016）第252736号

日本梦：沉默，但迟早要选择
（RIBEN MENG:CHENMO，DAN CHIZAO YAO XUANZE）

作　　者：刘明福　［日］加藤嘉一
责任编辑：崔雁行　刘晋苏
出　　版：东方出版社
发　　行：人民东方出版传媒有限公司
地　　址：北京市东城区东四十条113号
邮政编码：100007
印　　刷：北京京都六环印刷厂
版　　次：2016年12月第1版
印　　次：2016年12月第1次印刷
印　　数：1—6000册
开　　本：710毫米 × 1000毫米　1/16
印　　张：21
字　　数：310千字
书　　号：ISBN 978-7-5060-9302-6
定　　价：39.90元
发行电话：（010）85924663　85924644　85924641